우편함 속 세계사

129통의
매혹적인 편지로
엿보는
역사의 이면

Written in History

우편함 속 세계사

사이먼 시백 몬티피오리
Simon Sebag Montefiore
최안나 옮김

시공사

릴리 배스셰바Lily Bathsheba에게

12   머리말

사랑   Love

31   헨리 8세가 앤 불린에게, 1528년 5월

34   프리다 칼로가 디에고 리베라에게, 날짜 미상

38   토머스 제퍼슨이 마리아 코스웨이에게, 1786년 10월 12일

44   예카테리나 대제가 포툠킨 왕자에게, 1774년 3월 19일경

48   제임스 1세가 버킹엄 공작에게, 1620년 5월 17일

51   비타 색빌웨스트가 버지니아 울프에게, 1926년 1월 21일

54   술레이만 대제와 휘렘 술탄이 주고받은 편지, 1530년대

57   아나이스 닌이 헨리 밀러에게, 1932년 8월경

64   알렉산드라 황후가 라스푸틴에게, 1909년

67   허레이쇼 넬슨이 에마 해밀턴에게, 1800년 1월 29일

72   나폴레옹 보나파르트가 조제핀에게, 1796년 4월 24일

76   알렉산드르 2세가 카탸 돌고루코바에게, 1868년 1월

80   이오시프 스탈린이 펠라게야 아누프리예바에게, 1912년 2월 29일

가족   Family

85   엘리자베스 1세가 메리 1세에게, 1554년 3월 16일

90   빌마 그륀발트가 쿠르트 그륀발트에게, 1944년 7월 11일

92   카다슈만엔릴이 아멘호테프 3세에게, 기원전 1370년경

95   올리버 크롬웰이 밸런타인 월턴에게, 1644년 7월 4일

99   투생 루베르튀르가 나폴레옹에게, **1802년 7월 12일**

103   알렉산드르 1세가 여동생 에카테리나에게, **1805년 9월 20일**

105   찰스 1세가 찰스 2세에게, **1648년 11월 29일**

109   스베틀라나 스탈리나가 아버지 스탈린에게, **1930년대 중반**

111   아우구스투스가 가이우스 카이사르에게, **2년 9월 23일**

113   요제프 2세가 형제 레오폴트 2세에게, **1777년 10월 4일**

115   람세스 2세가 히타이트 왕 하투실리에게, **기원전 1243년**

창조   Creation

119   미켈란젤로가 조반니 다 피스토이아에게, **1509년**

122   볼프강 아마데우스 모차르트가 사촌 마리아네에게, **1777년 11월 13일**

127   오노레 드 발자크가 에벨리네 한스카에게, **1836년 6월 19일**

130   파블로 피카소가 마리테레즈 월터에게, **1939년 7월 19일**

133   존 키츠가 패니 브론에게, **1819년 10월 13일**

136   T. S. 엘리엇이 조지 오웰에게, **1944년 7월 13일**

용기   Courage

141   사라 베르나르가 패트릭 캠벨 부인에게, **1915년**

143   패니 버니가 여동생 에스더에게, **1812년 3월 22일**

151   데이비드 휴스가 부모님에게, **1940년 8월 21일**

발견   Discovery

157   에이다 러브레이스가 앤드루 크로스에게, **1844년 11월 16일경**

161   윌버 라이트가 스미스소니언협회에, **1899년 5월 30일**

163   존 스티븐스 헨슬로가 찰스 다윈에게, **1831년 8월 24일**

166   페르난도와 이사벨이 크리스토퍼 콜럼버스와 주고받은 편지,
             1493년 3월 30일과 4월 29일

여행   *Tourism*

177   안톤 체호프가 아나톨리 코니에게, 1891년 1월 16일
182   귀스타브 플로베르가 루이 부이예에게, 1850년 1월 15일

전쟁   War

187   표트르 대제가 에카테리나 1세에게, 1709년 6월 27일
190   나폴레옹이 조제핀에게, 1805년 12월 3일
191   드와이트 아이젠하워가 모든 연합군에게, 1944년 6월 5일(미발송)
193   올덴부르크 공작 부인 에카테리나가 알렉산드르 1세에게,
       1812년 9월 3일
195   펠리페 2세가 메디나시도니아 공작에게, 1588년 7월 1일
197   하룬 알라시드가 니키포로스 1세에게, 802년
198   라스푸틴이 니콜라이 2세에게, 1914년 7월 17일

피   *Blood*

203   피앙크가 노지메트에게, 기원전 1070년경
204   블라디미르 레닌이 펜자의 볼셰비키에게, 1918년 8월 11일
206   이오시프 스탈린이 클리멘트 보로실로프에게, 1937년 7월 3일
208   마오쩌둥이 칭화 대학교 부속중학교 홍위병에게, 1966년 8월 1일
211   요시프 브로즈 티토가 이오시프 스탈린에게, 1948년

파괴   *Destruction*

215   테오발트 폰 베트만홀베크가 하인리히 폰 치르슈키에게,
       1914년 7월 6일
219   해리 트루먼이 어브 컵치넷에게, 1963년 8월 5일

재앙   Disaster

225   소플리니우스가 타키투스에게, 106~107년경

231   볼테르가 트롱신에게, 1755년 11월 24일

우정   Friendship

237   A. D. 채터 대위가 어머니에게, 1914년 크리스마스

241   마르쿠스 안토니우스가 옥타비아누스에게, 기원전 33년경

244   카를 마르크스와 프리드리히 엥겔스가 주고받은 편지,
              1862년 7월~1864년 11월

252   프랭클린 루스벨트가 윈스턴 처칠에게, 1939년 9월 11일

254   아돌프 히틀러가 베니토 무솔리니에게, 1941년 6월 21일

262   포툠킨 왕자와 예카테리나 대제가 주고받은 편지, 1774년경

어리석음   Folly

267   게오르크 폰 휠젠이 에밀 폰 괴르츠에게, 1892년

270   사드 후작이 "나를 괴롭히는 멍청한 악당들"에게, 1783년

273   알렉산드라 황후와 니콜라이 2세가 주고받은 편지, 1916년

품위   Decency

281   마리아 테레지아가 마리 앙투아네트에게, 1775년 7월 30일

284   마하트마 간디가 히틀러에게, 1940년 12월 24일

288   에이브러햄 링컨이 율리시스 그랜트에게, 1863년 7월 13일

291   존 프러퓨모가 해럴드 맥밀런에게, 1963년 6월 5일

293   재클린 케네디가 니키타 흐루쇼프에게, 1963년 12월 1일

296   바부르가 아들 후마윤에게, 1529년 1월 11일

298   에밀 졸라가 펠릭스 포르에게, 1898년 1월 13일

305   로렌초 데 메디치가 조반니 데 메디치에게, 1492년 3월 23일

해방   Liberation

311   에멀라인 팽크허스트가 여성사회정치연맹에, 1913년 1월 10일

314   로자 파크스가 제시카 밋퍼드에게, 1956년 2월 26일

317   넬슨 만델라가 위니 만델라에게, 1969년 4월 2일

321   아브람 간니발이 표트르 대제에게, 1722년 3월 5일

323   시몬 볼리바르와 마누엘라 사엔스, 제임스 손이 주고받은 편지,
         1822~1823년

운명   Fate

331   오스카 와일드가 로버트 로스에게, 1895년 2월 28일

334   알렉산더 해밀턴과 에런 버가 주고받은 편지, 1804년 6월

342   익명의 인물이 몬티글 경에게, 1605년 10월

344   바부르가 후마윤에게, 1526년 12월 25일

349   니키타 흐루쇼프가 존 F. 케네디에게, 1962년 10월 24~26일

355   알렉산드르 푸시킨이 야코프 판헤이케런에게, 1837년 1월 25일

권력   Power

361   이오시프 스탈린이 발레리 메즐라우크에게, 1930년 4월

363   처칠이 루스벨트에게, 1940년 5월 20일

365   리처드 1세와 살라딘이 주고받은 편지, 1191년 10~11월

368   아서 제임스 밸푸어가 로스차일드 경에게, 1917년 11월 2일

370   조지 부시가 빌 클린턴에게, 1993년 1월 20일

373   니콜로 마키아벨리가 프란체스코 베토리에게, 1514년 8월 3일

376   헨리 7세가 "좋은 친구들"에게, 1485년 7월

378   존 애덤스가 토머스 제퍼슨에게, 1801년 2월 20일

380   말버러 공작과 앤 여왕, 말버러 공작 부인 세라가 주고받은 편지,
         1704년 8월 13일

383   도널드 트럼프가 김정은에게, 2018년 5월 24일

몰락   Downfall

389	압둘라만 3세가 아들들에게, 961년
391	시몬 바르 코크바가 예슈아에게, 135년경
393	암무라피가 알라시야 왕에게, 기원전 1190년경
395	아우랑제브가 아들 무함마드 아잠 샤에게, 1707년
398	시몬 볼리바르가 호세 플로레스에게, 1830년 11월 9일

작별   Goodbye

403	레너드 코언이 메리앤 일렌에게, 2016년 7월
406	앙리에트가 자코모 카사노바에게, 1749년 가을
409	윈스턴 처칠이 아내 클레먼타인에게, 1915년 7월 17일
412	니콜라이 부하린이 스탈린에게, 1937년 12월 10일
418	프란츠 카프카가 막스 브로트에게, 1924년 6월
420	월터 롤리가 아내 베스에게, 1603년 12월 8일
425	앨런 튜링이 노먼 루틀리지에게, 1952년 2월
427	체 게바라가 피델 카스트로에게, 1965년 4월 1일
431	로버트 로스가 모어 에이디에게, 1900년 12월 14일
435	루크레치아 보르자가 레오 10세에게, 1519년 6월 22일
437	하드리아누스가 안토니누스 피우스, 그리고 그의 영혼에게, 138년 7월 10일

439	감사의 말
441	자료 출처

이 책을 읽는 분들께

편지만큼 직접적이고 진실한 글은 없을 것입니다. 우리 인간은 시간이 흐르면 잊어버릴 수 있는 감정과 추억을 본능적으로 기록하고 공유합니다. 세상이 결코 제자리에 머물러 있지 않고 삶에서 수많은 시작과 끝을 마주하므로, 우리는 절박하게 사랑이나 미움으로 묶인 관계를 확인하려 듭니다. 어쩌면 이러한 관계를 종이에 기록함으로써 영원에 가까운 시간 동안 더욱 생생하게 남길 수 있다고 생각하는지도 모르겠습니다.

편지는 삶의 덧없음뿐 아니라 (당연히) 인터넷에서 느껴지는 얄팍한 단기성까지 해결해주는 문학적 해독제입니다. 편지의 마법에 대해 깊이 생각한 괴테Johann Wolfgang von Goethe는 편지가 "한 사람이 남길 수 있는 가장 중요한 회고록"이라고 했는데, 그 생각은 옳았습니다. 삶의 주인공이 죽고 오랜 시간이 지난 후에도 편지는 살아남았으니까요. 또 정치와 외교, 전쟁과 관련한 문제에서는 명령이나 약속을 반드시 문서로 남겨야 했습니다. 이 밖에도 많은 것이 편지라는 매체를 통해 성취되었고, 우리는 지금 이곳에서 그 결과를 기념합니다.

특이하고 재미있는 편지가 무척 많지만, 이 책에 실린 편지들이 단지 즐거움을 주기 때문에 선택된 건 아닙니다. 전쟁이든, 평화든, 예술이든 아니면 문화든 어떤 분야에서 특정 방식으로 인간사를 바꿔놓았기 때문이기도 하지요. 천재의 눈을 통해 또는 괴짜나 평범한 사람의 눈을 통해 아주 흥미진진한 삶을 엿볼 수 있는 기회를 주기도 합니다.

이 책에는 고대 이집트와 로마부터 현대 미국, 아프리카, 인도, 중국, 러시아에 이르기까지 매우 다양한 문화, 전통, 국가, 인종을 아우르는 편지를 모았습니다. 특히 러시아에서 방대한 조사와 작업을 거쳤는데, 그 덕분에 푸시킨부터 스탈린까지 많은 러시아인의 편지를 실을 수 있었습니다. 무엇보다도 이 편지들에는 우리가 이제 없어서는 안 된다고 여기는 권리를 찾기 위한 투쟁과 결코 용납할 수 없는 범죄를 명령하는 내용이 담겨 있습니다. 더불어 황후, 여배우, 폭군, 예술가, 작곡가, 시인이 사랑 또는 권력에 대한 생각을 담아 쓴 편지도 있지요.

저는 몰락한 도시의 잊힌 도서관에 보존되어 있던 3,000년 전 파라오의 편지를 추렸고, 이번 세기에 쓴 편지도 선별했습니다. 편지의 전성기는 확실히 중세인 서기 500년부터 1930년대 전화기가 널리 보급되기 전까지인 것으로 보입니다. 그러다

1990년대에 휴대전화와 인터넷을 쓰기 시작하면서 편지 왕래가 급속히 줄었습니다. 스탈린의 기록보관소를 조사하다 이 점을 확실히 느낄 수 있었지요. 1920년대와 1930년대에 스탈린은 특히 남부에서 휴가를 보내며 그의 수행인뿐 아니라 잘 모르는 사람에게도 긴 편지와 쪽지를 썼는데, 보안 통신망이 마련되자 편지 왕래가 뚝 끊긴 것입니다.

문자가 개발되면서 통치자와 엘리트는 자연스럽게 편지를 널리 사용했습니다. 편지는 이상적 관리 수단일 뿐 아니라 그것을 훨씬 뛰어넘는 것이었지요. 지난 3,000년 동안 편지는 오늘날의 신문, 전화, 라디오, 이메일, 문자메시지, 음란 채팅, 블로그를 모두 합쳐놓은 것과 같았습니다.

이 책에는 원래 쐐기문자로 쓴 편지도 실려 있습니다. 쐐기문자는 청동기시대와 철기시대에 중동에서 젖은 찰흙으로 평평한 판을 만들고 그 위에 뾰족한 갈대 펜으로 새긴 뒤 햇볕에 말려 완성한 고대의 문자 시스템입니다. 또 기원전 3세기부터 식물의 속대로 만든 파피루스에 쓴 편지도 있습니다. 그뿐 아니라 양피지나 독피지, 이것이 여의치 않은 경우 말린 동물 가죽에 쓴 편지도 실려 있습니다. 그러다 기원전 200년쯤 중국에서 종이가 발명되어 중앙아시아와 유럽으로 점차 넘어왔습니다. 이후 종이를 더 싸고 쉽게 만드는 방법을 알아내면서 15세기부터는 편지 쓰기가 경제적으로나 시간적으로 더욱 편리해졌지요. 편지 쓰기는 15세기부터 20세기 초반까지 최고의 전성기를 누렸는데, 종이를 쉽게 손에 넣을 수 있을 뿐 아니라 편지를 배달해주는 우체부가 등장하고 우편 시스템이 발달한 덕분이었습니다.

또 편지는 단순히 실용적인 것을 뛰어넘는 그 무엇이었습니다. 새로운 질서, 법과 계약, 책임 정부, 책임 경제, 공공 도덕의 일부였습니다. 무엇보다 편지는 신선한 아이디어, 삶의 방식을 보는 현대적 관점, 홍보 매체뿐 아니라 사생활도 존중하는 태도, 국제사회와 개인의식에 대한 감각의 성장 등이 반영된 새로운 마음가짐을 보여주었습니다.

어떤 편지는 대중에게 공개할 공공의 목적으로 쓰였지만, 또 다른 편지는 완전한 비밀로 남길 목적으로 쓰였습니다. 얼마나 다양한 목적으로 쓰였는지 보는 것도 이렇게 편지를 모아놓았을 때 누릴 수 있는 즐거움 중 하나지요. 그중 거의 대부분은 물건을 주문하고, 대금을 지불하고, 약속을 정하는 등 별로 흥미롭지 않은 일상의 모습을 담고 있습니다.

편지 쓰기가 예술이자 삶의 도구로서 최고의 경지에 다다랐을 때 읽고 쓸 줄 아는 사람들은 하루에 몇 시간씩 책상 앞에 앉아, 때로는 희미한 불빛 아래에서 강박적으로 글을 썼습니다. 예카테리나 대제는 자조적 의미에서 스스로를 "쓰기 강박증 환자"라고 불렀을 정도입니다(그녀는 또한 정원 가꾸기를 좋아해 스스로를 "식물 강박증 환자"라 부르기도 했습니다). 제국을 운영하고, 전쟁을 치르고, 나라 살림을 책임지기 위해 미친 듯이 편지를 쓸 수밖에 없었습니다. 작가들에게 편지는 자신의 존재를 방 밖으로, 집 밖으로, 마을과 나라 밖으로 투사해 다른 세계를 만나고 현실과 동떨어진 꿈을 실현하는 수단이었습니다.

편지 쓰기는 몸을 힘들게 하는 의무지만 '동시에' 취미이기도 했습니다. 물론 이메일과 문자메시지는 그에 비해 몸이 훨씬 덜 고됩니다. 하지만 그 간편함, 속도, 재미 때문에 중독적일 뿐 아니라 모든 현대인의 삶에 필수적 존재임에도 어쩌면 너무 간단하고 가볍다 보니 그 속에 담긴 말의 힘이 진지하게 받아들여지지 않습니다.

21세기 초까지 국가의 수반 중에도 어마어마하게 많은 편지를 관리하고 그중 대부분에 답장을 보내거나 봉인(일부는 보안 때문에)하는 일을 도와주는 부서를 둔 사람은 거의 없습니다. 이 책에 등장하는 링컨이나 예카테리나 대제, 니콜라이 2세처럼 자기가 쓴 편지에 직접 날인한 이들까지 포함해서 말이지요.

물론 그들이 언제나 편지에 진실만을 쓰지는 않았습니다. 어떤 편지를 없애고 어떤 편지를 남겨둘지 결정하는 편집 과정을 거쳤는지도 모릅니다. 그러나 어쨌든 편지는 괴테가 "삶의 즉각적 숨"이라고 표현한 시간과 경험의 어떤 한순간을 비춥니다. 수많은 모닥불에 비밀스러운 거래와 금지된 사랑의 증거인 편지가 불탔습니다. 문학작품을 불태우는 이런 일이 빅토리아 왕조 시대, 에드워드 왕조 시대 그리고 우리 시대에도 고위층이 사망할 때마다 빈번하게 일어났습니다. 그러나 괴테는 아무리 비밀을 유지하기 위해서일지라도 편지를 파괴하면 삶 자체가 파괴된다고 보았습니다.

현대의 언론처럼 역사의 기록에는 소문과 추측, 신화, 거짓, 오해와 비방이 가득합니다. 타블로이드 잡지나 가십 사이트를 접할 때 우리는 지금 읽는 것 중 절반은 거짓일 수 있다는 사실을 알고 있습니다. 그와 달리 사적 편지를 읽을 때의 즐거움은 그 속에 담긴 모든 내용이 사실이라는 점에 기인하지요. 가십에 의존하지 않고 진실한 말을 들을 수 있기 때문입니다. 우리가 읽는 편지가 곧 스탈린이 그의 심복들에게 말한 방식이고 휘렘 술탄이 술레이만 대제에게, 프리다 칼로가 디에고 리베라에게 사랑을 담아 말한 방식입니다. 물론 모차르트가 그의 사촌 마리아네에게 보낸, 충격적일 정도로 지저분한 편지도 있지만요.

편지는 다양한 형식으로 나뉠 수 있습니다. 첫 번째, 공적인 편지입니다. 마오쩌둥이 학생들에게 상위 계급을 공격하라고 명령함으로써 문화혁명을 시작할 때 보낸 편지, 밸푸어가 유대인 국가 건설을 약속하는 편지, 에밀 졸라가 프랑스의 인종차별과 반유대주의에 맞서 "나는 탄핵하노라!"라고 규탄한 편지 등이 여기에 해당합니다. 21세기에 저는 유감스럽게도 그런 저항이 끔찍하게 현대적으로 느껴졌으며, 대서양을 사이에 두고 양 대륙에 새롭게 독기 가득한 반유대주의가 나타나는 시대에 절대적으로 필요하다고 생각했습니다. 우파뿐 아니라 (영국에서는 특히) 사회주의 좌파 주류에서도 스탈린의 유대인 말살 정책으로 되돌아가는 비도덕적 압력이 점차 나타났습니다. 그러나 이런 경향은 훨씬 과거로 거슬러 올라가기도 하는데, 마르크스주의가 다시 인기를 얻은 셈입니다. 저는 이 책에 두 명의 마르크스주의 창시자, 카를 마르크스와 프리드리히 엥겔스가 주고받은 귀중한 편지를 함께 실었습니다. 이들이 평범한 품위와 평등을 위해 싸운 이타적이고 고결한 사회운동가라고 생각해온 사람들은 정작 사납고 파렴치한 인종차별주의와 반유대주의를 마주하고 아마 깜짝 놀랄 것입니다. 이들의 편지는 "깜둥이"나 "유대인 놈", 그들의 라이벌인 페르디난트 라살레를 돕는 유대인 동료에 대한 묘사로 가득합니다. 어떤 독자는 충격을 받을지도 모르겠네요.

활자 인쇄가 인기를 끌기 전에는 필사해 사회 전체에 배포할 목적으로 쓰인 편지가 많았습니다. 그래서 볼테르나 예카테리나 대제처럼 위대한 사람이 쓴 공적 편지는 유럽 전역의 문학 살롱에서 즐겨 읽혔습니다. 다른 종류의 공적 편지인 군대의 승전이나 패전 소식을 알리는 편지도 비슷했습니다. 심지어 전쟁이 끝나고 아직 꿈틀거리거나 산산조각 난 시체가 온 들판에 흩어져 있을 때, 지칠 대로 지친 장군은 폐허가 된 막사 안이나 임시변통으로 마련한 야외 책상 앞에 앉아 밤새도록 온 세상에 승전을 알리는 편지를 썼지요. 폴타바 전투, 아우스터리츠 전투, 블레넘 전투에서 승리를 거둔 뒤 표트르 대제, 나폴레옹, 말버러는 세상에 그 소식을 전했습니다. 물론 각자 자신의 연인이나 아내에게 개인적으로 자랑하는 편지도 보냈습니다. 표트르 대제는 아내에게 보내는 편지에 "이리 와서 우리의 승리를 축하해주시오!"라고 썼습니다.

최근까지도 모든 협상과 명령은, 특히 정치적이거나 군사적인 목적을 담은 경우 대중에게 읽히지 않도록 편지로 전달했습니다. 이 책에는 람세스 2세가 히타이트 왕 하투실리에게 보낸 경멸 어린 편지가 실려 있습니다. 그리고 1,000년 뒤에는 마르쿠스 안토니우스가 옥타비아누스(미래의 아우구스투스 황제)에게 자신이 클레오파트라와 "같이 잔" 것은 정치적으로 중요한 일이 아니라고 불평하는 편지를 보냅니다. 실제로는 분명히 아주 중요한 일이었는데 말이지요. 다시 1,000년 뒤로 가봅시다. 살라딘과 사자왕 리처드 1세는 "신성한 땅"을 나누는 협상을 벌입니다. 또 500년 뒤로 가면 펠리페 2세가 메디나시도니아 공작에게 영국에 맞서 무적함대를 출정시키라고 명령합니다. 비록 영국은 그 군대가 패배할 거라고 믿고 있지만요. 다시 400년이 흐르면 우리는 링컨이 그랜트 장군에게 보낸 편지를 통해 그의 관대함에 감탄하게 됩니다. 또 루스벨트와 처칠이 1940년 절박한 몇 달 동안 주고받은 글은 21세기 들어 가장 중요한 편지로 꼽힙니다. 히틀러는 소련을 침공하기 전날 밤, 같은 편인 무솔리니에게 자신의 동기를 드러내는 편지를 보냅니다. 이 편지에는 그의 오만하고 거들먹거리는 태도가 아주 잘 드러나 있지요. 그리고 결국 발송하지 못한 편지도 하나 있습니다. 바로 아이젠하워가 만약 "계획된 그날"이 실패로 끝날 경우 군사들에게 보내려 한 편지 초안입니다.

이제 정치적이고도 개인적인 아주 특별한 편지를 살펴보겠습니다. 이 편지는 통치자의 사생활마저 정치가 되는 독재정치와 특히 관련이 깊습니다. 21세기에 새로 나타난 형태의 독재정치에서 흔히 볼 수 있듯, 통치자가 절대 권력을 손에 쥐면 그의 개인적인 것도 모두 정치적인 것이 됩니다. 헨리 8세가 앤 불린에게, 제임스 1세가 그의 잘생긴 연인 버킹엄 공작에게 보낸 연애편지는 정치적으로도 중요합니다. 통치자의 성적 취향이 국가 정책을 이끌기도 하기 때문입니다. 신하들이 빌헬름 2세를 위해 제공한, 대개 항문이나 성기와 연관된 혐오스러운 유흥거리는 유럽의 평화를 위협한 성적 무능을 드러냅니다. 연인이자 정치적 파트너였던 예카테리나 대제와 포툠킨 왕자는 열정적 사랑을 나눈 연인인 동시에 총명한 정치인이기도 한데, 그들이 주고받은 편지 중에는 외교, 전쟁, 경제, 인사 등 권력의 모든 측면을 논의하느라 분량이 10쪽에서 15쪽에 달하는 것도 있습니다. 반면 예술품 수집, 주택 건축, 성생활은 물론 건강까지 좀 더 내밀한 이야기를 담은 편지도 있습니다. 18세기에는 치질을 언급하지 않고 편지를 끝맺을 수 없었거든요. 그러나 두 사람이 주고받은 짧은 연애편지는 현대의 이메일과 문자메시지를 닮았습니다. 이런 편지는 결코 수신인 말고 다른 사람에게 읽힐 목적으로 쓰이지 않았지만, 대부분 당사자가 죽은 뒤에도 세상에 남았습니다. 포툠킨은 몰도바의 초원 지대에서 리본으로 묶은 예카테리나 대제의 편지 묶음을 움켜쥔 채 죽었습니다. 그는 그 편지를 읽으며 흐느끼고 있었습니다.

그런 지극히 사적인 편지는 사랑과 성생활을 담고 있으므로 편지를 쓴 이가 자물쇠를 채워 보관하곤 했습니다. 알렉산드르 2세와 (후일 아내가 되는) 그의 정부 카탸는 국가의 수반이 쓴 것 중 가장 에로틱한 편지를 주고받았습니다. 아마 당시 그들은 누군가가 그 편지를 읽으리라고는 생각도 하지 않았겠지요. 하지만 우리는 이제 비타 색빌웨스트와 버지니아 울프, 나폴레옹과 조제핀, 에마 해밀턴과 넬슨 제독이 주고받은 편지를 읽을 겁니다. 발자크가 그의 폴란드인 팬, 아름다운 한스카 백작 부인에게 보낸 편지는 대단히 열정적인데, 서로 만나기도 전에 오로지 편지의 힘만으로 두 사람이 사랑에 빠졌을 정도입니다. 아나이스 닌과 헨리 밀러가 주고받은 편지는 성적이고 음란한 내용이 넘쳐나 그 글에서 그들의 성욕이 느껴지는 듯합니다. 존 돈John Donne 신부는 편지에 "키스보다 더한 것", "편지는 영혼들을 뒤섞는다"라고 썼습니다. 아마 몸으로도 그렇게 했겠지요.

당연히 기쁨만이 아니라 고통을 이야기하는 내밀한 편지도 선별해 실었습니다. 사랑의 시작을 다루었으니 사랑의 끝, 이별 또한 다루어야겠지요. 토머스 제퍼슨이 쓴, 그의 머리와 가슴이 나누는 "대화"는 대단히 훌륭한데도 잘 알려지지 않은 편지 중 하나입니다. 그를 떠나려는 어린 정부에게 쓴 것인데, 분명 사랑에 미친 사람을 세상에서 가장 뛰어나게 분석한 편지일 겁니다. 그가 미국 독립선언문을 쓴 사람이라는 점을 고려하면 편지에 드러난 그 예리함이 당연하게 느껴집니다.

이들과 비슷하게 시몬 볼리바르는 멋진 마누엘라 사엔스와의 불륜을 끝내려 합니다. 남편에게 돌아간 아름다운 유부녀 앙리에트는 전형적인 바람둥이, 카사노바의 마음을 아프게 했지요. 레너드 코언은 죽음을 맞기 전, 역시 마지막 순간을 보내고 있는 연인에게 작별 인사를 합니다. 〈안녕, 메리앤〉을 비롯한 그의 위대한 노래에 영감을 준 사람이었지요. 제가 가장 좋아하는 작별 인사는 전쟁에서 대승을 거둔 이슬람 치하 스페인의 칼리프, 압둘라만 3세가 쓴 편지입니다. 그는 임종을 앞두고 영광으로 가득한 50년을 되돌아보며, 그중 행복한 날은 오직 14일에 불과했다고 말합니다. 또 동성을 사랑한다는 이유로 박해를 받은 앨런 튜링의 고통보다 더 가슴 아픈 편지는 거의 없습니다. 그리고 홀로코스트 죽음의 수용소에 갇힌 남편에게 보내는 아내의 희귀한 작별 편지는 우리에게 견디기 힘든 공포를 안겨주기도 합니다.

몇몇 편지는 위대한 사건이나 구경거리를 이야기합니다. 콜럼버스가 아메리카 대륙을 "발견"하고 군주에게 이를 보고하는 편지도 있고, 젊은 전투기 조종사가 부모에게 브리튼 전투에 대해 이야기하는 편지도 있습니다. 특히 후자가 가슴 저미게 읽히는 이유는 그가 편지를 쓴 후 곧 사망했기 때문이지요. 체호프는 사할린에서 절망적인 범죄자들의 고통을 관찰합니다. 플리니우스는 폼페이의 몰락을 지켜봅니다. 볼테르는 1755년 리스본 지진을 회상합니다.

우리가 여행의 범주에 넣어야 할 것 중에는 흥미로운 장소에서 벌어지는 성적 모험담도 있습니다. 이런 유형의 편지는 18세기와 19세기에 아주 인기가 많았지요. 당시에는 돈 많은 귀족의 그랜드 투어에서 중산층의 기차 여행으로 확장된 "여가로서의 여행"이라는 현대적 경험이 전에 없던 새로운 방법으로 세계를 좁혔습니다. 체호프와 플로베르는 일본 매춘부와 이집트 젊은이를 만난 경험을 아름다운 산문으로 활기차게 묘사하기도 했습니다.

그리고 가족끼리 주고받은 편지가 있지요. 이런 편지에서 우리는 위대한 인물과 그 자녀의 친밀한 관계를 엿볼 수 있습니다. 무굴제국의 두 황제를 예로 들 수 있는데, 바부르는 아들에게 편지를 써서 인내에 대해 충고합니다. 아우랑제브는 자신의 제국이 산산조각 나고 있는 임종의 순간에 아들에게 편지를 씁니다. 찰스 1세는 자신의 운명을 결정지을 재판을 기다리며 아들에게 왕이 된다는 것에 대해 이야기합니다. 마리아 테레지아 여제는 딸 마리 앙투아네트에게 그녀의 자만심이 그녀를 파멸로 이끌 것이라고 경고합니다. 이들과는 정반대의 경우도 있습니다. 스탈린의 딸 스베틀라나 스탈리나는 장난삼아 독재자가 된 것처럼 아버지에게 명령을 내립니다. 그중 하나가 소비에트연방 어디서든 1년 동안 숙제를 금지하라는 것이었지요. 또 가족 간의 어색함을 보여주는 편지도 있는데, 왕족에게는 특히 그 어색함이 엄청난 규모로 확대됩니다. 미래의 여왕 엘리자베스 1세는 언니인 여왕 '피의 메리'에게 목숨을 구걸하는 편지를 보냅니다. 요제프 2세는 여동생 마리 앙투아네트와 루이 16세가 결혼 첫날밤을 치르는 데 실패하자 그들의 성생활에 대해 조언하기 위해 파리로 갑니다.

화약 음모 사건에 대한 익명의 경고는 그 자체가 음모를 실패로 이끄는 결정적 요인이 되었습니다. 단번에 역사를 바꿔놓았지요. 라스푸틴은 니콜라이 2세에게 편지를 보내 첫 세계대전의 발발을 막으려 하지만 실패합니다. 어떤 편지는 말 그대로 죽이라는 명령입니다. 스탈린은 비밀경찰에게 실제로는 죄 없는 사람인 "적들"을 처형하라는 짧은 편지를 씁니다. 그리고 레닌은 무작위로 뽑은 피해자들을 처형하라는 지시를 광적으로 내립니다. 3,000년 전에는 이집트 통치자가 아내에게 편지를 보내 하급 관리 두 명을 살해하고 그들의 시체가 "사라지게" 하라고 지시합니다. 제가 아주 좋아하는 편지 중 하나는 티토가 스탈린에게 보낸 간결한 메시지로, 다시 한번 자신을 죽이려고 시도하면 암살자를 보내겠다고 협박하는 내용입니다.

자기 파괴를 다룬 특이한 카테고리도 있습니다. 오스카 와일드는 연인의 아버지에게 그를 "남색자"라고 칭한 모욕적인 편지를 받습니다. 알렉산더 해밀턴과 알렉산드르 푸시킨은 그들의 죽음을 부르는 결투로 몰고 갈 편지를 씁니다. 또 다른 특별한 편지는 마지막 작별 인사지요. 월터 롤리 경이 처형되기 직전 아내에게 쓴 것 같은 편지 말입니다. 하드리아누스 황제는 자신이 죽어가고 있다는 걸 깨닫고 양아들이자 후계자인 안토니누스 피우스에게 편지를 씁니다. 병들고 지친 볼리바르는 아메리카를 저주합니다. 카프카는 자신의 모든 작품을 파괴하라고 지시를 내립니다. 그렇게 자기 작품의 가치에 의문을 품은 사람은 카프카만이 아니었습니다. 또 다른 주제는 창의성에 대한 고뇌와 실망입니다. 키츠가 사랑과 죽음에 대해 이야기할 때, 미켈란젤로가 시스티나 성당의 천장화를 그리며 느낀 스트레스를 털어놓을 때, 또는 T. S. 엘리엇이 조지 오웰의 새 소설 《동물농장》의 출판을 거절할 때 이런 감정이 잘 드러납니다.

이제 여러분은 노예 해방, 여성 투표권, 흑인 시민권 등 근대의 자유를 향한 용감한 투쟁을 담은, 시대를 초월한 편지를 만나게 될 것입니다. 프랑스에 맞서 세계 최초의 흑인 독립 공화국 수립으로 이어지는 아이티 노예 봉기를 이끈 투생 루베르튀르는 편지에서 가족의 목숨을 살려달라고 애걸합니다. 넬슨 만델라는 아내 위니에게 감방에서조차 희망을 갖고 살아가는 것에 대해 이야기합니다. 로자 파크스는 미국 앨라배마주의 인종 분리 정책에 저항합니다. 서아프리카에서 사로잡혀 이스탄불의 노예 시장에 팔렸다가 러시아 차르에게 간 아브람 간니발은 유럽의 첫 흑인 장군이 됩니다. 재능 있는 여성들은 족쇄를 거부합니다. 에이다 러브레이스는 과학을 향한 자신의 사랑에 대해 씁니다. 패니 버니와 마누엘라 사엔스는 진부하고 남성 중심적인 결혼에 저항합니다. 에멀라인 팽크허스트는 여성 투표권을 얻기 위해 폭력 행위를 옹호합니다.

이메일과 전화가 편지의 황금시대를 끝내버렸을지 모르지만, 편지는 여전히 힘을 잃지 않았습니다. 외교를 그 예로 들 수 있지요. 2018년 도널드 트럼프 미국 대통령이 젊고 잔인한 독재자, 북한의 김정은 국무위원장과 싱가포르에서 예정되어 있던 정상회담을 취소할 때, 매우 그다운 편지를 통해 이를 보여줍니다. 그 편지는 활기 넘치는 회신으로 이어졌고, 결국 싱가포르에서 정상회담이 열립니다. 며칠 후인 7월 6일, 김정은은 트럼프에게 "각하와의 중대한 첫 만남은 진정 의미 있는 여성의 시작이었습니다"라는 친서를 보냅니다. 트럼프는 곧 더 나아가, 대중에게 이 북한 친서에 대해 자랑합니다. "나는 매우 강경하게 대응했고 그도 그랬다. 우리 사이는 오락가락하다가 사랑에 빠졌다. 아니, 정말로 김정은 위원장은 내게 멋진 편지들을 보냈다. 정말 대단한 편지들이었다." 북한 핵무기의 미래가 어떠하든, 이 사례는 적어도 편지가 발휘하는 감정적이고 정치적인 힘을 증명합니다.

권위주의적 으스댐, 그리고 트럼프 대통령의 임기 내에 전형적으로 드러난 허장성세와 사나운 적개심이라는 뻔뻔하고 공격적인 새 시대를 주제로 다루면서, 나는 이 책에 조지 H. W. 부시 대통령의 매력적이고 우아한 편지를 추가했습니다. 이 편지는 ("더 친절하고 더 점잖은" 정치가 필요하다고 촉구한) 그가 집무실에서 후임자 빌 클린턴에게 남긴 것으로, 두 사람이 공유한 미국의 이상을 기념하기 위해 하찮은 불안감과 정치적 적의는 깔끔하고 따뜻하게 제쳐두는 모습을 보여줍니다. 슬프게도 오늘날에는 볼 수 없는 모습이지요.

편지는 더 비밀스러운 대화를 추구하는 이들 사이에서 다시 인기를 얻고 있습니다. 정치인, 스파이, 범죄자, 연인 들이 모두 (그중 다수가 힘든 방법을 통해) 알게 되었듯 이메일과 문자메시지는 누군가에게 노출되고 읽힐 수 있으니까요. 이런 것은 결코 완벽히 없어지지 않습니다. 하지만 종종 날아가버리지요. 이메일과 문자메시지는 그 비영구성 때문에 만족스러운 매개체가 아닙니다. 오히려 삶이 더 덧없게 느껴지도록 하지요. 편지는 삶이 더 오래 지속될 것처럼 느끼게 하는데 말입니다. 아무리 복잡하게 암호화한 메시지라도 결국 해독될 수 있습니다. 정보를 강탈하는 프리랜스 해커로 이루어진 유령 같은 이탈자 부대의 도움을 받아 CIA(미국 중앙정보국―옮긴이), GCHQ(영국 정보통신본부―옮긴이), FSB(러시아 연방보안국―옮긴이) 같은 정보기관은 메시지의 방대한 캐시를 거둬가고 있습니다. 이런 이유로 사람들은, 특히 정부에서는 펜과 종이를 이용하기 시작했습니다. 편지는 보존할 수 있지만 역설적으로 더 안전한데, 세상에 유일무이한 존재로서 물리적으로 파괴할 수 있기 때문입니다. 러시아의 고위 관료들은 오늘날 크렘린에서 중요한 모든 일은 편지와 메모로 이루어진다고 말합니다. 옛날 방식인 종이에 전통적 잉크나 연필심, 펜촉이나 볼펜으로 쓰고, 충직한 우체부의 손을 거쳐서 말입니다. 세련된 전자 기기는 더 이상 볼 수 없는 것이지요! 우리는 이점에 주목해야 합니다. 그 쉬운 문자메시지와 신속한 이메일이 얼마나 불안하고 위험한지 총안을 갖춘 사이버 간첩 활동의 중심지, 푸틴 대통령의 크렘린 궁만큼 잘 아는 곳은 없습니다. 그러나 이 이야기가 보여주듯, 편지는 종종 그것을 쓴 이들이 상상한 것보다 훨씬 오랜 시간 생명을 이어갑니다.

저는 이 편지 모음을 읽는 이들이 그 속의 용기, 아름다움, 진정성에 감탄하길 바랍니다. 인터넷 서핑을 하는 이들이 보이지 않는 수백만 명 사이에서 그 어느 때보다 큰 외로움을 느끼는 반면, 한 사람에게 한 장의 편지를 쓰는 이는 결코 외롭지 않습니다. 앞으로 펼쳐질 이야기에 딸 에이다와 함께 등장하는 바이런 경은 "편지 쓰기는 고독과 좋은 동행을 결합하는 유일한 도구"라고 생각하며 이를 이해했습니다. 편지의 발신인은 곧 멀리 떨어져 지내는 누군가가 자신의 감정을 공유할 것이라는 따뜻한 느낌으로 충만해지기 때문입니다. 이 책에 등장하는 예술적이고 훌륭한 사례들을 보고 나면 당신도 영감을 받아 편지를 한 장쓰게 될지도 모르겠네요.

그럼 안녕히 계십시오.

2019년 5월
사이먼 시백 몬티피오리

추신: 더불어 이 책의 동료라고 할 수 있는 《역사의 목소리: 세상을 바꾼 연설Voices of History: Speeches that Changed the World》도 함께 즐기셨으면 합니다.

다시 추신: 글이 너무 길거나, 세부 사항이 모호하거나, 내용이 지나치게 반복되는 경우에는 독자의 편의를 위해 일부를 편집했습니다. 또 군주는 모두, 편지를 쓴 시점에 아직 군주가 아니었더라도 군주로서의 이름을 사용했습니다. 그래야 그가 누구인지 알아보기 쉬우니까요. 엘리자베스 1세는 메리 여왕에게 '조수의 편지'를 쓸 때 아직 미래가 불확실한 공주였습니다. 그러나 이 책의 차례에는 그 편지가 '엘리자베스 1세가 메리 1세에게'로 올라 있습니다. 이로 인해 불편함을 느낀 독자가 있다면 양해를 구합니다.

Love

사랑

헨리 8세가 앤 불린에게

이것은 역사를 바꾼 연애편지 중 하나다. 헨리 8세Henry VIII 는 1485년 왕좌를 차지해 튜더 왕조를 개창한 헨리 7세Henry VII 의 둘째 아들이다. 1509년에 형 아서Arthur Tudor 왕자가 사망하면 서 헨리 8세가 왕좌에 오르게 된다. 아서의 죽음으로 스페인 군 주의 딸인 아라곤의 캐서린Catherine of Aragon이 젊은 미망인이 되었 는데, 헨리는 즉위하자마자 캐서린과 결혼하기로 결심했다. 그 렇게 결혼한 지 거의 20년이 된 지금, 왕은 절박하게 남성 후계 지가 필요하다. 현재 오직 딸 메리만이 살아남았다.

메리 불린Mary Boleyn이라는 젊은 궁정 사회 인물과 불륜 관계 를 이어가던 헨리의 눈에 메리의 여동생이자 왕비의 시녀인 앤 불린Anne Boleyn이 들어오기 시작했다. 1528년, 헨리는 자신보다 열한 살 어린 앤 불린과 사랑에 빠졌다. 아직 그 사랑이 이루어 질 가능성은 거의 없음에도 그는 앤에게 푹 빠져 있었다. 그녀는 자신을 유혹하려는 헨리의 시도에 저항하고 있었다. 순수함, 교양, 언니처럼 쉽게 유혹에 굴복하지 않고 왕과 결혼하겠다는 야망, 당돌함과 오만함이 뒤섞인 그녀의 매력은 헨리의 열정에 더욱 불을 붙인다. 앤의 성격 때문에 그는 그녀의 사랑을 의심하기도 하지만("그대도 마찬가지이기를 바라오") 이후 앤의 '밀당'을 쓰라리게 증오하며 끔찍한 복수를 자행한다.

헨리의 사랑은 캐서린과의 결혼 생활 자체가 근친상간이며 그 때문에 신의 노여움을 사서 아들을 얻지 못한 것이라는 확신과 얽혀 있다. 그는 신하들에게 교황의 혼인 무효 승인을 받아내라고 명령했다. 하지만 가톨릭교회가 이를 허가해주지 않았고, 이 "중대한 문제"로 인해 잉글랜드와 로마의 관계는 결정적으로 파탄을 맞았으며 영국국교회가 설립되었다. 그리고 1532년 결국 헨리는 앤과 결혼할 수 있었다. 이후 앤이 미래에 엘리자베스 1세 Elizabeth I가 될 딸을 낳았지만 아들은 낳지 못하면서 헨리는 그녀에게도 등을 돌렸다. 앤은 1536년 처형당했다.

나의 애인이자 친구여,

나와 나의 심장을 오롯이 그대의 손에 맡기며, 이 구혼자들에게 호의를 베풀어주기를 애원하오. 그리고 그들이 곁에 없다고 해서 그들을 향한 그대의 애정이 줄어들지 않기를 간절히 바라오. 이미 그대의 곁에 없다는 것만으로도 충분히 느끼고 있을 그들의 슬픔을 더 키운다면 매우 안타까운 일이 될 것이오. 그리고 상상한 그 어느 때보다, 우리에게 천문학적 사실 하나가 들어맞는다는 생각이 드오. 바로 낮이 길수록 태양은 멀리 있지만 동시에 더 뜨겁다는 사실이오. 우리의 사랑 역시 마찬가지요. 비록 서로 멀리 떨어져 있지만 사랑의 열정은 결코 식지 않소. 적어도 나는 그러한데, 그대도 마찬가지이기를 바라오. 내게는 이미 그대의 부재가 너무나 권태롭게 느껴진다오. 그리고 내가 반드시 견뎌야 하는 그 고통이 늘어나는 것을 생각할 때면, 내 마음속 확고한 희망이 없다면 거의 참을 수 없는 지경이었을 것이오. 내가 직접 그대와 함께 있을 수 없으므로, 가능한 한 그에 가장 가까운 것을 그대에게 보내오. 바로 그대가 이미 알고 있는 기구 일체와 함께, 나의 사진이 들어간 팔찌요. 그대가 내 선물을 받고 기뻐할 때 내가 그 자리에 함께 있을 수 있다면 좋으련만.

당신의 충실한 종이자 친구

H. Rex

프리다 칼로가 디에고 리베라에게

프리다 칼로Frida Kahlo가 남편인 화가 디에고 리베라Diego Rivera에게 보낸 연애편지는 그녀의 예술뿐 아니라 삶에서도 드러나는 과감한 색채와 주체할 수 없는 열정으로 가득 차 있다. 1907년 독일인 아버지와 멕시코인 어머니 사이에서 태어난 프리다는 소아마비로 절름발이가 될 뻔했고, 1927년 그녀를 거의 죽음에 이르게 한 버스 사고로 끔찍한 부상을 입었다. 쇠막대가 자궁을 꿰뚫은 것이다. 그녀는 온몸에 깁스를 한 채 3개월 동안 누워 지내며 서른 번이나 수술을 했고, 이후에도 평생 고통에 시달렸다. 회복하는 동안 프리다는 그림을 그리기 시작했고 당시 이미 유명세를 얻은 디에고와 마주치게 되는데, 두 사람 모두 좌파인 터라 공산주의 정당을 통해 만났다.

디에고는 프리다의 예술적 멘토가 되었다. 그는 파리에 산적이 있고 이탈리아를 여행했으며 자신만의 벽화 스타일을 진화시켰는데, 과감한 색조를 사용했으며 거의 아즈텍 벽화만큼 형태를 단순화해 그렸고 모두 멕시코와 멕시코 혁명의 역사를 다루었다. 디에고와 프리다는 연인이 되었다. 당시 디에고는 42세, 프리다는 20세였다.

두 사람은 1929년 부부가 되었지만 그들의 결혼 생활은 잠잠할 틈이 없었다. 디에고는 성질이 고약한 데다 열렬한 바람둥이였고 프리다도 여럿과 불륜 관계를 맺었다. 그중에는 망명 중인 러시아 혁명 지도자 레온 트로츠키Leon Trotsky처럼 남자도 있고, 프랑스계 미국인 가수이자 댄서 조세핀 베이커Josephine Baker처럼 여자도 있었다. 건강 문제도, 당시 멕시코 사회에 만연한 보수적 가톨릭주의도 그녀의 예술적 시각, 혼혈 혈통을 보여주는 현란하고 컬러풀한 의상, 자유로운 연애관을 발전시키는 것을 막지는 못했다. 환상성과 현실성, 마술성, 민속성이 화려하게 결합된 프리다의 극적인 화풍은 멕시코 자체 그리고 그녀 자신의 비범한 인생에서 영감을 받았다.

이 모든 것이 디에고에게 보낸 프리다의 편지에 잘 드러나는데, 그녀는 육체적 사랑과 감정적 변화를 화가 특유의 화법인 색깔로 종종 표현한다. "이 세상에 조용히 생명을 불어넣는 사람, 환상이 아닌 것이 가장 중요해요. 날이 밝는 순간, 친근한 빨강, 거대한 파랑, 손안에 가득 쥔 나뭇잎, 지저귀는 새, 머리칼을 넘기는 손가락, 비둘기 둥지, 인간의 투쟁에 대한 드문 이해, 무의미한 노래의 단순함, 내 마음속에 부는 바람의 어리석음=그들이 소녀로 운율을 맞추지 못하게 해요=고대 멕시코의 달콤한 초

콜릿, 입안에 흘러 들어오는 핏속의 폭풍, 경련, 징조, 웃음, 진주로 만든 바늘처럼 뾰족한 이빨, 7월 7일 어떤 선물을 위해, 나는 그것을 부탁하고, 나는 그것을 얻고, 나는 노래하고, 노래했고, 지금부터 우리의 마법을 노래할 거예요. 보세요." 프리다는 그들의 사랑을 멕시코의 풍경, 심지어 과일에 빗대 묘사하기도 한다. "그것은 당신의 몸속에 갇혀 있던 수년간의 목마름이 었어요…. 당신 입술의 과즙에는 모든 종류의 과일이 있었어요, 석류의 피, 마미mammee(남아메리카에 자라는 나무 열매. 살구와 비슷하다ㅡ옮긴이)의 지평선, 정화된 파인애플까지. 나는 당신을 내 품에 힘주어 안았고 당신 모양의 천재가 내 손가락 끝을 통과해 내 책을 꿰뚫었어요. 참나무 진액의 향기, 호두의 기억, 물푸레나무의 녹색 숨결. 지평선과 풍경, 나는 키스로 그것들을 따라가요…. 나는 온 땅의 성을 꿰뚫었고, 그 열이 나를 까맣게 그을리며 내 전신은 부드러운 잎사귀의 신선함에 문질러져요."

프리다와 디에고는 1939년 이혼했다. 오랫동안 프리다는 주로 디에고의 아내로 알려졌지만, 이제 그녀의 작품과 거대하고 활기 넘치는 그의 벽화가 멕시코의 국가 예술을 형성한다. 그들의 뜨겁고 격렬한 관계에 대해 그녀는 이렇게 표현했다. "오직 하나의 산만이 다른 산의 핵심을 알 수 있다."

디에고,

당신 손은 그 무엇에도 비할 수 없고, 당신 눈의 푸른 황금색은 무엇과도 같지 않아요. 내 몸은 끝없이 당신으로 가득 차요.

당신은 밤의 거울이고, 번개의 맹렬한 번쩍임이며, 흙의 축축함이 에요. 당신의 겨드랑이 움푹 팬 곳만이 나의 피난처예요. 내 손가락이 당신의 피에 닿아요. 꽃으로 만들어진 당신의 샘에서 튀어오르는 삶을 느끼는 것만이 내 모든 즐거움이며, 나의 것은 당신의 것이기도 한 나의 신경이 가는 모든 길을 계속 채워요.

토머스 제퍼슨이
마리아 코스웨이에게

그는 파리 주재 미국 대사다. 그녀는 "금발이고, 건강이 좋지 않은 앵글로이탈리아인이며, 우아하고… (특히 음악에) 재능이 출중한" 사람이다. 그는 43세, 그녀는 27세다. 그는 아내와 사별했고, 그녀에게는 남편이 있다. 버지니아 태생의 토머스 제퍼슨Thomas Jefferson은 돈 많은 지주로 1776년 아메리카에 탄생한 새로운 국가의 독립선언문 초안을 쓴 인물이다. 1759년 피렌체 인근에서 태어난 마리아 코스웨이Maria Cosway는 고국을 떠나온 영국인 여관 주인의 딸이자 괴짜 화가의 아내다. 1786년 가을 파리에서 마리아와 토머스는 서로 어울려 다니며 열정적인 한 달을 보냈다.

그녀가 떠날 때, 토머스는 그녀에게 이 놀라운 편지를 쓴다. 편지에선 서양사에서 손꼽히는 지성인 중 한 명이 사랑의 딜레마에, 가슴앓이에, 인간 본성에 집중한다. 그는 이렇게 부르짖는다. 사랑에 빠지는 것, 사랑의 묘약을 마시는 것은 필연적 아픔을 견뎌낼 만한 가치가 있다고. 그리고 가슴속 열정 없이는 아메리카가 해방될 수 없었을 것이라고. 그래서 그가 하고자 하는 말이 무엇이냐고? "가시에 찔리지 않고서는 장미를 꺾을 수 없네." 토머스와 마리아는 그 후 다시 만나지 못했지만 평생 연락을 주고받았다.

마리아가 떠나고 얼마 지나지 않아 토머스는 파리에서 자신의 딸 그리고 함께 따라온 16세의 혼혈 노예 샐리 헤밍스Sally Hemings와 합류했는데, 샐리와 곧 관계를 갖기 시작했으며 두 사람 사이에선 최소 다섯 명의 아이가 태어났다. 1790년 토머스는 집으로 돌아와 조지 워싱턴George Washington 대통령 정부의 첫 국무부 장관이 되었으며 1801년 미국의 세 번째 대통령으로 선출되었다. 이제 남자든 여자든 부적절한 사랑에 빠진 이라면 누구나 겪을 고통과 딜레마를 표현한 아주 특별한 편지를 소개한다.

고독과 슬픔에 잠긴 채 난롯가에 앉아 나의 머리와 가슴은 다음과 같은 대화를 나누었다.

머리: 이봐, 친구, 자네 꽤 곤란한 상황에 빠진 것 같은데.

가슴: 나는 진정 세속의 모든 존재 중에서도 가장 비참한 사람이 되었다네. 슬픔에 휩싸여 내 몸의 모든 섬유가 자연적으로 견딜 수 없을 만큼 팽팽해졌어. 더 이상 내게 느끼거나 두려워할

그 무엇도 남겨두지 않는다면 어떤 재앙이든 기꺼이 만날 것이네.

머리: 그건 자네의 따뜻함과 경솔함이 낳은 영구적 결과라네. 자네가 우리를 끌고 들어가는 곤경 중 하나지. 자네 스스로 어리석은 짓을 고백하긴 했지만, 여전히 그것을 품고 소중히 하지 않나. 뉘우침이 없다면 어떤 변화도 바랄 수 없는 법이네.

가슴: 오, 친구여! 지금은 나의 결점을 질책할 때가 아니네. 나는 슬픔의 힘에 산산이 찢겼다고! 혹시 연고를 가지고 있다면 나의 상처에 발라주고, 없다면 새로운 고문으로 그 상처를 헤집지 말아주게. 이 끔찍한 순간을 겪고 있는 나를 내버려두게! 인내심을 갖고 자네의 훈계를 듣는 건 다음 기회에 하겠네.

머리: 반대로 나는 자네가 나의 훈계를 귀 기울여 듣는 순간이 곧 내가 자네를 이긴 순간이라고 생각한 적이 없네. 어쩌면 자네는 자신의 어리석은 행동으로 고통을 받으며 그걸 알아차리게 될지도 모르지만, 그 감정의 폭발이 끝나면 그것이 다시는 돌아오지 못할 거라고 상상하지. 그러므로 비록 가혹할지라도 나는 그 약을 자네에게 먹여야 하네….

가슴: 내가 그렇게 한다면 하늘이여, 나를 버리소서!

머리: 나는 자네가 곧 잃게 될 수밖에 없는 것, 그리고 잃었을

40

때 자네에게 극심한 고통을 안겨줄 수밖에 없는 것에 온 마음을 바치는 일이 얼마나 경솔한지 알기를 바랐네. 지난밤을 기억해보게. 그때 자네는 친구들이 오늘 파리를 떠난다는 사실을 알고 있었지. 충분히 고통스러워할 만했네. 밤새 자네는 침대에서 뒤척였지. 잠도 안 자고, 쉬지도 않고…. 자네 때문에 영원히 우리가 겪게 될 이 고통을 피하기 위해서는, 반드시 우리의 평화에 영향을 끼칠 수 있는 매 걸음을 내딛기 전에 앞을 내다보는 법을 배워야 하네. 이 세상의 모든 것은 계산에 달려 있어. 조심해서 미리 대처하면 균형은 자네의 손안에 있을 거네. 어떤 물건이 제공하는 기쁨을 저울 한쪽에 달고 다른 쪽에는 그것에 따라올 고통을 공정하게 달아보게. 그리고 저울이 어느 쪽으로 기우는지 보게. 누군가와 친분을 맺는 것이 무조건 좋은 일은 아니네. 새로운 친구를 소개받으면 그 친분을 여러 각도에서 따져보게. 그 친분이 어떤 이점을 줄지, 자네에게 어떤 불편을 끼칠지 생각하게. 낚싯바늘이 숨어 있지 않다는 것을 확신하기 전에는 즐거움이라는 미끼를 물지 말게. 삶의 기술이란 곧 고통을 피하는 기술이네. 그리고 최고의 조종사는 자신을 괴롭힐 함정과 장애물을 피해 갈 수 있는 사람이지. 즐거움은 언제나 우리 앞에 있네. 그러나 불행은 우리 곁에 있어. 기쁨을 좇아 달려가는 동안 불행이 우리를 사로잡지. 고통에 맞서 안전해지는 가장 효과적인 수단은 우리 내면으로 들어가 우리 자신의 행복에 자족하는 것일세….

가슴: 그리고 하늘의 손이 벌을 내린 사람과 함께 울어주는

것보다 더 지고한 기쁨이 무엇이란 말인가! 병상을 돌보는 것, 그 무료한 순간과 고통스러운 순간을 보내는 것보다! 불행이 모든 것을 앗아간 사람에게 우리의 빵을 나눠주는 것보다 말이야! 이 세상은 진정 비참함으로 넘쳐나네. 세상의 부담을 줄여주기 위해서는 우리가 그 비참함을 서로 나누어야 해…. 자연은 우리를 같은 곳에 살게 하면서, 여러 영역으로 나뉜 제국을 거주지로 주었네. 자네에게는 과학의 영역을, 나에게는 도덕의 영역을 할당했네. 원을 사각형으로 만들어야 할 때, 혜성의 궤도를 추적해야 할 때, 최대 힘의 곡선 또는 최소 저항을 가진 고체를 조사해야 할 때, 그 문제는 자네에게 주어지지. 그것은 자네 몫이야. 자연은 내게 그런 것을 이해할 능력을 주지 않았네. 마치 자네가 동정, 자비, 감사, 정의, 사랑, 우정이라는 감정을 느끼지 못하게 한 것처럼. 자연은 자네가 이런 감정의 통제를 받지 않게 했네. 대신 심장의 장치를 여기에 맞추었지. 도덕은 머리의 불확실한 조합으로 인한 위험을 감수하기에는 인간의 행복에 너무나 필수적이었네. 그래서 자연은 도덕의 기초를 과학이 아닌 감성에 두었지. 감성의 경우 모두에게 필요하기에 모두에게 주어졌지만, 과학은 일부만으로도 충분해 일부에게만 주어졌네. 진정 나는 자네가 우리 행동의 모든 부분을 절대적으로 지배할 권위가 있는 것처럼 행세한다는 사실을 알고 있네. 그리고 내가 때때로 자네의 충고를 따르는 건 자네의 위엄 있는 말과 격언을 존중하기 때문이고 또한 옳은 행동을 하고 싶기 때문이라네…. 만약 잘못된 행동을 하도록 무력으로 압박을 당할 때 우리 국가가 가슴 대신 머리의 통치를 받았다면, 우리는 지금 어디에 있을까? 교수대에 하만Haman(성서에 나오는 페르시아 재상으로 유대인의 적이었다-옮긴이)만큼 높이 매달려 있겠지. 자네는 계산하기 시작했고 재산과 숫자를 비교했네. 우리는 가장 따뜻한 피를 몇 번 울컥 토해냈네. 우리는 재산과 숫자 대신 열정을 공급했네. 우리는 위험이 닥쳤을 때 용감하게 위험을 무릅썼고 우리 국가를 구했네. 동시에 언제나 옳은 일을 하고 문제는 그분께 맡겨두라는 계율을 바탕으로 하는 신의 섭리가 타당함을 보였지. 짧게 말하면, 친구여, 내 기억이 정확하다면, 나는 내가 자네의 제안을 따라 선한 일을 한 적이 있는지, 또는 자네의 제안 없이 지저분한 일을 한 적이 있는지 잘 모르겠네. 그런 적이 있다면 나는 영원히 내 영역에서 자네의 간섭을 허용하겠네. 자네가 원하는 대로 삼각형과 사각형으로 종이를 채우게. 그것을 서로 걸고 결합하는 데 얼마나 많은 방법이 있든 마음껏 시도해보게…. 친구여, 우리는 불멸의 존재가 아닐세. 우리의 즐거움 또한 어떻게 그러하리라고 기대할 수 있겠는가. 가시에 찔리지 않고서는 장미를 꺾을 수 없네. 고통 없이는 즐거움도 없어. 이것이 우리 존재의 법칙일세. 그리고 우리는 이를 순순히 따라야 하네.

예카테리나 대제가
포톰킨 왕자에게

이 편지는 역사를 통틀어 손꼽힐 만큼 성공적인 사랑의 동반자이자 정치적 동맹 관계를 보여준다. 독일 공주 예카테리나는 별 볼 일 없는 왕위 계승자 표트르 대공과 결혼하기 위해 어린 나이에 러시아로 갔는데, 그는 무능한 깡패였으며 이후 그녀의 삶을 지옥으로 만들었다. 예카테리나는 총명하고 교양 있고 열정적이며 야망이 넘쳤다. 몹시 외로움을 타던 그녀는 개인적으로도, 정치적으로도 많은 연인의 지원을 받았다. 남편인 황제 표트르 3세Pyotr III가 형편없는 차르이자 위험한 남자라는 것이 확실해졌을 때, 그녀는 연인 오를로프Grigory Orlov의 도움을 받아 황제를 타도하고 예카테리나 2세Ekaterina II로 즉위했다. 표트르 3세는 교수형에 처해졌다. 예카테리나 자신이 살해당할 뻔했을 때도 오를로프의 도움으로 간신히 위기를 모면했다. 두 사람의 관계가 허물어진 후 오를로프의 자리를 대신한 사람은 바실치코프Alexander Vasilchikov라는 보잘것없는 지성인이었다. 그 때문에 예카테리나는 더욱더 불행해졌다. 그녀에게는 여러모로 동등한 사람의 지지가 필요했고, 마침 그리고리 포툠킨Grigory Potemkin이라는 사람을 알고 있었다. 똑똑하고 대담하며 원숙한 그는 이미 예카테리나를 사랑하고 있었다.

그녀는 그의 지성이 자신만큼이나 뛰어나다는 사실을 알고 그와 사랑에 빠진다. 두 사람이 주고받은 편지를 보면 그들은 밤낮으로 편지를 썼고, 서로를 "영혼의 쌍둥이"라고 불렀다. 예카테리나가 쓴 편지 중 몇몇은 마치 문자메시지 같다. "나는 장군을 사랑하고, 장군은 나를 사랑해요." 그러나 그들의 야망은 제국적이었다. 육체적 열정이 정치적 수완과 맞물리고, 러시아의 역사를 바꿨다. 그들은 함께 우크라이나, 크림반도로 뻗어나가고 러시아 흑해 함대를 만들었을 뿐 아니라 오데사에서 헤르손에 이르는 새 도시를 건설했다.

아래 편지에서 예카테리나는 포툠킨에게 "나의 영웅", "코사크Cossack(카자흐스탄 사람이라는 뜻-옮긴이)", "이단자giaour(무슬림 타타르인)" 등의 별명을 붙이며 새벽에도, 이별을 결심하게 된 말다툼 후에도 카리스마 넘치는 포툠킨 없이는 살아갈 수 없다고 시인한다. 그녀는 사랑과 욕망에 사로잡혀 있다. 유럽에서 가장 똑똑한 여인에게 포툠킨은 대체 어떻게 한 것일까?

내 사랑, 당신은 아마 내가 오늘은 편지를 쓰지 않으리라고 생각했을 거예요. 하지만 잘못 알았어요. 5시에 잠에서 깼는데 지금은 6시가 넘었네요. 그(바실치코프)에게 편지를 써야 해요. 하지만 솔직히 말하면, 그리고 친절하게도 어떤 솔직함인지 들려주면, 나는 당신을 사랑하지 않고 당신을 더 이상 만나고 싶지 않아요. 내 사랑, 당신은 믿지 않겠지만 나는 더 이상 당신을 견딜 수가 없어요. 어제 우리는 12시까지 대화를 나누었고 이후 그를 돌려보냈죠. 화내지 말아요, 그 없이 아무것도 할 수 없는 건 아니에요. 나는 사람들끼리 주고받는 대화에서 가장 중요한 사실을 알게 되었어요. 그들은 이렇게 말하더군요. 바실치코프가 아니라, 이번 남자는 그녀가 정말 다르게 대한다고. 그리고 그는 진짜 그럴 가치가 있다고. 아무도 놀라지 않았어요. 이 관계를 마치 그들이 오랫동안 기다려온 것처럼 받아들였어요. 하지만 아니에요. 모든 일이 다르게 흘러가야 해요. 내 새끼손가락에서 뒤꿈치까지, 이런 것에서 내 머리카락의 마지막 한 올까지, 오늘 당신에게 최소한의 애정도 보이지 않도록 모두에게 금지령을 내렸어요. 그리고 내 사랑은 마음속에 가두고 자물쇠로 잠갔어요. 그 공간이 얼마나 비좁던지 정말 끔찍하더군요. 아주 어렵게 구겨 넣었으니, 조심하세요. 어딘가에서 그냥 튀어나와버릴지도 몰라요. 보세요, 당신은 이성적인 사람이니까, 겨우 이 몇 줄에 더 큰 광기가 담길 수 있을까요? 어리석은 단어가 홍수처럼 내 머릿속에 흘러넘쳐요. 당신은 대체 어떻게 이렇게 정상이 아닌 사람과 시간을 보내며 즐거워할 수 있는지 모르겠네요. 오, 포툠킨 씨, 대체 어떤 이상한 기적을 일으켰길래 이전에는 유럽을 통틀어 가장 뛰어나다고 여겨지던 사람이 완전히 미쳐버리게 된 거죠?

이제 정말 분별 있게 행동해야 할 때예요. 예카테리나 2세가, 이 미친 열정이 그녀 자신을 지배하도록 허락한 것은 수치스럽고, 옳지 않고, 죄스러운 일이에요. 그런 무모함은 그조차 당신을 혐오하게 만들 거예요. 나는 이 마지막 문장을 나 자신에게 종종 반복해 말해줄 거예요. 그리고 그것만으로도 나를 다시 진실한 길로 이끄는 데 충분하기를 바라요. 하지만 그것이 나에게 미치는 당신의 위대한 힘을 보여주는 마지막 증거는 아닐 거예요. 이제 그만 편지를 마무리해야 할 것 같네요. 그러지 않으면 내가 결국 완전히 감성적인 형이상학을 끄적여 당신을 웃게 할 테니까. 물론 그것이 유일하게 좋은 점일 테지만 말이에요. 그래, 내 헛소리들이여, 그곳으로 가보자꾸나. 내 영웅이 머무는 그 행복한 해변으로. 어쩌면, 만약 너희가 그를 집에서 만나지 못하고 다시 내게 돌아온다면, 나는 너희를 불 속에 바로 던져 넣고 그리센카Grishenka는 이 허영심 넘치는 행동을 보지 못하겠지. 그러나 그 행동에는, 신께서 알고 계시듯, 큰 사랑이 가득 차 있단다. 하지만 그는 이를 모르는 편이 훨씬 나을 거야.

안녕히, 이단자여, 모스크바인이여, 코사크여, 나는 당신을 사랑하지 않아요.

47

제임스 1세가 버킹엄 공작에게

이미 결혼한 제임스 1세James I가 가장 아끼던 남자 연인에게
보낸 연애편지다. 제임스는 잘생긴 젊은 남자들과 성관계를 한
전력이 있다. 1614년 21세인 조지 빌리어스George Villiers를 본 순
간, 제임스는 그 젊은이의 육체적 아름다움에 넋을 잃었다. 알고
보니 그는 특별한 재능은 없지만 똑똑했다. 왕 옆에서 술 따르
는 사람으로 지목된 조지는 빠르게 귀족계급으로 지위가 올라가
1623년 버킹엄 공작이 되었다. 그리고 해군 사령장관으로 사실
상 총리가 되었다. 이로써 조지는 왕국에서 가장 미움을 받는 남
자가 되었다.

제임스는 공개 석상에서도 조지에게 키스했고 그를 어루만
졌다. 애정을 담아 그를 "스티니Steenie"라고 부르기도 했는데, 성
인 스테파노가 '천사의 얼굴'을 가졌기 때문이다. 또 1617년에는
의회에서 이렇게 말하기도 했다. "내가 버킹엄 백작을 누구보다

사랑한다는 것을 그대들 모두 알고 있을 걸세…. 바라건대… 이 것이 결함으로 비치지 않았으면 하네. 예수그리스도 또한 그랬 고, 그러므로 나도 비난받을 일은 아니기 때문이지. 예수님께는 사랑하는 제자 요한이, 나에게는 조지가 있네." 아마 성관계도 했을 것이다. 버킹엄 공작은 제임스에게 보낸 편지에서 이렇게 회상했다. "당신께서 지금… 제가 결코 잊지 못할 그 시간, 주인 과 그의 개 사이에서 침대 머리를 찾을 수 없던 파넘에서의 그때 보다 저를 더 사랑하시든 아니든 상관없습니다." 제임스는 버킹 엄 공작을 아내라고 불렀다. "신께서 너를 축복하시길, 나의 귀 여운 아이이자 아내여. 그리고 네가 사랑하는 아버지이자 남편 에게 영원한 위안이 될 수 있도록 허락하시길." 놀랍게도 버킹엄 공작은 제임스의 아들이자 왕위 계승자인 찰스 1세Charles I와도 아주 친한 친구가 되었다. 그는 제임스의 사후에도 최고의 자리 를 유지했지만, 1628년 그에게 불만을 품은 장교의 손에 암살당 했다. 버킹엄 공작의 권력이 정점에 달한 시기에 쓴 이 편지에서, 제임스는 조지가 부유한 캐서린 매너스Katherine Manners 부인과 결 혼하도록 도왔지만 결혼식 후에도 여전히 버킹엄 공작의 "하얀 치아"를 칭찬하고 있다.

　나의 유일하고 소중한 아이에게

　사랑하는 아버지가 이 아침에 너에게 축복을 보낸다. 그리고 그의 딸에게도. 천주께서 성스러운 침대에 있는 네가 달콤하고 즐 겁게 깨어나도록 하시고, 온갖 평온을 느끼도록 하시며, 그곳에서 귀여운 소년들이 나와 함께 가지고 놀 과실들을 축복해주시기를. 이것이 내가 매일 드리는 기도란다, 얘야. 네가 일어날 때, 네 마음을 괴롭히는 사람들의 끈질긴 요구에서 벗어나라. 널 만나면 네 하얀 치아가 나를 향해 빛나고, 내 여행에 편안한 동반자가 되어 주겠지. 그러니 신께서 너를 축복하시길, 네가 잊지 않고 이전에 내가 보낸 편지들을 다시 읽기를 바라며.

제임스 R.

비타 색빌웨스트가
버지니아 울프에게

비타 색빌웨스트Vita Sackville-West는 색빌 경의 딸로, 귀족 집안의 시인이자 소설가였다. 1913년 외교관 해럴드 니컬슨Harold Nicolson과 결혼한 후 비타는 다른 여성과 계속 불륜을 저질렀고, 아마 그녀의 인생에서 가장 위대한 사랑은 소설가 버지니아 울프Virginia Woolf와의 관계였을 것이다. 1923년 2월, 버지니아는 일기에 이렇게 썼다. "(비타는) 노련한 동성애자이며 아마… 내게 관심이 있는 것 같다. 내 나이가 훨씬 많은데도." 결혼 전 성은 스티븐Stephen, 이후 레너드 울프Leonard Woolf와 결혼해 버지니아 울프가 된 그녀는 당시 44세로 비타보다 열 살 많았다. 버지니아는 당시 작가로서 잘 알려지지 않은 상태였을 뿐 아니라 비타의 화려하고 방탕한 생활에 비하면 자신은 지방 출신에 촌스럽다고 여겼다. 비타는 버지니아의 "정교한" 글쓰기를 존경했다. 1926년 초 비타가 휴가를 즐기러 이탈리아로 떠난 어느 날 버지니아에게 쓴 소박한 연애편지를 보면, 그녀는 애정을 보이며 연인을 안심시킨다. 버지니아 말고 다른 연인이 있었는데도 말이다. 두 사람의 관계는 1928년에 끝났지만 버지니아의 소설 《올랜도Orlando》에 영감을 주었다. 눈에 띄는 성전환자 주인공이 등장하는 이 소설은 어떤 면에서 버지니아가 비타에게 보내는 연애편지다.

1926년 1월 21일 목요일, 밀라노

나는 그저 버지니아를 원하는 어떤 것으로 전락해버렸어요. 잠들지 못하는 악몽 같은 밤에 당신에게 보낼 아름다운 편지를 정성 들여 썼지만, 모두 사라져버렸어요. 그저 단순히 절박한 인간의 방식으로, 당신을 그리워할 뿐이에요. 당신은, 유려한 그 모든 편지를 보면, 결코 이것만큼 쉽고 간단한 구절을 쓰지는 않겠지요. 아마 당신은 그걸 느끼지도 않을 거예요. 그렇다 하더라도 내 생각에, 당신은 작은 빈자리를 알아채겠지만 그 자리에 너무나 정교한 구절로 옷을 입혀서 현실감이 조금 없어지게 할 거예요. 반대로 나에게는 그 거리가 꽤 냉혹해요. 나는 예상한 것보다 훨씬 더 당신을 그리워한답니다. 그리고 당신을 아주 많이 그리워할 준비가 되어 있었어요. 그래서 이 편지는 정말 아파서 내지르는 비명에 불과해요. 당신이 나에게 얼마나 중요한 존재가 되었는지 생각하면 놀라워요. 아마 당신은 사람들이 이런 말을 하는 데 익숙하겠죠. 제장, 이 응석받이 같은 사람! 이렇게 나 자신을 내줌으로써 당신이 나를 더 사랑하게 하진 않을 거예요. 하지만 오,

나의 사랑, 당신 앞에서는 똑똑하고 냉정해질 수가 없어요. 그러기에는 내가 당신을 너무 많이 사랑해요. 너무나 진실되게. 당신은 내가 사랑하지 않는 사람들에게 얼마나 쌀쌀맞게 구는지 모르겠지만, 나는 그것을 거의 예술의 경지로 끌어올렸답니다. 그런데 당신이 내 방어벽을 무너뜨렸어요. 그리고 나는 사실 그렇게 된 것이 싫지 않아요.

이런 비참한 편지를 쓰는 나를 용서해주세요.

V.

술레이만 대제와 휘렘 술탄이
주고받은 편지

이 두 장의 연애편지는 노예 소녀와 세계에서 가장 강력한 군주의 동반자 관계에 대한 이야기를 들려준다. 그녀는 아마 금발의 러시아 사제 딸이자 기독교(가톨릭과 개신교로 나뉘기 전의 그리스도교는 기독교로 옮겼다-옮긴이)도였을 것이고, 포로로 잡혀 오토만제국의 술탄으로 1520년부터 46년 동안 통치한 술레이만 대제Süleyman I의 하렘에 팔려 간 것으로 추정된다. 그녀는 힘과 지성을 갖춘, 분명 돋보이는 사람이었다. 하렘의 여자 노예 수천에게 접근할 수 있고 이미 후계자인 무스타파 왕자Şehzade Mustafa를 안겨준 왕비가 있음에도 술레이만은 록셀라나Roxelana와 사랑에 빠졌고, 그녀의 활기와 "장난기 가득한 눈"에 대한 애정을 담아 '기쁨'을 뜻하는 휘렘Hurrem이라는 새 이름을 지어주었다.

오토만제국의 술탄들은 필명을 사용해 사랑의 시를 썼고, 헝가리인이나 페르시아인과 싸우느라 자주 떠나 있던 술레이만은 무히비Muhibbi라는 이름으로 휘렘 술탄에게 시를 써서 보냈다. 다음은 아직도 칭송받는 그의 시구 중 하나다.

술레이만이 휘렘에게
나의 외로운 자리 왕좌, 나의 부, 나의 사랑, 나의 달빛
나의 가장 진실한 친구, 나의 동반자, 나의 존재 그 자체, 나의 술탄
아름다운 자 중에서도 가장 아름다운 자…
나의 봄날, 명랑한 얼굴을 한 나의 사랑, 나의 낮, 나의 연인,
웃음을 터뜨리는 나뭇잎…
나의 식물, 나의 달콤한 것, 나의 장미, 이 세상에서 나를 괴롭히지 않는 유일한 사람…
나의 이스탄불, 나의 카라만, 나의 아나톨리아 땅
나의 바다흐샨, 나의 바그다드, 나의 호라산
머릿결이 아름다운 나의 여인, 눈썹이 비스듬한 나의 사랑,
장난기 가득한 눈을 가진 나의 사랑…
나는 언제나 당신을 칭송하는 노래를 부를 것이오
나, 고통스러운 심장을 가진 연인, 눈에 눈물이 가득 고인 무히비, 나는 행복하오

1521년쯤 휘렘은 첫아들을 낳았다. 아주 중요한 남성 후계자를 낳은 것이다. 술레이만은 첩 한 명에게 아들 한 명만 둘 수 있다는 제약을 무시했고, 첩과 결혼한 적이 없는 다른 술탄들

의 전례 역시 무시하고 1533년쯤 휘렘과 결혼했다. 휘렘은 운 좋게도 황제에게 아들 다섯과 아래 편지에서 언급하는 딸 하나를 안겨주었다. 대부분의 자녀는, 특히 아름답고 지적인 딸 미흐리마Mihrimah는 그중에서도 오래 살았다. 그녀는 아버지의 충실한 보좌관이자 오빠 셀림Selim Khan의 자문이 되었다. 수년 동안 휘렘은 군주의 큰아들 무스타파에게 도전하며 만만찮은 정치인임을 증명했다. 무스타파는 결국 아버지의 명령으로 교수형을 당했다. 휘렘은 1558년 술레이만보다 먼저 사망했으나 1566년 그녀의 아들 셀림이 왕위를 잇게 하는 데 성공했다. 휘렘의 반구형 무덤은 이스탄불 쉴레이마니예 모스크에 있는 술레이만의 무덤 옆에 서 있다. 다음은 술레이만에게 보낸 휘렘의 선거운동 편지다.

휘렘이 술레이만에게

나의 술탄이여, 당신과 떨어져 가슴이 타 들어가는 괴로움에는 끝이 없습니다. 이제 이 비참한 상황을 면할 수 있도록 당신의 고귀한 편지를 주십시오. 나의 영혼이 편지에서 조금이나마 위안을 얻게 하십시오…. 당신의 고귀한 편지를 읽을 때, 당신의 하인이자 아들인 미르 메흐메드Mir Mehmed 그리고 당신의 노예이자 딸인 미흐리마가 당신을 그리워하는 마음에 흐느끼고 울부짖습니다. 그들의 흐느낌이 나를 미치게 합니다. 마치 우리가 당신을 애도하는 것 같습니다. 나의 술탄이여, 당신의 아들 미르 메흐메드와 당신의 딸 미흐리마, 셀림 칸과 압둘라Abdullah가 당신에게 수차례 인사를 전하며 당신의 발아래 먼지에 그들의 얼굴을 문지릅니다.

아나이스 닌이 헨리 밀러에게

1903년 프랑스에서 쿠바인 부모 사이에서 태어난 아나이스 닌Anaïs Nin은 여성의 권력, 자유, 에로티시즘을 신장했을 뿐 아니라 남성의 학대로 인한 여성의 고통을 사회문제로 이슈화하는 데에도 일조했다. 그녀는 자신의 아버지와 저지른 근친상간이자 학대 관계를 기록한 일기를 남겼으며, 자라면서 문학적이고 감정적이며 성적인 자신의 감수성을 찬양했다. 1930년대에 파리에서 스코틀랜드인 은행가인 남편 휴 길러Hugh Guiler와 함께 살며 에세이와 이야기를 썼지만, 그녀의 재능은 특히 일기에서 빛을 발했다.

'갱스터 작가'라는 별명을 가진 미국 작가 헨리 밀러Henry Miller는 파리에서 간신히 입에 풀칠하며 살고 있었다. 그동안 그는 외설적이고 라블레풍(프랑스의 풍자 작가 프랑수아 라블레François Rabelais를 떠올리게 하는 작풍으로 매우 외설적이고 과장되며 거침없는 묘사가 특징 — 옮긴이)인 남성성 가득한 걸작 중 첫 번째, 《북회귀선Tropic of Cancer》을 완성했다. 헨리와 아나이스에게 글쓰기는 삶의 전부였다. 아나이스의 표현대로다. "우리의 핵심에는 인간이 아닌 작가가 있다." 길러 부부의 집에 점심을 먹으러 왔을 때, 헨리는 39세에 가진 돈이 한 푼도 없었으며 매혹적이고 비밀스러운 미인인 두 번째 아내 준 스미스June Smith와 결혼한 상태였다. 하지만 준은 아직 뉴욕에 있었고, 헨리 혼자 왔다.

당시 29세인 아나이스는 점차 작가로서 헨리에게 집착하게 되었다. 나중에 아나이스가 그의 아내 준을 만났을 때, 두 여성은 짧은 관계를 가진다. 그리고 아나이스와 헨리는 섹스와 문학을 향한 둘만의 여정을 떠난다. 그는 그녀의 일기와 이야기에 감탄했고, 그녀는 그의 소설 《북회귀선》과 《남회귀선Tropic of Capricorn》의 위대함을 알아보았다. 이 두 소설에는 준이 각각 팜파탈 모나Mona와 마라Mara로 등장한다. 아나이스와 그녀의 남편이 출판 비용을 댔다. 그들의 관계는 언제나 모험적일 만큼 에로틱했으며 삶에 대한 찬양을 기저에 깔고 있었다. "그는 삶을 술에 취하게 하는 남자다." 아나이스는 이렇게 썼다. "마치 나처럼." 그러나 사랑을 나눈 후, 두 사람은 책에 대해 장황한 토론을 이어갔다. "헨리는 나의 사랑을 훌륭히, 아름답게 이용했다. 그리고 그걸로 책을 지었다."

두 사람의 편지는 로맨틱한 글로 손꼽힌다. 섹시하고, 난잡하고, 거리낌 없고, 시적이고, 아름답고, 불안정하다. 헨리는 1932년 여름에 이렇게 썼다. "아나이스, 여기에 내가 처음으로 완벽히 진심으로 대할 수 있는 여자가 있소…. 나는 결코 한 사람에게 절대적으로 충실할 수 없소. 나는 원래 그런 사람이 아니오. 여자를, 삶을 너무 사랑하기 때문이오…. 그러나 마음껏 웃으시오, 아나이스…. 나는 당신의 웃음소리를 듣는 게 좋소. 당신은 유쾌함과 현명한 관용이 무엇인지 아는 유일한 여성이오. 아니, 더 나아가 당신은 마치 당신을 배신하라고 나를 부추기는 것처럼 보이오. 그래서 당신을 사랑하오. 당신은 무엇 때문에 그것을, 사랑을 하는 거요? 오, 사랑에 빠졌으면서도 동시에 자유로운 것은 얼마나 아름다운지…. 나는 웃으며 당신을 사랑하오…. 빨리 와서 나와 잡시다. 나와 함께 총을 쏩시다. 당신의 다리로 나를 감싸주시오. 나를 덮혀주시오." 1934년 《북회귀선》이 출간되고 나서 헨리는 유명해졌지만, 동시에 이 소설과 《장밋빛 십자가The Rosy Crucifixion》 3부작 때문에 악명도 높아졌다. 아나이스는 자신의 일기를 비롯해 《사랑의 집에 스파이가 있다A Spy in the House of Love》 같은 소설로 유명해졌다. 아나이스의 에로틱한 단편 〈비너스의 삼각주Delta of Venus〉는 그녀가 죽은 후인 1977년에야 출간되어 여성 에로티시즘에 대한 인식을 바꿔놓았다. 헨리와 아나이스의 관계는 시작한 지 10년 만에 끝났지만 두 사람은 평생 친구이자 편지 장인으로 남았다. 아래 편지는 삼자 농거에 대한 그들의 열정과 증오, 아나이스의 관대한 마음을 드러낸다.

당신이 정직함을 이야기할 때, 어떤 면에서는 당신의 말이 옳아요. 어쨌든 평범한 사람됨이나 여성스러운 움츠림을 향한 노력이라고요. 하지만 후퇴하는 건 여성스럽거나, 남성스럽거나, 속아 넘어가는 게 아니에요. 궁극적 파괴 직전의 공포죠. 우리가 거침없이 분석한 그것, 그것이 과연 죽을까요? 준이 죽을까요? 당신이 그것을 우스꽝스럽게 표현하면 우리의 사랑이 갑자기, 즉시 죽을까요? 헨리, 너무 많이 알면 위험해질 수 있어요. 당신에게는 절대적 지식을 향한 열정이 있죠. 바로 그것 때문에 사람들이 당신을 증오할 거예요.

때때로 나는 준에 대한 당신의 끈질긴 분석에 무언가 빠져 있다는 생각이 들어요. 바로 그녀를 향한 당신의 감정이죠. 당신이 미처 깨닫지 못했든, 아니면 알면서도 그러는 것이든. 스스로 파괴한 것들 앞에서 당신이 어떻게 흐느끼는지, 당신이 얼마나 모든 걸 멈추고 그저 숭배하고 싶어 하는지 내게는 종종 보여요. 그리고 당신은 멈추긴 하지만, 잠시 후에 다시 칼을 들고 마치 외과 의사처럼 달려들죠.

준에 대해 알 수 있는 모든 것을 밝혀내고 나면 무엇을 할 거죠? 진실, 그것을 찾으려는 당신 안의 흉포함이라니. 당신은 파괴하고 또 고통을 받아요. 몇몇 이상한 지점에서 난 당신과 함께하지 않아요. 당신의 말에 반대해요. 우리는 두 가지 진실을 쥘 운명이에요. 나는 당신을 사랑하고, 동시에 당신과 싸우죠. 당신도 똑같아요. 우리는 그것을 위해 더 강해질 거예요. 각자 우리의 사랑과 증오로 강해질 거예요. 당신이 희화화하고, 못으로 박아버리고, 찢어버릴 때 나는 당신을 증오해요. 나는 약하거나 멍청한 시가 아니라 당신의 현실만큼 강렬한 놀라움으로 당신에게 답하고 싶어요. 나는 이 세상의 모든 주술적이고 마법적인 힘을 동원해 당신의 수술용 칼과 싸우고 싶어요.

나는 당신과 전투를 벌이고 싶고, 동시에 당신에게 굴복하고 싶기도 해요. 왜냐하면 여성으로서 나는 당신의 용기를 아끼고, 그것이 불러일으키는 고통을 아끼고, 당신 스스로 짊어진 내면의 분투, 나만이 완전히 깨닫게 된 그것을 아끼고, 당신의 끔찍한 진정성을 아끼기 때문이에요. 나는 당신의 힘을 사랑해요. 당신이 옳아요. 세상은 희화화되어야 해요. 하지만 나는 당신이 풍자하는 대상을 얼마나 사랑하는지도 알고 있어요. 아, 당신에게 얼마나 많은 열정이 있는지! 내가 당신 안에서 느끼는 게 바로 그거예요. 나는 학자나 폭로자나 관찰자를 느끼지 않아요. 내가 당신과 함께 있을 때 느끼는 건 바로 피예요.

이번에는, 당신이 단지 우스꽝스러운 순간을 밝히려고 우리 만남의 황홀경에서 깨어나는 일은 없을 거예요. 안 돼요. 당신, 이번에는 그러면 안 돼요. 왜냐하면 우리가 함께 사는 동안, 당신이 내 지워지지 않는 립스틱을, 마치 수술 부위에 피가 번지는 것처럼, 입 모양을 알아볼 수 없게 뭉개버릴 정도로 검사하는 동안(당신이 키스하자 내 입술이 사라져버렸죠. 입 모양 자체가 수채화처럼 번져버리며 색깔을 잃었어요), 당신이 그러는 동안, 나는 나를 스치고 지나가는 놀라움을 붙잡고(그 놀라움, 오, 내가 당신 아래 누워 있다는 놀라움이라니) 당신에게 그걸 가져가 당신 가까이에서 내뱉었죠. 들이마셔요. 당신이 나를 사랑할 때, 나는 내 감정으로 인해 방탕해지는 기분이 들어요. 헨리, 그 감정이 너무나 예리하고 새로워서, 다른 순간과 닮아 섞여버리지 않아서, 너무나 우리의 것이고 당신의 것이고 나의 것이어서, 그 어떤 남자나 여자가 아니라 우리 두 사람이 함께여서요.

당신이 머무는 방보다 더 감탄스러울 정도로 현실적인 게 있을까요? 철제 침대, 딱딱한 베개, 창문 하나. 그리고 나의 즐거움으로 7월 4일(미국 독립기념일—옮긴이) 장식용 전구처럼 빛나는 모든 것, 당신이 흥분시켜 내 자궁이 부드럽게 부풀어 오르는 즐거움. 그 방은 당신이 내게 불어넣은 격정으로 가득해요. 내가 당신 침대에 걸터앉고 당신이 내게 말을 걸면 그 방은 폭발해버릴 거예요. 나는 당신이 무슨 말을 하는지 듣지 않아요. 당신 목소리는 마치 또 다른 애무처럼, 또 다른 삽입처럼 내 몸에 부딪혀 울렸어요. 나는 당신 목소리를 들으면 모든 힘을 잃어요. 그건 당신에게서 곧장 내게로 와요. 듣지 않으려 귀를 막으면, 내 핏속으로 들어오는 길을 찾아 피를 끓게 해요.

나는 사물들이 평면적 혹은 시각적 공격을 한다 해도 꿈쩍하지 않아요. 못에 걸린 카키색 셔츠가 보여요. 그건 당신 셔츠고, 나는 그걸 입은 당신의 모습을 볼 수 있어요. 내가 몹시 싫어하는 색깔을 입은 당신을. 하지만 나는 카키색 셔츠가 아니라 당신을 봐요. 그걸 보면 내 안에서 무언가 약동하는 느낌이에요. 여기서 내가 본 건 확실히 사람인 당신이죠. 나에게 놀라운 섬세함을 보여주는 인간, 당신의 환영이죠. 그것이 곧 당신의 카키색 셔츠고, 당신은 지금 내 세상의 축인 사람이에요. 나는 당신이란 존재의 풍요로움 주위를 자전해요.

"내게 가까이 오시오. 가까이 오시오. 아름다울 거라고 당신에게 약속하오."

부디 약속을 지키세요.

들어봐요. 내게 새롭다고 해서 우리가 새로운 삶을 누리고 있다는 사실을 나 혼자만 느낀다고 생각하지는 않아요. 하지만 당신의 글에서는 당신이 내게 보인 어떤 감정이나 당신이 사용하던 어떤 구절도 보이지 않아요. 그래서 당신의 글을 읽을 때 궁금했어요. 우리가 어떤 일화를 반복하게 될까요?

당신은 당신의 환상을, 나는 내 것을 따르고 그것들은 서로 뒤섞여 있어요. 만약 이따금씩 당신이 세상을 보는 대로 나도 그것을 보게 된다면(왜냐하면 그것은 헨리를 맹목적으로 따르고 나는 그것을 사랑하니까), 당신도 종종 내가 보는 것처럼 보게 될 거예요.

알렉산드라 황후가 라스푸틴에게

러시아 전역이 알렉산드라Alexandra 황후와 그녀의 친구, 시베리아 농부이자 성자聖者인 그리고리 라스푸틴Grigori Rasputin의 관계, 그 특성에 사로잡혀 있었다. 한 걸음 한 걸음, 천천히 러시아 왕조의 위신을 무너뜨릴 범인은 바로 그 매혹이었다.

알렉산드라와 그녀의 남편인 황제 니콜라이 2세Nikolai II 그리고 그들의 자녀는 처음 라스푸틴을 만난 1905년 이후 그에게 정기적으로 편지를 썼다. 라스푸틴은 그들의 모든 일에 대해 충고하고 조언했다. 황후는 혈우병을 앓는 아들 알렉세이Alexei의 피를 멎게 해줄 힘이 라스푸틴에게 있다고 믿었다. 그뿐 아니라 아래 편지가 보여주듯, 라스푸틴은 황제와 황후에게 사제이자 심리상담사, 조언자로서 꼭 필요한 사람이었다. 그들은 라스푸틴이 그리스도처럼 신과 이어진 사람이고, 황제와 국민이 신비주의적으로 연결된다는 자신의 믿음을 확인해주는 진짜 농부라고 생각하며 숭배했다. 오만하고 신경증적인 군주이자 빅토리아 여왕의 손녀인 황후가 라스푸틴의 손에 입을 맞추고 그의 옆에서 자고 싶어 했다는 점이 놀랍지만, 대중의 믿음과 달리 그녀는 극도로 고지식했다. 황후와 라스푸틴 사이에는 어떠한 성적 접촉도 없었다. 그녀가 편지에 쓴 것처럼, 라스푸틴은 그녀에게 "사랑하는 나의 멘토"였다. 1916년 라스푸틴이 살해된 것뿐 아니라 1918년 7월 그들 자신, 로마노프 왕가의 몰락까지 견뎌내게 한 힘은 그를 향한 숭배다. 죽음을 맞은 날, 그들의 시신에는 라스푸틴이 준 기념품이 여전히 걸려 있었다.

아래 편지는 라스푸틴의 판단력 부족으로 경쟁 관계에 있던 사제의 손에 들어가고 말았다. 그 사제는 고의로 이것을 유출해 라스푸틴과 황실 후원자들을 난처하게 했다. 편지가 공개되자 많은 사람은 그 내용이 사실이라기에는 너무나 충격적이라고 생각했다. 그러나 사실이었다.

사랑하고 잊을 수 없는 나의 스승, 구원자, 멘토여,

당신 없이 지내는 것이 내게는 얼마나 지치는 일인지! 오직 나의 스승인 당신이 내 옆에 앉아 계실 때에만, 그리고 내가 당신의 손에 키스하고 당신의 축복받은 어깨에 머리를 기댈 때에만 내 영혼이 평온하고 내가 휴식할 수 있습니다. 오, 그때는 모든 것이 어쩌나 쉬운지. 그 순간에 나는 단 하나만을 바랄 뿐입니다. 잠들기를, 당신의 어깨 위에서, 당신의 품에서 영원히 잠들기를. 오, 그저 당신의 존재를 가까이에서 느끼는 것이 바로 행복입니다. 어디에 계신가요? 어디로 날아가버리셨나요? 마음속으로 이렇게 그리워하는 것이 내게는 너무도 힘이 듭니다… 하지만 당신, 나의 사랑하는 멘토여, 아나(알렉산드라의 친구 비루보바Anna Vyrubova)에게는 당신의 부재로 인한 내 고통에 대해 아무 말도 하지 마세요. 아나는 친절하고, 착하고, 나를 아끼지만 내 슬픔에 대해서는 그녀에게 말하지 말아주세요. 내 곁으로 곧 오실 건가요? 서둘러 오세요. 나는 당신을 기다리고 있고 당신 없이는 너무도 비참합니다. 내게 당신의 신성한 축복을 내려주면, 당신의 축복받은 손에 입을 맞출게요.

언제나 당신을 사랑하는 마마Mama

허레이쇼 넬슨이 에마 해밀턴에게

허레이쇼 넬슨Horatio Nelson은 혁명기 프랑스에 맞선 전쟁의 첫해에 해밀턴 부인 에마Emma Hamilton를 처음 만났다. 에마는 아름다운 전직 배우로, 막대한 부를 쌓은 나폴리 주재 영국 대사의 아내였다. 두 사람이 다시 만났을 때 허레이쇼는 영국에서 가장 유명한 해군 영웅이 되어 있었지만 신체적으로는 만신창이였다. 그는 이미 한쪽 눈을 잃었고("오늘 아침에 좀 다쳤어") 전투에서 부상을 입어 한쪽 팔을 절단해야 했다("빨리 잘라낼수록 좋다네"). 그리고 1798년 8월 그는 나일 해전을 치렀다("내일 이 시간이 오면 나는 귀족 작위를 받았거나 아니면 명예로운 죽음을 맞았을 것이다"). 피부 조각이 남은 한쪽 눈의 시야를 방해하는 바람에 이마에 총을 맞자 그는 말했다. "나는 전사했네. 내 아내에게 안부 전해주게." 그러나 상처는 얕았고, 그는 이집트에 낙오된 프랑스 장군을 제외하고 모든 나폴레옹 보나파르트Napoleon Bonaparte의 함대를 쓸어버렸다.

이후 그는 전설이 되었고(나일 남작이자 브론테 공작 넬슨), 이 국적 도시 나폴리에서 사람들에게 떠받들리며 많은 시간을 보냈다. 그와 에마는 이 도시에서 사랑에 빠졌다. 넬슨은 42세, 사지에 멀쩡한 구석이 없었고 에마는 35세, 여전히 아름다웠다. 이들은 그녀의 나이 든 남편 윌리엄 해밀턴William Hamilton 대사와 함께 자주 어울렸다. 이 스캔들은 오랫동안 고통받고 있던 넬슨의 아내 패니Fanny Nelson와 런던 사회에도 자연스럽게 흘러 들어가게 되었다.

마침내 프랑스와 영국 사이에 평화가 찾아왔을 때, 넬슨은 해밀턴 부부와 유럽 크루즈 여행을 떠났다가 에마의 배 속에 그들의 딸 허레이셔Horatia를 품은 채 1800년 영국에 돌아왔다. 에마는 섭정 왕자를 포함한 추종자들에게 둘러싸였고, 넬슨의 질투심이 점점 커가던 그때 해밀턴은 그에게 다소 이례적인 편지를 썼다. 그 편지에서 그는 아내 에마가, 비록 자신은 그녀에게 배신당했지만, 넬슨 곁에 충직하게 남아 있었다고 주장했다.

1804년 전쟁이 다시 시작되었을 때 넬슨은 프랑코·스페인 함대에 맞서기 위해 전장으로 나갔다. 그때 처음 유언장을 써서 에마에게는 "그녀가 살면서 자신의 지위를 유지하는 데 충분할 만큼" 재산을 주라고, 또 "입양한 딸, 허레이셔 넬슨 톰프슨은… 미래에 오직 넬슨이라는 성만 사용"하라고 명시했다. 넬슨은 트래펄가 전투에서 프랑코·스페인 함대를 무찔렀으나 프랑스군 저격수의 총에 맞아 사망했다. 그는 세인트폴 대성당에 안장되었지만 그의 유언장은 무시당했다. 에마는 10년 뒤 극심한 가난 속에 죽었다.

넬슨이 리보르노에 있는 장군에게 보고하라는 명령을 받은 당시, 즉 두 사람의 열정이 시작된 초기에 쓴 이 격정적이라고 해야 할 정도로 뜨거운 편지에서 넬슨은 에마에게서 멀어진 모든 걸음걸음이 극심한 고통이라고 말한다. 넬슨은 그녀와 함께 다시 잠자리에 들 때까지 "해변에서 잠들지 않겠다"고 약속하고 (다른 여자와 노닥거리지 않기 위해서), 심지어 푸딩도 즐기지 않겠다고 맹세한다. 편지에 쓴 "장애물"은 그들의 배우자, 윌리엄 해밀턴 경과 패니 넬슨을 말한다.

내가 세상에서 가장 사랑하는 모든 것에서 떨어진, 이런 게 삶이라고 불릴 수 있다면 그런 삶이 대체 무슨 소용이겠소. 국가의 부름 말고는 그 무엇도 이렇게 당신에게서 떨어져 있는 고통을 낫게 할 수 없지만, 헛소리로 시간을 때우고 있으려니 견디기 힘들군. 어떤 시간도, 당신과 나 사이 어떤 거리도 나의 유일한 사랑 에마, 당신을 향한 사랑과 애정을 바꿀 순 없소. 이것은 가장 진실한 명예의 원칙 위에 세워졌고, 우리가 오직 진정한 사랑으로 맺어졌듯 이 세상의 경직된 규칙에도 가장 가깝게 맺어져 결합하는 데 장애물이 있다는 쓰디쓴 비통함과 함께 내가 느끼는 후회가 우리에게 남아 있을 뿐이오. 오직 당신의 충직한 넬슨만을 계속 사랑하시오. 그가 그의 에마를 사랑하듯이 말이오. 당신은 나의 안내자, 나는 당신을 따르고, 나의 따스한 심장은 내 삶을 내놓은 채 바라고 원할 것이오. 어떤 즐거움도 취하지 않을 것이며 또한 해변에서 잠들지 않겠다는 약속은 굳게 지키고 있소.

1월 30일 목요일: 레그혼을 떠난 지 6일째고 팔레르모로 향할 가능성은 보이지 않소. 내게 이건 차라리 죽는 게 나을 지경이오. 나는 사랑하는 당신 생각에 먹을 수도, 잠을 잘 수도 없소. 그리고 당신도 그 이유를 잘 알겠지만 푸딩에조차 손을 대지 않았소. 아니, 차라리 굶어 죽을 것이오. 당신도 똑같이 나에게 한 약속을 지키는 모습을 보는 것만이 나의 유일한 희망이오. 왜냐하면 나는 하늘에 맹세할 정도로 엄격하게 지키지 않을 약속은 당신에게 한 적이 없기 때문이오. 그러나 나는 당신이 나를 사랑한다는 것에 대해서는, 그리고 오직 에마를 위해 사는 당신의 충실한 넬슨에게 작은 것이나마 거짓말을 하느니 차라리 죽음을 택할 사람이라는 것에 대해서는 완벽히 자신할 수 있소.

금요일: 미칠 것만 같소. 우리는 한바탕 몰아친 강풍을 겪었는데, 그로 인해 어제 정오에 비해 당신에게서 20리그league(거리 단위로 1리그는 약 4,000미터―옮긴이) 더 멀어지고 말았소. 궂은 날씨에도 불구하고 내 마음대로 할 수 있었다면 20리그 더 가까이 갔겠지만, 나의 총사령관은 내가 당신이 곁에 없어서 얼마나 힘든지 알지 못하오. 어젯밤 거의 스무 번은 자다가 깼지만 오직 당신 꿈만 꾸었소. 그 꿈 중 하나에서는 내가 큰 테이블에 앉아 있다고 생각했소. 당신은 없고, 내가 몹시 싫어하는 공주와 다른 공주 사

이에 앉았는데, 두 사람이 모두 나를 유혹하려 했고 첫 번째 공주가 내게 심하게 들이댔소. 당신 말고는 세상의 어떤 여자도 나에게 그런 적이 없는데 말이오. 그 결과 나는 그녀를 쓰러뜨렸고 그렇게 법석을 떠는 순간에 당신이 들어와 나를 품에 안고는 "나의 넬슨, 나는 당신 말고는 누구도 사랑하지 않아요"라고 속삭였소. 나는 열광적으로 당신에게 키스를 퍼부었고, 우리는 최고의 사랑을 즐겼소. 오, 에마, 당신에게 내 영혼을 바치오. 만약 당신이 나 말고 다른 무언가를 사랑한다면 당신의 넬슨만큼 느끼지 못하는 사람을 사랑하는 것이오.

일요일 정오: 순풍이 불어 내일 내 사랑, 나의 에마를 본다는 희망에 기분이 조금 좋아졌소. 이제 138마일(약 220킬로미터 - 옮긴이)밖에 떨어져 있지 않소. 그리고 당신도 나처럼 생각할 거라고 믿소. 당신을 향한 나의 사랑만 한 것은 어디에도 없을 테니까.

나폴레옹 보나파르트가 조제핀에게

두 사람은 연애결혼을 했다. 그는 혁명기 프랑스의 젊은 개선장군이고, 그녀는 마르티니크에서 태어난 크리올 소녀이자 1790년대 초 공포정치 중 단두대에서 처형된 귀족의 미망인이다. 그녀는 프랑스의 통치 감독 중 한 명인 폴 바라스Paul Barras의 정부가 되었고, 그가 나중에 그녀를 전도유망한 장군 나폴레옹에게 소개해주었다. 조제핀Joséphine Bonaparte은 1796년 3월 9일에 나폴레옹과 결혼한다. 이후 나폴레옹은 프랑스의 적인 오스트리아, 러시아, 프러시아, 이집트를 물리치고 스스로 프랑스에서 권력을 잡는다. 1804년 그는 조제핀과 함께 황제와 황후 자리에 오른다. 하지만 그에게는 후계자가 필요했고 조제핀과의 결혼생활에서는 아이를 얻지 못했다. 그래서 그는 조제핀과 이혼하고 오스트리아 합스부르크가 황제의 딸인 마리루이즈Marie-Louise 와 재혼한다. 그녀와의 사이에선 아들이 태어났다. 나폴레옹이 그의 제국을 잃고 1814년 망명길에 올랐을 때, 조제핀은 특유의 스타일로 그 모든 고난을 견딘 데 대해 모두에게 칭송받았지만 겨우 몇 달 후에 사망했다.

이 편지는 보나파르트 장군이 이탈리아에서 전투를 치를 때 파리에 있는 조제핀에게 쓴 것이다. 결혼한 직후지만 이미 그는 질투심으로 고통스러워하며 그녀를 갈망하고 있다. 세련되고 우아하면서 장난스러운 그녀는 한 사람에게 충실한 타입이 아니다. 그는 집착이 심하고 통제를 원하며 강아지처럼 헌신적이고 조제핀에게 칭찬, 유혹, 협박, 생떼, 자랑이 뒤섞인 편지를 퍼붓는다. 그는 조제핀의 몸과 "지그재그"라고 이름 붙인 그녀의 성적 테크닉에 대해 열렬히 칭찬하며, 그녀의 체취를 맡을 수 있도록 씻지 말라고 간청한다. 그리고 이 편지에서 읽을 수 있듯, 그는 언제나 그녀의 심장뿐 아니라 "좀 더 아래, 훨씬 아래"에도 키스하고 싶어 한다.

내 형제가 이 편지를 당신에게 가져다줄 것이오. 나는 그를 누구보다 아끼며 그 역시 당신의 사랑을 받기를 바라오. 그는 그럴 자격이 있으니까. 자연은 그에게 다정하고 최고로 선한 성격을 선물했소. 정말 좋은 자질로 가득한 사람이오.

나는 어떤 이탈리아 항구에서 그를 영사로 임명해달라고 바라스에게 편지를 쓰고 있소. 그는 이 야단법석과 정치적 문제에서 멀리 떨어져 귀여운 아내와 함께 살고 싶어 한다오. 그를 당신의 보살핌에 맡기오.

당신이 16일과 21일에 쓴 편지를 받았소. 편지를 쓰지 않는 날이 많더군. 그때는 무얼 하고 있소?

아니오, 나의 사랑. 질투하는 것이 아니라 어떨 때는 걱정이 돼서 그러오.

어서 돌아오시오. 미리 말해두지만, 만약 당신이 늦어지면 나는 병이 들고 말 거요. 피로와 당신의 부재는 내가 견디기엔 너무 큰 고통이오.

당신의 편지가 나의 일상에선 큰 즐거움인데, 그런 즐거움이 있는 나날이 많지 않소.

쥐노Jean-Andoche Junot가 빠리로 스물두 개의 깃발을 가져가고 있소. 반드시 그와 함께 돌아와야 하오. 알겠소?

절망에 가까운 슬픔, 몸을 가눌 길 없는 비참함, 끝이 보이지 않는 울적함. 만약 그가 혼자 돌아온 것을 보면 나는 그 정도로 불행할 것이오.

내가 아끼는 친구, 그가 당신을 만날 것이오. 그가 당신의 관자놀이에 숨을 내뱉을 것이오. 어쩌면 당신이 그에게 당신의 뺨에 입 맞추는 독특하고 완벽한 그 느낌을 허락할지도 모르겠소. 그리고 나는 이 멀고 먼 곳에 혼자 있겠지요.

하지만 당신은 올 것이오. 그렇지 않소? 당신은 여기 내 곁에, 내 품 안에, 내 가슴 위에, 내 입 위에 있을 것이오.

날개를 달고 오시오. 날아오시오! 하지만 조심해서 여행하시오. 길이 아주 길고, 험하고, 피곤하니까.

당신이 어떤 사고를 겪는다고, 아니면 병에 걸린다고 생각해보시오. 아니면 피로 때문에…. 아무쪼록 조심히 오시오, 나의 사랑스러운 여인이여. 하지만 나는 당신을 자주 생각한다오.

오르탕스Hortense de Beauharnais(후일 네덜란드 왕이 되는 나폴레옹의 동생 루이Louis Bonaparte와 결혼하는 조제핀의 딸)에게 편지를 받았소. 그 아이에게 곧 편지를 쓸 것이오. 오르탕스는 정말 매력적인 아이요. 그 아이를 사랑하고, 그 아이가 가지고 싶다는 향수를 곧 보내줄 것이오.

오시안Ossian(3세기 무렵 켈트족의 전설적 시인－옮긴이)의 시 〈카르톤Carthon〉을 주의 깊게 읽고, 행복하게 푹 자기를, 당신의 좋은 친구에게서 멀리 떨어져 있지만 한편으로 그를 생각하기를.

당신의 심장에 키스를, 그리고 좀 더 아래, 훨씬 아래에도!

B.

당신에게 혹시 돈이 필요한지 모르겠소. 당신은 비즈니스에 대해서는 나에게 이야기하지 않으니까. 만약 필요하다면 내 동생에게 이야기해도 되오. 그가 내 돈 200루이를 가지고 있소.

알렉산드르 2세가 카탸 돌고루코바에게

알렉산드르 2세Aleksandr II가 카탸 돌고루코바Yekaterina 'Katya' Dolgorukova에게 보낸 편지는 아마 정치적 지도자가 쓴 것 중 가장 노골적인 편지일 것이다. 하지만 그 편지들은 또한 가슴 아프고 열정적이며 정치적이다. 학교를 졸업하기 직전인 10대 소녀 예카테리나 돌고루코바와 사랑에 빠졌을 때 그의 나이는 마흔쯤, 로마노프가 황제 중 가장 매력적인 인물이며 막 농노를 해방시킨 개혁가다. 1865년 1월의 어느 날, 테러리스트가 차르를 암살하려고 시도하기 몇 분 전, 두 사람은 그녀의 기숙학교 밖 공원에서 마주친다. 알렉산드르는 이것은 어떤 신성한 힘에 의해 허가된 사랑이며 그녀는 수호천사라고 여긴다. 고지식한 아내에게 질리고 큰아들의 죽음으로 큰 충격을 받은 상황에서, 알렉산드르는 테러리스트들이 자신에게 맞서 암살을 시도하자 엄청난 압박을 느낀다. 그는 카탸에게 위안을 얻고, 그녀와 편안한 사랑과 함께 강렬한 에로티시즘을 나눈다. 프랑스어로 휘갈긴 편지를 하루에도 여러 통 쓰면서, 그들은 성관계를 뜻하는 'bingerle'이라는 암호를 사용해 그들만의 성적인 시간을 함께 만끽한다.

편지에서 알렉산드르는 두 사람이 비밀리에 처음 만난 순간을 회상한다. "나는 거울이 있는 방의 소파에서 있었던 일을 결코 잊지 못할 거야. 우리가 처음으로 입을 맞추고, 당신은 우리를 방해하던 크리놀린을 벗는 동안 내게 잠시 나가 있으라고 했지. 나는 당신이 판탈롱을 입지 않은 것을 보고 놀랐지. 오, 얼마나 끔찍하던지. 그 꿈에서 거의 미쳐버릴 뻔했는데 그것은 현실이었고, '그 녀석'이 터져버리는 줄 알았어! 나는 광란의 상태가 되었지. 그때 바로 내 보물을 만났고…. 다시 당신 안으로 깊숙이 들어갈 수만 있다면 무엇이든 내줄 텐데…. 당신의 짓궂은 크리놀린이 오직 눈으로 보기만 하던 당신의 다리를 만지게 해주었을 때 나는 전기가 통한 듯 온몸이 찌릿찌릿했어…. 우리는 마치 살쾡이처럼 서로에게 덤벼들었지…." 그녀도 마찬가지로 그에게 열정적으로 화답한다. "내가 당신을 원한다는 걸 알고 있겠죠? 나는 그때 엄청난 기쁨을 느꼈고 완전히 압도되었어요. 그 어떤 것과도 비교할 수 없는 기쁨이었죠." 그는 종종 이런 답장을 보냈다. "완벽히 무장한 나의 'bingerle'이 특별한 인사를 보내." 그들은 또한 정치나 전쟁에 대해 토론하거나 아이가 자라는 가정의 행복을 함께 이야기하기도 했다.

1880년 아내가 죽자 알렉산드르는 유리엡스카야Yurievskaya 공녀가 된 카탸와 결혼했지만, 1881년 테러리스트들이 그를 암살했다. 카탸는 파리로 물러났다. 다음은 그들이 관계를 맺은 초기에 'bingerle'에 대해 이야기한 편지 중 하나다.

오전 10시.

좋은 아침, 나의 천사. 나는 당신을 삶보다 사랑하고, 당신을 사랑해서 행복해. 내 심장은 오롯이, 영원히 당신에게 속해 있어…. 당신의 편지를 들뜬 조바심으로 기다리는데, 도무지 무엇 때문에 이렇게 편지가 늦어지는지 이해할 수가 없어.

오후 4시.

나의 귀여운 천사, 그 어느 때보다 미친 듯이 당신을 원해. 행사는 잘 끝났지만, 맹세코 우리의 달콤한 'bingerle'과 오늘 아침의 노력 때문에 난 아직도 지쳐 있어. 하지만 한 번 더 우리가 함께 알고 있는 그 행복을 경험할 수 있겠지. 나는 결코 서두르지 않을 거고 우리의 'bingerle'을 방해하지 않을 거야. 그래, 나는 확실히 내가 당신의 삶이 되었다고 느끼고, 당신이 내 것이라는 사실을 당신이 잊지 않았으면 좋겠어. 그리고 내 머릿속에는 한 가지 생각밖에 없어. 그건 바로 당신, 나의 천사, 기쁨, 행복, 위안, 용기이자 나의 모든 것이지. 나에게 다른 건 존재하지 않아. 당신의 삶이 내 덕에 의미 있어졌다고 말해줘서 고마워. 당신은 내게 더없는 기쁨을 주었어. 왜냐하면 그 말은 곧 당신이 사랑받는다고 느끼고, 나를 위해 바뀐 당신의 모습을 이해한다는 뜻이니까. 당신이 없으면 나는 존재할 수 없고, 무덤 속까지 당신을 따라갈 거야. 오, 신께서 우리를 어여삐 여기시기를, 그리고 언젠가 오직 우리만을 위해 사는 날을 허락해주시기를! 우리보다 더 서로를 사랑하는 연인은 없겠지. 우리의 맛있는 저녁 그리고 아침의 만남에 감사하며, 나는 끊임없이 내게 찾아오는 멋지고 즐거운 순간으로 완전히 충만한 기분이야. 나의 사랑스러운 요정에게 안긴 채 누워, 당신의 ○○(읽을 수 없는 글자)를 당신이라는 소중한 존재의 나머지 부분만큼 아끼는 내 모습을 상상해. 그리고 나는 그 어느 때보다 우리가 'bingerle'을 하는 동안 당신의 아름다운 눈 속에 보이는 그 표현, 당신이 내게 선사하면서도 몸과 마음으로 함께 나누는 기쁨을 비추는 그 표현을 결코 잊지 못할 거야. 그런 후에 내가 어떻게 당신 때문에 미치지 않을 수 있을까. 나의 천사, 나의 모든 것. 참, 우리에게는 내일 아침 산책할 때와 저녁때 결혼식장에서 만날 수 있는 기회가 있어. 그때는 표정으로만 감정을 주고받아야겠지. 월요일 아침에 당신이 할 수 있는 것을 말해주면, 저녁에 만나 지난번 방해를 받아 중단한 'bingerle'을 완성했으면 좋겠어…. 영원히 당신에게 속한 나의 존재에 당신이 큰 기쁨을 준다는 사실을 알았으면 좋겠어. 이건 그 어느 때보다 뜨거운 당신을 향한 사랑이야. 당신을 먹어버리고 싶어. 당신에게 키스하고 당신을 맛보고 싶어….

이오시프 스탈린이
펠라게야 아누프리예바에게

사적인 편지를 읽는 즐거움 중 하나는 그것이 때때로 익숙한 인물의 숨은 면모를 드러낸다는 점이다. 이 편지는 조지아 출신의 볼셰비키 혁명가로 나중에 '스탈린'이라는 이름을 사용하는 이오세브 주가슈빌리Ioseb Dzhugashvili가 1912년 그의 여학생 애인 펠라게야 아누프리예바Pelageya Anufrieva에게 "열정적이고 진한 키스"를 보낸 연애편지다. 두 사람은 스탈린Iosif Vissarionovich Stalin이 망명 중이던 볼로그다에서 만났고, 그녀는 스탈린의 친구 중 한 명의 애인이었다. 그녀는 열여섯 살 정도, 그는 서른네 살이다. 스탈린은 펠라게야에게 셰익스피어와 예술, 철학에 대해 강의한다. 그는 그녀를 "섹시한 폴랴Hot Polya"라 부르고 그녀는 그를 "괴짜 오시프Oddball Osip"라 부른다. 그녀는 이제 스탈린이 떠나면 다시는 만나지 못하리라는 사실을 알고 있다. 미래 소비에트연방의 폭군은 혁명가들의 지하 세계로 일하러 돌아가기 위해 모스크바로 가는 늦은 기차를 타면서, 키스하는 연인을 조각한 로댕의 작품 〈키스〉가 인쇄된 엽서를 사서 폴랴에게 보낸다.

PG에게

오늘 네 편지를 받았어…. 이제 우리 중 누구도 더 이상 예전 주소에 있지 않으니까 그곳으로 편지 보내지는 말고…. 네가 페트르를 통해 내게 전한 키스가 있으니 키스 한 번을 빚졌네. 이제 다시 내 키스를 보낼게. 그냥 키스가 아니라 아주 열정적이고 진한 키스를 담아(다른 방식의 키스는 그럴 가치도 없으니까).

이오시프

Family

가족

엘리자베스 1세가 메리 1세에게

이 편지는 공주의 목숨을 구했다. 당시는 헨리 8세와 아라곤의 캐서린 사이에서 태어난 딸 메리 1세Mary I가 통치하던 시대다. 메리의 이복 자매로 일부 정통성을 가진 엘리자베스에게는 위험한 시기이기도 했다. 엘리자베스는 헨리 8세와 그의 단명한 왕비, 간통죄로 처형당한 앤 불린의 딸이다. 메리는 앤 불린을 매춘부 같은 이단 신교도로 여겼다.

1553년 헨리의 후계자 에드워드 6세Edward VI가 어린 나이에 죽자, 힘 있는 파벌들이 허약한 후보 제인 그레이Jane Grey를 내세워 신교 왕조를 이루려 했다. 그러나 비록 가톨릭교도라 해도 왕의 딸인 메리가 정당한 여왕으로 받아들여졌다. 가톨릭주의를 다시 펼치기 시작하고 가톨릭교도인 스페인의 펠리페 2세와 결혼하겠다고 밝힌 순간, 메리는 토머스 와이엇Thomas Wyatt이 주도한 반란을 맞닥뜨렸다. 와이엇은 메리의 자리에 엘리자베스를 올리려고 계획했다. 엘리자베스가 연루되었다는 사실을 인정하게 하려고 와이엇을 고문했고, 이후 그는 처형당했다.

엘리자베스도 체포되었다. 하지만 이 지적이고 경계심이 강한 스물한 살 여성은 자신의 언니에게 직접 호소한다. 그녀는 왕가 혈통의 숱한 왕자와 공주가 처형되거나 살해된 불길하고 무시무시한 런던탑으로 막 이송되려 할 때 이 편지를 쓴다. 그리고 어린 에드워드 6세의 섭정인 서머싯 공작의 최근 사례를 인용한다. 서머싯 공작은 음모를 꾸몄다는 죄뿐 아니라 엘리자베스와 결혼하려 했다는 죄로 친형인 토머스 시모어Thomas Seymour 제독의 처형을 허가한 인물이다.

이 편지는 '조수의 편지Tide Letter'로도 알려졌는데, 엘리자베스가 일부러 아주 느리게 쓰는 바람에 편지를 완성하기 전 조수가 바뀌었고 그래서 런던탑으로 가는 일정이 하루 미뤄졌기 때문이다. 하나하나 주의 깊게 선택한 단어에서, 우리는 헨리 8세의 딸 중 하나가 다른 딸에게 목숨을 구걸하는 소리를 들을 수 있다. 엘리자베스는 나중에 런던탑으로 이송되긴 하지만 곧 방면된다. 메리가 죽음을 맞자 엘리자베스는 왕위를 이었고, 아마도 영국에서 가장 위대한 군주가 되었다. 그녀의 생존이 영국 역사의 독립적이고 신교적인 길을 확립했다고 할 수 있다.

누군가가 "왕의 말은 다른 사람의 맹세보다 강하다"라는 오래된 격언을 말씀드린 적이 있다면 저는 그 말을 제가 확인하게 해달라고, 또한 비록 지금 제가 유죄로 확정된 듯하지만 제대로 된 답변과 그에 따른 증거 없이는 단죄하지 않겠다던 폐하의 마지막 약속과 제 마지막 요청을 기억해달라고 폐하 앞에 겸허하게 엎드려 애원합니다. 정당한 이유 없이 폐하의 명을 받는 의회에 의해 런던 탑으로 가야 할 위기에 처했기 때문입니다. 그곳은 진실한 신하보다는 거짓된 반역자들이 있어야 할 장소입니다. 제가 결코 바란 일이 아님에도 이 왕국에서는 이미 제가 반역자인 것이 증명된 듯 보입니다. 하지만 저는 신께 기도하기를, 만약 제가 그런 일을 의도했다면 지금까지 죽은 사람 중 가장 수치스러운 죽음을 맞을 것입니다. 그리고 지금 이 순간까지도 저는 신께 항변합니다(그분께서 저의 진심을 판단해주실 것입니다. 악의를 품은 이들이 무엇을 지어내든). 결코 어떤 방식으로도 폐하의 사람에게 해를 입히거나 이 나라를 위험에 빠뜨릴 만한 어떤 일도 실행하거나, 조언하거나, 동의하지 않았다고 말입니다. 그러므로 제게 폐하 앞에서 직접 답변할 기회를 주시기를, 폐하의 의회에 맡김으로써 제게 고통을 주지 않으시기를, 더 나아가 가능하다면 제가 탑으로 가기 전에, 그마저 가능하지 않다면 제가 유죄 선고를 받기 전에 그 기회를 주시기를 엎드려 청합니다. 이 모든 일에도 불구하고 저는 폐하께서 제가 가기 전에 그렇게 하도록, 그리하여 제가 이제 그래야 하듯, 심지어 그럴 만한 까닭 없이 수치스럽게 부르짖지 않도록 허가해주시리라고 틀림없이 믿습니다. 저의 결백함에 기대어 그리고 폐하의 타고난 선하심에 희망을 걸어 어렵게 구하기를, 부디 양심이 폐하의 마음을 움직여 저의 당돌함을 용서해주시기 바랍니다. 폐하의 선하심이라면 제가 정당한 사유 없이 내쳐지는 것을 분명 보고 계시지만은 않을 것입니다. 저는 이제 더 이상 신이 아닌 폐하께서 저의 결백함을 진정 알아주시기를 바라지만, 이는 직접 듣지 않는다면 보고만으로는 절대 아실 수 없을 것입니다.

저는 그들의 군주 앞에 나서기를 원했다는 이유로 내쳐진 사람들에 대해 전부터 많은 이야기를 들어왔습니다. 그리고 최근에는 서머싯 경이 만약 그의 형제가 자신과 이야기하려고 노력했다면 결코 고통을 받지 않았으리라고 말하는 것을 들었습니다. 그러나 주변 사람들이 강력하게 그를 설득했고, 결국 그는 만약 제독이 살아 있다면 자신은 안전하지 못할 거라고 믿게 되었고 그런 이유로 형제의 죽음에 동의하고 만 것입니다. 이들을 폐히와 견줄 수는 없지만, 그럼에도 불구하고 저는 사악한 설득이 한 자매를 다른 자매와 갈라놓지 않기를 신께 기도합니다. 그들은 거짓 보고를 들었으며 진실은 알려지지 않았습니다. 그러하기에 다시 한번 가슴에서 우러나는 겸손함으로 무릎 꿇고, 왜냐하면 저는 아직 무릎 꿇고 탄원하는 고통을 겪지 않았으므로, 겸허하게 폐하께 직접 말씀드릴 수 있기를 소원합니다. 저 스스로 가장 명쾌하게 알지 못한다면 감히 대담하게 이런 것을 바라지도 않을 것입니다. 저는 누구보다도 진실한 저 자신을 잘 알고 있으니까요. 그리고 반역자 와이엇에 대해서라면, 혹시 그가 제게 편지를 썼을지도 모르지만 저는 맹세코 그에게 단 한 장의 편지도 받지 않았습니다. 또 프랑스 왕에게 보낸 편지의 복사본에 대해서는, 제가 만약 언제 어떤 수단으로든 한 단어, 메시지, 표식, 편지라도 보냈다면 신께서 영원히 저를 혼란 속에 빠뜨리시기를 바랍니다. 그리고 저는 죽음을 맞는 마지막 순간까지 이 진실을 고수하겠습니다.

처음부터 마지막까지 폐하의 가장 충실한 신하일

엘리자베스

단 한 단어의 답신만이라도 겸허히 기다리겠습니다.

1944년 7월 11일

빌마 그륀발트가
쿠르트 그륀발트에게

홀로코스트 당시 유대인을 멸종시키기 위해 나치가 만든 죽음의 수용소에서 살아남은 편지는 거의 없다. 이 편지는 체코인 수용자 빌마 그륀발트Vilma Grünwald가 의사인 남편 쿠르트Kurt Grünwald에게 보낸 것으로, 차마 읽어 내려갈 수 없을 정도로 가슴 아픈 짧은 메모다. 빌마와 쿠르트, 그들의 두 아이 존John과 프랭크Frank(미샤Miša)는 수천 명의 다른 죄 없는 유대인 가족처럼 체포되어 아우슈비츠로 이송되었다. 분류 과정에서, 나치 친위대 의사 요제프 멩겔레Josef Mengele는 다리를 저는 존을 왼쪽(강제수용소에서 즉시 처형)으로 보낸다. 이것이 무슨 뜻인지 아는 존의 어머니는 모성애를 발휘해 아들과 함께 가기를 선택한다. 빌마는 자신과 존이 다른 가족에게서 분리된 직후 이 메모를 써서 감독관에게 건네며, 강제 노동자 수용소에서 다친 죄수들이 다시 일할 수 있도록 치료하는 책임을 맡은 의사로 곧 일하게 될 쿠르트에게 전해달라고 부탁한다. 빌마와 존은 잠시 후 가스실에 들어간다.

놀랍게도 이 편지는 홀로코스트에서 살아남은 쿠르트에게 전해졌다. 그는 풀려난 뒤 역시 살아남은 아들 프랭크와 재회했다. 이 편지를 미국 홀로코스트 추모 박물관에 기증한 사람은 프랭크다.

누구보다 사랑하는 나의 하나뿐인 당신, 우리는 격리되어 어둠을 기다리고 있어요. 숨을까도 생각했지만 그래 봐야 가망이 없을 것 같아 그러지 않기로 했어요. 그 유명한 트럭들이 이미 와 있고, 우리는 그 일이 시작되기만 기다리고 있어요. 나는 전혀 동요하지 않아요. 당신, 사랑하는 나의 하나뿐인 당신, 부디 우리에게 일어난 일에 대해 스스로를 비난하지 마세요. 이건 우리의 운명이에요. 우리는 할 수 있는 일을 한 거예요. 건강하게 지내고, 시간이 지나면 완전히는 아니라도 부분적으로는 나아질 거라는 내 말을 기억하세요. 사랑하는 우리 아들을 잘 보살피고, 그 아이에게 당신의 사랑을 너무 많이 주어 버릇없는 아이로 키우지 않길 바랄게요. 사랑하는 두 사람 모두, 꼭 건강해야 해요. 당신과 미샤를 생각할 거예요. 멋진 인생을 살아요. 우리는 이제 트럭에 올라야 해요.

영원히 안녕, 빌마

카다슈만엔릴이 아멘호테프 3세에게

아버지들은 대개 자기 딸의 결혼 상대에 대해 확고한 의견이 있다. 그리고 이건 이 편지가 쓰인 이후 3,000년 넘게 변하지 않은 사실이다. 이 편지는 한 왕이 다른 왕에게 보낸 것으로, 왕가의 딸은 종종 아버지에게 정치적 담보물 취급을 받곤 했다.

바빌로니아 왕 카다슈만엔릴Kadashman-Enlil은 이집트의 파라오, 위대한 아멘호테프 3세Amenhotep III와 동시대 인물로, 두 사람은 자주 편지를 주고받았다.

이 편지는 아마르나 시대에 쓰여 점토판에 새겨졌고, 1887년 신성한 수도 아케나톤(오늘날의 엘아마르나)에서 발견되었다. 아케나톤은 아멘호테프 3세의 아들인 파라오 아케나톤Akhenaton이 건설했다. 아카드 설형문자로 기록한 총 382편의 이 외교 서신은 파라오의 서신 담당 부서에서 보관한 것으로 추정되며 틀림없이 초기 고대 세계를 가장 잘 보여주는 편지일 것이다.

편지에서 카다슈만엔릴은 아멘호테프의 딸 중 한 명에게 거절당한 모욕감 때문에 분개한다. 그리고 이어서 자신의 딸 중 한 명을 금과 바꾸자고 제안한다. 이집트 군주는 외국 통치자에게 딸을 주기에는 자신이 너무 귀한 존재라고 생각했다. 그러나 이 바빌로니아인은 파라오의 거만함 때문에 확실히 심기가 불편하다. 그의 감정은 오직 금, 금, 더 많은 금으로만 가라앉힐 수 있을 것이다.

어떻게 그럴 수 있는가? 내가 그대의 딸에게 청혼하는 편지를 썼는데, 오, 형제여, 그대는 어떻게 그런 말투로, 자고로 이집트 왕의 딸은 절대 결혼 상대로 주어지는 법이 없으니 나에게 딸을 줄 수 없다고 말하는 편지를 쓸 수 있단 말인가. 왜 내게 그런 말을 하는가. 그대는 왕이다. 그대가 원하는 대로 해도 된다는 말이다. 내게 그대의 딸을 결혼 상대로 주고 싶었다면 누가 그대에게 그러지 말라고 할 수 있단 말인가.

하지만 그대는 아무도 보내지 않겠다는 그대의 원칙을 지키며, 내게 아내를 보내주지 않았다. 우리가 더 가까워질 수 있도록 내게 (편지에서) 결혼을 제안했을 때 그대는 형제, 친구 간의 관계를 찾고 있지 않았나? 왜 나의 형제는 내게 아내를 보내주지 않았을까?

… 그대가 내게 아내를 보내지 않는 것은 가능하지만, 내가 어떻게 그대가 한 것처럼 그대의 아내를 보내주는 것을 거절하겠는가. 내게도 딸들이 있다. 그러나 나는 그에 대해 어떤 방식으로

든 그대를 거절하지 않을 것이다….

　내가 편지에 쓴 금에 대해서는, 이번 여름이 가기 전에 빨리 보내주었으면 한다…. 가능한 한 많은 금을. 그대의 전령이 내게 닿기 전에. 그러면 내가 착수한 임무를 성취할 수 있을 것이다. 만약 이번 여름에 내가 편지에 쓴 금을 보내면 내 딸을 결혼 상대로 내줄 것이다. 그러니 그대가 원하는 만큼 기꺼이 금을 보내기를. 그러나 그대가 내게 금을 보내지 않는다면…. 내가 맡은 임무를 해낼 수 있도록, 왜 내게 기쁜 마음으로 좀 더 일찍 약간의 금이라도 보내주지 않았나? 이미 맡은 임무를 완수한 이후에 내가 왜 금을 필요로 하겠는가? 그때는 그대가 3,000달란트의 금을 보낸다고 해도 받지 않을 것이다. 아마 그대에게 금을 돌려주고 내 딸도 결혼 상대로 주지 않을 테지.

올리버 크롬웰이 밸런타인 월턴에게

승리의 이면에도 나름 슬픈 사정이 있다. 올리버 크롬웰Oliver Cromwell은 영국 내전 시기에 손꼽힐 만큼 치열한 전투이자 영국 땅에서 벌어진 것 중 가장 규모가 큰 마스턴무어 전투에서 찰스 1세의 군대를 무찌르고 이틀 후, 매제 밸런타인 월턴Valentine Walton에게 편지를 쓴다. "주님의 은총"을 받는 "신의 군대"의 승리를 축하하는 동시에 월턴에게 그의 아들이 전투 중 사망했다는 소식을 전한다. 이것은 영국 역사를 잘 드러내는 대표적 편지다. 의회파 기병 사령관으로서 크롬웰은 왕당파에 맞서 승리를 거두는 데 결정적으로 공헌한 철기병을 만들어낸 군사 천재다.

1599년 헌팅던에서 태어난 크롬웰은 의회와 찰스 왕 사이의 긴장이 최고조에 이른 시기에 의원으로 선출되었는데, 그 전에는 잘 알려지지 않은 지방 출신 신사였다. 그는 군 복무 경험이 전혀 없는 상태로 자신의 군대를 모집했지만 결국 신형군New

Model Army을 지휘하게 되었다. 찬송가로 무장한 이 장군은 내전 중 무자비하고 절대적 신앙심을 보이는 "늙은 철인Old Ironside"이라는 별명을 얻으며 의회파의 주요 지도자로 부상했고, 마지못해 왕의 처형을 감독했다. 코먼웰스Commonwealth로 알려진 새로운 공화국에서 그는 스코틀랜드인을 포함한 모든 도전자를 물리치고 아일랜드 침공을 이끌었다. 이때 일련의 학살을 통해 가톨릭 교도를 탄압하기도 했다. 1653년 올리버 크롬웰은 왕에 준하는 지위인 '호국경'으로 선출되었다. 이 편지는 그의 신실한 모습과 가혹한 모습을 함께 보여준다. 왕실 기병대를 "우리의 칼 앞에 나무둥치처럼" 살육한 이미지를 잊기는 어렵지만, 동시에 스스로 아이들을 잃은 아버지로서 약한 면을 보여준다.

사랑하는 형제,
밸런타인 월턴 대령에게
모든 자비 속에서 그 뜻을 받드는 것, 또한 징벌이나 시험 중에도 함께 주님을 찬양하는 것, 그렇게 슬픔을 나누는 것이 우리의 의무일세.
우리에게 주어진 이 위대한 승리를 통해, 진정으로 잉글랜드와 신의 교회는 이 전쟁이 발발한 이래 비견할 바 없을 만큼 큰 주님의 은총을 받았네.
여기서 우리가 절대적 승리를 거둔 것은 무엇보다도 '신의 군대'에 내리신 주님의 은총 덕분이라는 모든 증거를 볼 수 있네. 우리는 먼저 공격한 적이 없지만 적을 패배시켰네. 내가 지휘한 좌파는 우리의 말이 되어 뒤에 스코틀랜드인 몇몇만 남겨둔 채 왕자의 말을 모두 때려눕혔네. 신께서는 그들이 우리의 칼 앞에 나무 둥치처럼 쓰러지게 하셨네. 우리는 기병으로 그들의 보병 연대를 공격했고 공격한 모두를 궤멸했네. 지금 상세히 서술할 수는 없지만, 내 생각에 왕자의 2만 군대 중 4,000명도 남지 않았을 걸세. 이 영광을, 이 모든 영광을 신께 바칠 뿐이네.

형제여, 자네의 큰아들이 포격을 당해 신의 곁으로 불려갔다네. 대포알에 다리가 부러졌어. 어쩔 수 없이 그의 다리를 절단했지만 결국 사망하고 말았네.

형제여, 자네도 알다시피 나는 이런 식으로 시험에 들곤 하네. 하지만 신의 뜻을 받들어 말하기를, 그분께서 우리 모두가 몹시 원하고 삶의 목적으로 삼는 바로 그 행복으로 그 아이를 데려가셨네. 그곳에서 자네의 소중한 아이는 영광으로 가득 차서 더 이상 그 어떤 죄도, 슬픔도 모를 것이네. 그 아이는 용맹한 젊은이였고 특출하게 자비로웠네. 신께서 자네에게 위안을 주시기를.

죽음을 맞기 전 그 아이는 프랭크 러셀Frank Russell과 내게는 뭐라 표현할 수 없는 평온함으로 충만한 상태였네. 그는 "고통을 훨씬 뛰어넘는 것이었다"라고 우리에게 말했지. 진실로 경탄할 만했어. 잠시 후에 그 아이가 말하기를, 무언가가 그의 영혼 위에 더해졌다고 했네. 나는 그에게 물었지. "그게 뭐였니?" 그의 답은, 신께서 더 이상 그가 신의 반군을 처형하는 자가 되는 고난을 겪게 하지 않으셨다는 것이었네. 그 아이가 탄 말이 총탄에 죽어 낙마할 때, 내가 전해 들은 바에 따르면 그때 세 마리의 말이 더 죽었는데, 그가 그들에게 좌우를 개방하라고 명령했다네. 악당들이 도망가는 것을 볼 수 있도록. 진정으로 그는 군대에서 그를 아는 모두에게 큰 사랑을 받았네. 그러나 그를 아는 사람은 거의 없었지. 왜냐하면 그 아이는 신의 옆자리에 걸맞은 귀중한 젊은이니까. 자네는 마땅히 신께 감사드려야 하네. 자네의 아들은 천국에, 자네가 마땅히 기뻐해야 할 그곳에 있는 영광스러운 성인일세. 이 사실이 자네의 슬픔을 모두 빨아들이도록 하게. 이 말은 자네를 위로하기 위해 꾸며낸 것이 아니라 실제로 일어난 일이고, 의심의 여지 없는 진실이니까. 자네는 그리스도의 힘으로 무엇이든 할 수 있네. 그 힘을 구하게. 그러면 쉽게 자네에게 주어진 시험을 이겨낼 수 있을 거야. 신께서 그분의 교회에 모두를 위한 자비를 베푸셨으니 그것으로 자네의 사사로운 슬픔은 잊도록 하게. 주님이 자네에게 힘이 되어주시기를 기도하겠네.

자네의 충직한 친구이자 사랑하는 형제,

올리버 크롬웰

투생 루베르튀르가 나폴레옹에게

"나는 노예로 태어났지만 자연이 내게 자유인의 영혼을 주었다." 프랑수아도미니크 투생François-Dominique Toussaint은 프랑스 식민지인 히스파니올라섬 생도맹그에 살던 흑인 노예였다. 재능 있고 교육을 받아 지적인 그는 노예 생활에서 풀려나 이후 프랑스 대농장을 관리했다. 게다가 어떻게 했는지 서구와 크레올의 의학 지식을 함께 익혔고, 결국 자신의 땅을 얻어 노예를 부리며 운영했다. 하지만 1791년 프랑스혁명에서 영감을 받아 섬의 노예들이 반란을 일으키면서 그는 지도자로 부상했다. 1793년 전투에서 그는 '문을 여는 자'를 뜻하는 루베르튀르라는 별명을 얻었으며 다음과 같은 선언을 남기기도 했다. "친애하는 형제들이여, 친구들이여, 나는 투생 루베르튀르Toussaint Louverture입니다. 아마 내 이름은 익히 들어 알고 있겠지요. 나는 복수라는 임무를 맡았습니다. 나는 자유와 평등이 생도맹그를 지배하기를 원하고, 그것을 위해 일하고 있습니다. 우리에게 힘을 모아주십시오, 형제들이여. 그리고 같은 목표를 위해 함께 싸웁시다."

루베르튀르는 먼저 스페인인과 함께 프랑스인에게 맞서 싸우고, 그다음엔 반대로 싸우고, 다시 프랑스인과 싸웠다. 그러면서 형식적으로 프랑스의 지배하에 있는 동안 헌법을 공표하고 총독이자 첫 흑인 공화국의 독재자로서 살았다. 프랑스의 제1집정관 나폴레옹 보나파르트는 군대를 보냈다. 루베르튀르는 사령관 데살린Jean-Jacques Dessalines에게 포르토프랭스(오늘날의 아이티 수도-옮긴이)를 불태우라고 명령했다. "그곳을 불태워버리시오…. 우리에게는 파괴와 화염 말고는 어떠한 자원도 없다는 것을 잊지 마시오…. 도로를 총알로 갈기갈기 찢어버리시오. 시체와 말을 모두 분수에 던져버리시오. 우리를 노예로 만들기 위해 오는 자들이 눈앞에서 마주해야 마땅한 지옥의 모습을 볼 수 있도록 모든 것을 불태우고 부숴버리시오."

하지만 투생은 속임수에 넘어가 붙잡혔다. 그의 아내 수잔Suzanne Louverture을 비롯한 가족도 모두 체포되었다. 프랑스 전함에 붙잡힌 채 모든 것을 잃은 투생은 가족의 자유를 구걸하는 안타까운 편지를 쓴다. 그는 프랑스로 이송되어 감옥에서 죽었지만 이후 1년도 되지 않아 프랑스는 패배했고, 그의 창조물인 아이티는 독립을 이룬다.

제1집정관님께
당신께 제 잘못을 숨기지 않겠습니다. 제가 저지른 일들이 있습니다. 어떤 이가 그러고도 면죄를 받을 수 있겠습니까. 저는 그 죄를 공언할 준비가 되어 있습니다. 프랑스 정부를 대표하는 총사령관의 영예로운 말 이후에, 식민지에 공포한 선언 이후에, 총사령관이 생도맹그에서 일어난 사건에 망각의 장막을 드리우겠다고 약속한 그 선언 이후에, 저는 브뤼메르 18일(나폴레옹이 군사 쿠데타를 일으켜 스스로 제1집정관이 된 날. 이 사건을 브뤼메르 18일 쿠데타라 부른다—옮긴이)에 당신께서 그러했듯 제 가족의 품으로 물러났습니다. 그리고 채 한 달이 지나지 않아 악한 마음을 품은 자들이 음모를 꾸며 총책임자의 마음을 저에 대한 불신으로 가득 채움으로써 저의 파멸을 불러왔습니다. 저는 브뤼네Jean Baptiste Brunet 장군에게 합류하라는 편지를 받았고, 그 명에 복종했습니다. 두 명과 동행해 고나이브로 갔다가 그곳에서 체포되었습니다. 그들은 제가 입은 옷 외에 어떤 것도 허락지 않은 채 저를 크레올 군함에 태워 보냈는데, 저는 그 이유조차 몰랐습니다. 그다음 날 저희 집은 약탈 대상이 되었고 제 아내와 아이들은 체포되었습니다. 그들은 제 몸을 가릴 것은 물론이고 가진 게 아무것도 없었습니다.

제1집정관님, 50세의 한 어머니는 관대한 자유민주주의 국가의 친절과 관용을 누릴 자격이 있지 않을까 합니다. 그녀는 이 상황과 전혀 관계가 없습니다. 제가 섬긴 정부를 위해 한 행동에 대한 책임은 저 혼자 져야 합니다. 저는 프랑스 국민을 통치하는 최고 원수의 공명정대함을 단 한순간도 의심하지 않습니다. 그러기에는 위대함과 정의에 대한 기대가 너무나 크기 때문입니다. 저는 제1집정관님 손안의 균형이 한쪽으로 기울지 않을 것이라고 굳게 믿고 있습니다. 부디 관대한 처사를 부탁드립니다.

인사와 존경을 보내며,

투생 루베르튀르

1805년 9월 20일

알렉산드르 1세가
여동생 예카테리나에게

이 편지는 왕실 가족이 우리와 어떻게 다른지 보여준다. 러시아의 차르 알렉산드르 1세Aleksandr I는 키가 크고 금발에 잘생기고 전능한 인물이었지만, 결점도 있었다. 그는 자기 아버지를 살해하는 일에 공모했는데, 그 죄에서 결코 벗어나지 못했다. 그가 가장 사랑한 사람은 예카테리나 파블로브나Ekaterina Pavlovna(카티슈Catiche), 그보다 훨씬 어린 여동생이었다. 그런 그녀를 동생이라기보다는 여자 친구처럼 대했다. 1805년 처음으로 나폴레옹과 전쟁을 치를 때 그는 여동생에게 반쯤 연애편지라고 해도 좋을 만한 편지를 보냈는데, 거기에 "이 말도 안 될 만큼 작고 귀여운 것"의 코와 발에 입 맞추고 싶다고 썼다. 하지만 어떤 면에서 카티슈는 알렉산드르보다 강인했다. 이 편지를 쓰고 몇 주 후, 그는 나폴레옹에게 대패했다.

이 말도 안 될 만큼 작고 귀여운 것,

네게 답장하는 것이 내게 귀찮은 일일 거라는 생각은 하지도 마라. 내게 그럴 시간이 나자마자 진정한 기쁨이 찾아오니, 나의 비시암Bisiam만큼 내가 사랑하는 것은 이 세상에 거의 없으니.

네가 이모에 대해 전해준 소식을 듣고 매우 기뻤다. 만약 그녀가 상냥하게도 나를 생각해준다면 말이다. 단언컨대 내가 이모를 생각하지 않고 지나가는 날은 없단다. 이모에게 부디 내가 이렇게 말했다고 전해주렴. 그럼 잘 지내라, 내 보물, 내가 마음 깊이 사랑하는 이 시대의 주인공, 자연의 놀라움, 또는 이 모든 것보다 더한, 들창코를 가진 비시암 비시아모프나Bisiam Bisiamovna.

바퀴에 바르고 남은 윤활유가 많구나. 내가 가장 부드러운 키스를 남기는 코 근육의 부드러움을 유지할 수 있도록 네게 좀 보내야겠다.

심장과 영혼이 모두 네 것인 알렉산드르

찰스 1세가 찰스 2세에게

찰스 1세는 1625년 아버지 제임스 1세의 왕위를 이어받았다. 그는 과도한 힘을 가진 의회의 구속 없이 통치하겠다고 마음먹었는데, 1640년 강제로 '새 의회'를 부르게 된 위기가 닥치기 전까지만 해도 이런 측면에서 성공적이었다. 종교 갈등으로 악화된 왕과 의회의 대립은 내전으로 이어졌고, 찰스는 결국 패배했다. 1648년 후반, 올리버 크롬웰과 그의 신형군이 왕국의 지배력을 굳히면서 찰스 1세는 뉴포트에서 의회의 군대에 붙잡혀 있다. 대륙으로 탈출하려던 시도가 실패로 끝난 후 자신의 왕좌와 삶, 그 둘을 모두 구하려는 헛된 협상에 참여하고 있는 것이다.

찰스는 의회 측에 선 많은 사람이 이제 더 이상 자신을 믿을 수 없고 책임감도 없는 "냉혹한 인간"이라 생각하고 또 공화국을 지지한다는 사실을 알고 있다. 상상조차 할 수 없던 일도 가능해졌다. 신의 승인을 받은 군주를 재판하고 처형하는 일 말이다. 그의 사랑하는 아내 앙리에트 마리Henriette Marie를 포함한 왕실 가족은 대부분 대륙으로 탈출했다. 큰아들인 왕세자 찰스는 헤이그에 있다. 왕은 아들에게 편지를 쓴다. 아들을 다시는 볼 수 없을지 모른다는 사실을 알면서. 이것은 멀리 있는 아들에게 운이 다한 아버지가 보내는, 왕이라는 자리에 대한 편지지만 동시에 어떻게 행동하고 살아야 하는지에 대한 편지이기도 하다.

1649년 1월, 왕은 재판을 통해 사형선고를 받고 참수되었다. 잉글랜드는 공화국이었다가 보호국이 되었고, 1660년 찰스 1세의 아들이 찰스 2세Charles II로 왕위를 이었다.

1648년 11월 29일, 뉴포트

아들아,

주변에서 하는 말을 들었다면 너는 우리가 평화를 위해 얼마나 오래 일해왔는지 알 것이다. 그 길을 걷기를, 또한 너 자신의 권리를 되찾기를 포기하지 마라. 하지만 평화로운 방식을 선택해라. 네 정신의 위대함을 보여라. 벌하기보다는 용서함으로써 네 적들을 정복해라. 만약 사악한 의도를 품은 이들의 기질이 얼마나 남자답지 못하고 얼마나 기독교도답지 못한지 본다면, 그 영혼을 피해라. 우리의 권리를 너무 많이 내준 것에 대해 스스로를 비난하지 마라. 우리는 막대한 대가를 치렀다. 그 대가를 통해 주어진 것이 우리에게는 안전이고 우리 국민에게는 평화였다. 그리고 분명 또 다른 의회가 국민의 자유를 위해 왕의 권력이 얼마나 유용했는지 기억할 것이다.

왕자와 국민을 위한 조건에 합의하기 위해 우리와 그들이 진정 의회다운 방식으로 다시 만날지 모른다는 생각에, 우리가 얼마나 많은 것을 포기했는지! 이와 관련해서는, 우리가 겪어온 것을 믿어라. 절대 우리 국민을 진정으로 그리고 본질적으로 위하는 것(국민의 마음에 들기 위해서가 아닌)보다 너 자신의 위대함이나 특권을 선택하지 마라. 만약 네가 이와 같이 한다면 너는 결코 모두의 아버지가 되거나 네가 특별히 자비를 베푸는 사람들에게 너그러운 왕자가 될 수 있는 수단을 원하지 않을 것이다. 어쩌면 너는 모든 사람이 자신에게 이자를 돌려주는 한 자신의 보물을 믿는다는 것을 알게 되었을지도 모르겠구나. 그리고 만약 왕자가 바다처럼 그들에게 맡긴 모든 신선한 개울과 강을 받아들이고 보답한다면 그들은 원한을 품지 않을 것이고, 그들로 바다를 이룬 데 대해 스스로 자랑스럽게 여길 것이다.

네 아버지는 이제 형편없는 왕이지만, 이러한 것을 심사숙고한다면 너는 위대한 왕자가 될 것이다. 이미 나의 지위는 흔들렸지만 너의 지위는 훨씬 견고할 것이다. 우리 국민이 이제 알게 되었듯 (감히 말하건대) 그들의 왕자에 대한 승리는 그들 자신에 대한 승리에 불과하며, 그렇기에 더욱 거기에 따라올 변화에 귀 기울이지 않을 것이다.

현재 현혹에 빠져 있긴 하지만, 잉글랜드 국민은 깨어 있는 사람이란다. 잘 모르지만 이 편지가 너와 또는 세상과 공식적으로 이야기하는 마지막 기회일 수도 있다. 우리는 우리가 누구의 수중에 들어갔는지 알고 있지만, 적들의 악의가 방해할 수 없는 내면의 상쾌함을 유지하는 것에 신께 감사한다. 우리는 내면으로 침잠함으로써 스스로를 인정하는 법을 배웠고, 그리하여 우리에게 닥쳐올 것을 더 잘 이해할 수 있단다. 의심의 여지 없이 신께서는 적들의 악의를 막으실 수 있고 그들의 맹렬함을 당신에 대한 찬양으로 돌리실 수 있다.

마지막으로, 만약 신께서 네게 성공을 주신다면 그것을 겸허히 받아들이고 복수에는 사용하지 마라. 만약 신께서 어려운 조건하에 네 권리를 회복해주신다면 네가 무엇을 약속했든 꼭 지켜라. 자신도 준수해야 하는 법을 시행한 그 사람들은 자신의 승리가 문제로 가득 차 있다는 사실을 발견할 것이다. 세상에 반칙과 부정한 방법으로 얻을 가치가 있는 것이 존재한다고는 생각하지 마라. 너는 우리가 사랑하는 아들이다. 확실히 말하지만, 우리는 바람직하다고 생각하는 방향으로 너를 인도하고 있으니, (우리가 자연적 부모인) 너를 위해서라기보다는 이 국가의 오랜 영광과 명성이 불경함과 광신도들의 농담에 파묻히지 않도록, (우리가 정치적 부모인) 국민이 맑은 정신을 가지고 새로운 계시가 아닌 기독교 신앙의 전통적 고백에서 평화를 찾도록, 기독교는 이 왕국에서 개혁이 일어난 이래 창설되었으니 알려진 관행에 따른 해석과 함께 그 고대의 법이 한 번 더 국민을 둘러싸는 울타리가 되기를, 또한 네가 때가 되면 통치하게 되고 국민은 신을 두려워하는 마음으로 통치받기를 더 큰 애정을 담아 기도한다.

C. R.

스베틀라나 스탈리나가
아버지 스탈린에게

당신의 아이가 오늘 하루 독재자 놀이를 하겠다고 한다면 어떤 일이 벌어질까? 소비에트연방 독재자 이오시프 스탈린의 딸로 크렘린 궁에서 자란 스베틀라나Svetlana Stalina는 이 게임을 좋아했다. 그녀는 일곱 살부터 열한 살까지 세상의 어떤 아이라도 당장 실행하고 싶을 만한 명령을 내리곤 했다. 어느 날 스베틀라나는 자신의 제1서기(스탈린)와 공산당의 다른 서기들에게 모든 소비에트 학교에서 숙제를 없애라고 명령한다. 스탈린은 공산당 중앙위원회의 다른 위원들과 마찬가지로 이 게임을 대단히 즐겼고, 그녀의 모든 명령을 승인했다. 그러고 나서 그 명령을 부엌에 걸린 메모판에 꽂아두었다.

스탈린은 딸을 "보스 스베틀라나"나 "여주인 세탄카Setanka"라 불렀고, 보통 이렇게 대답했다. "명령에 따르겠습니다. 세탄카의 작은 서기, 스탈린." 스베틀라나는 "공산당 제1서기" 또는

"보스"라고 사인했다. 아래 "명령"에서 그녀는 아버지가 소비에트 사람들에게는 공포의 대상인 그 비밀스러운 중앙위원회를 통치할 때 정말로 어떤 일이 일어나는지 알려달라고 요구한다. 때때로 스탈린은 더 많은 명령을 내려달라고 요청하기도 했다. "제게 더 자주 편지를 써주시겠습니까? 당신의 작은 서기(스탈린)는 만약 당신께 매일 명령과 지시를 받지 않는다면 곧 무엇을 해야 할지 모르게 될 겁니다."

오늘의 명령 세 번째.
중앙위원회에서 무슨 일이 있었는지 보여주기를 명한다!
극비 문서.

보스 스탈리나

2년 9월 23일

———————

아우구스투스가
가이우스 카이사르에게

나이 든 아버지가 아들에게, 늙어가는 황제가 입양한 후계자
에게 편지를 쓴다. 카이사르 아우구스투스Augustus(본명 옥타비아누
스Octavianus)는 기원전 44년 종조부 율리우스 카이사르Julius Caesar
가 암살당한 이후 로마를 통치했고, 기원전 31년 로마제국의 첫
황제로 추대되었다. 그는 슬하에 자녀가 없었기에 그의 "초소"를
이어 지킬 수 있도록 조카 가이우스Gaius와 루키우스Lucius를 입
양했다. 가이우스를 로마 속주로 시찰을 보내놓고, 아우구스투
스는 64세 생일에 "가장 아끼는 작은 당나귀"를 그리워한다. 슬
프게도 두 아들 모두 아우구스투스보다 먼저 죽음을 맞았다.

　나의 사랑하는 가이우스, 내가 가장 아끼는 작은 당나귀에게
안부를 전한다.
　그러니 나를 도와다오. 네가 멀리 떨어져 있을 때마다 나는

111

계속 너를 그리워한단다. 특히 오늘 같은 날에는 내 눈이 나의 가이우스를 간절히 찾아 헤매는구나. 네가 오늘 어디에 있었건 예순네 번째 내 생일을 건강하게, 행복하게 기념했기를 바란다… 또한 나는 신께 기도하건대 내게 얼마의 시간이 남았든 내가 너와 함께 그리고 번영하는 우리 국가와 함께 안전히, 건강하게 보내기를, 너희 둘 모두 남자답게 행동하고 나의 초소를 이어받을 준비 역시 하기를 소망한다.

요제프 2세가
형제 레오폴트 2세에게

이 왕실 결혼식에 시대가 주목했다. 그러나 결혼하고 7년 후 무언가가 잘못되었다. 이 편지를 통해 그것이 무엇인지, 그 문제를 어떻게 해결해야 할지 알 수 있다.

1770년, 겨우 열다섯 살인 오스트리아 합스부르크가 왕녀 마리 앙투아네트Marie Antoinette는 곧 프랑스 왕위를 물려받아 루이 16세가 될 부르봉가의 후계자와 결혼했다. 그녀는 예쁘고 장난기가 넘쳤지만 동시에 철없고 허영심이 많았으며 현명하지도 않았다. 이 사실은 감당하기 힘들 만큼 확장되어 파산 직전에 놓인, 그러나 왕실의 어떤 특권도 놓으려 하지 않는 왕국과는 나쁜 조합이 될 조짐을 보였다. 한편 루이 왕은 퉁명스럽고 무능하며 우둔했다. 7년 내내 마리가 자신을 따르는 사람들과 시시덕거리는 동안 루이는 그 결혼을 완전히 하려고 노력했다.

마침내 마리의 오빠인 신성로마제국 황제 요제프 2세Joseph II

가 도움을 줄 수 있는지 보려고 방문한다. 결혼 상담의 초기 사례로, 요제프는 루이 그리고 자신의 여동생과 마치 제국의 섹스 테라피스트처럼 이야기를 나눈다. 나중에 그는 형제이자 미래의 황제인 레오폴트Leopold에게 보낸 이 놀라운 편지에서 진짜 문제는 육체적이거나 의학적인 것이 아니라 단지 왕비의 관심 부족과 왕의 게으름이었다고 결론을 내며 이렇게 쓴다. "참으로 어리석은 한 쌍이 아닌가!" 감사한 마음으로 이들 부부는 8월에 결혼을 완성하고, 마리는 곧 여러 아이 중 첫째를 임신한다.

1789년 루이와 마리 앙투아네트는 왕위에서 끌려 내려왔고, 1793년 단두대에 오른다.

상상해봐라! 부부의 침대에서 (이것은 비밀이란다) 그는 강하고 완벽하게 만족스러운 발기를 한다. 삽입하고, 한 2분 동안 움직이지 않고 가만히 있다가 사정하지 않은 채 아직 발기한 상태로 물러나고는 잘 자라고 인사한다. 정말 놀라운 일인데, 왜냐하면 그는 때때로 밤에 사정을 하지만 침대에서는, 그것을 하는 중에는 절대 그러지 않는단다. 게다가 자신은 단순히 의무로 그것을 하고 거기서 어떤 쾌락도 얻지 않는다고 말하며 행복해한다. 아! 내가 그 자리에 한 번이라도 있을 수 있다면 제대로 하도록 했을 텐데. 그는 열정적으로 사정할 수 있게 당나귀처럼 채찍질을 당할 필요가 있단다. 게다가 내 여동생은 꽤나 조신해서 그들은 쌍으로 두 명의 무능력자란다!

람세스 2세가
히타이트 왕 하투실리에게

3,000년 된 편지에서도 왕의 거만함을 엿볼 수 있다. 람세스 2세Ramses II는 이집트 최고의 전성기에 약 50년 동안 제국을 통치했다. 통치 초기에 그는 히타이트 왕 하투실리Hattusili에게 맞서 싸운 적이 있지만 기원전 1258년 카데시 전투에서 그들은 같은 편이 되었고, 람세스는 히타이트 공주와 결혼하기로 되어 있었다. 편지에서 하투실리는 그런 좋은 관계를 이용해 람세스에게 민감한 가족 문제를 도와줄 수 있는지 묻는다. 하투실리의 누이 마타나지Matanazi가 이웃 나라 왕과 결혼했는데, 적지 않은 나이임에도 아이를 갖고 싶어 한다는 것이다. 이 히타이트인은 람세스에게 사제와 치료사를 보내 이것을 가능하게 해줄 수 있는지 묻는다. 여기 위대한 이집트 왕의 거만하고 무례한 답변이 있다. 그는 어떤 이집트의 마법도 60세 여자가 아이를 갖게 해줄 수는 없다고 말한다.

그리하여 나의 형제여: 형제께서 내게 누이 마타나지에 대해 쓰신 것(과 관련해): "형제께서 내게 사람을 보내 그녀가 아이를 가질 수 있도록 약을 준비하게 해주시길 바라오." 형제께서 이렇게 쓰셨소. 그러니 나는 형제께 이렇게 보내오. "보시오, 당신의 형제인 왕은 나의 형제의 누이인 마타나지, 그녀를 안다오. 그녀는 쉰인가 예순인가 되지 않았소! 보시오, 쉰이 된 여성도 늙었는데, 예순은 말할 것도 없지 않소! 그녀가 아이를 갖게 해줄 약을 만들 수 있는 사람은 없소! 글쎄, 태양의 신과 폭풍의 신이 명령을 내릴지도 모르겠는데, 만약 그렇다면 그들이 내리는 명령은 나의 형제의 누이를 위해 지속적으로 실행될 것이오. 그러면 나, 당신의 형제인 왕은 주문에 특화된 사제와 전문 치료사를 보낼 것이고 그들이 그녀가 아이를 갖도록 도울 약을 준비할 것이오."

Creation

창조

미켈란젤로가 조반니 다 피스토이아에게

미켈란젤로 부오나로티Michelangelo Buonarroti는 조각가이자 예술가일 뿐만 아니라 뛰어난 시인이고 최고의 편지 작가였다. 때때로 그는 시를 써서 편지로 보내기도 했다. 이 편지는 그중에서도 최고다. 미켈란젤로는 1508년 '전사 교황' 율리우스 2세Iulius II에게 로마 시스티나성당의 천장화를 감독하도록 고용되었다. 이는 꽤 특이한 선택이었는데, 당시에 미켈란젤로는 조각가로 더 잘 알려져 있었기 때문이다.

율리우스는 신이 세상과 인간을 창조한 창세기의 아홉 개 주요 장면을 미켈란젤로가 "하고 싶은 대로" 표현하도록 내버려 두었다. 미켈란젤로가 1512년까지 작업한 이 작품은 세월이 흘러도 변함없이 그의 최고 작품으로 남을 것이다. 그의 비전은 놀라울 정도로 야심 찼을 뿐만 아니라 천장에 실제로 그림을 그리는 육체적 부담 또한 살인적이었다. 그는 자기 자신을 위한 지지대를 만들고, 작업이 끝날 때까지 매년 하루에 몇 시간씩 성당 천장에 거꾸로 매달려 있어야 했다. 어느 날 그는 아버지에게 편지를 썼다. "저는 끔찍한 생활을 해나가고 있습니다⋯. 삶을 위해서도, 영광을 위해서도 아닙니다⋯. 저는 엄청난 일에 몹시 지쳤고 천 가지 걱정에 시달렸습니다⋯. 단 한 시간의 행복도 누린 적이 없습니다." 이러한 고통 속에서 인류사의 가장 위대한 예술 작품 하나가 태어난다. 이 작품의 창작에 돌입하고 1년 뒤, 미켈란젤로는 친구 조반니 다 피스토이아Giovanni da Pistoia에게 자신이 마주한 고통의 일부를 묘사한 이 절망적인 운문 편지를 보낸다.

작가가 시스티나성당의 둥근 천장에 그림을 그릴 때

나는 이미 이 고문으로 갑상샘종이 생겨,
롬바르디아에서 온 고양이처럼 그곳이 부어올랐다
(또는 독극물이 고인 곳이라면 어디든).
내 위가 내 턱 아래에서 짓눌리고, 내 턱수염이
천국을 가리키며, 내 뇌가 관 속에서 으깨지고,
내 가슴이 하르피이아Harpyia처럼 뒤틀린다. 내 붓은
언제나 내 위에 있고, 물감을 뚝뚝 흘려
내 얼굴은 물감 방울을 받아낼 좋은 바닥이 된다!
내 허리는 내 내장 속으로 갈려 들어가고,
내 불쌍한 엉덩이는 평형추로 일하기 위해 안간힘을 쓰며,
내가 하는 동작마다 앞이 보이지 않고 방향을 잃는다.

내 피부는 나보다 아래에서 축 늘어지고, 내 척추는
겹겹이 접혀 전부 결리며,
나는 시리아의 활처럼 팽팽하게 굽어 있다.

그리고 내가 이런 상태이기 때문에, 내 생각들은
미친 것 같고 신뢰할 수 없는 허튼소리다.
누구든 비뚤어진 총을 통해서는 엉망으로 쏜다.

내 그림은 죽었다.
나를 위해 방어하라, 조반니, 나의 명예를 지켜라.
나는 적합한 자리에 있지 않다. 나는 화가가 아니다.

1777년 11월 13일

볼프강 아마데우스 모차르트가
사촌 마리아네에게

음악 천재가 보낸 정신없고 과도하게 지저분한 편지다. 잘
츠부르크에서 자라고, 야심만만한 합창단 지휘자 아버지에게 음
악을 배운 어린 모차르트Wolfgang Amadeus Mozart는 10년 동안 피아
니스트와 바이올리니스트로 공연하며 유럽 투어를 했다. 끝없는
투어로 인한 스트레스 속에서 20대의 모차르트는 무분별한 우정
을, 아마도 마리아네Marianne와의 열정적인 관계를 (그의 아버지는
그다지 좋아하지 않았지만) 즐겼다. 두 사람의 성적 공모 그리고 분
변과 관련된 유머를 즐기는 성향은 저속하면서도 웃긴 편지에서
아주 명확하게 드러난다. "나는 높게, 고귀하게 열의를 보이며
네게 인사하겠어." 모차르트는 그가 "베즐레Bäsle"라고 부른 어린
사촌에게 이렇게 썼다. "그리고 내 개인적 봉인을 네 엉덩이 위에
놓고, 네 손에 키스하고 내 궁둥이 총을 쏘아대며 즐길 것이고,
널 껴안고 엉덩이를 때릴 것이고, 널 깨끗이 앞뒤로 씻어낼 것이

고, 처음부터 네게 빚진 모든 것을 지불할 것이고, 그 후에 길게 울려 퍼지는 방귀를 내보낼 것이고, 아마 심지어 뭔가 딱딱한 것을 떨어뜨릴지도 몰라. 안녕, 나의 천사. 너를 기다리고 있어. 추신. 똥싸개, 똥쟁이, 로뎀플의 목사, 그가 좋은 본보기를 보이려고 부엌 하녀의 엉덩이를 핥았어."

이 영재는 잘츠부르크의 영주이자 주교에게 처음으로 채용되었다. 그리고 1781년, 모차르트는 자신의 이름을 알리겠다고 결심한 채 빈에 도착했다. 그는 유럽의 음악 수도에서 그의 가장 위대한 오페라와 교향곡을 작곡하며 창조적으로 발전을 거듭했다. 그러나 그를 실내악 작곡가로 임명한 황제 요제프 2세에게만 재능에 합당한 인정을 받았다. 1782년 모차르트는 사랑하는 콘스탄체 베버Constanze Weber와 결혼해 여섯 아이를 두었다. 그가 콘스탄체에게 보낸 편지에는 소년 같은 애정이 넘쳐난다. "당신과 다시 함께할 수 있다고 생각하면 나는 마치 아이처럼 들뜹니다. 만약 사람들이 내 마음속을 들여다볼 수 있다면 나는 거의 부끄러움을 느낄 거예요. 모든 것이 내게 냉정합니다. 얼음처럼 차가워요. 만약 당신이 여기에 나와 함께 있다면 아마 사람들이 내게 보이는 예의를 좀 더 즐길 수 있을 텐데요. 그러나 그렇지 않으니 모든 것이 매우 공허합니다. 안녕, 나의 사랑. 나는 영원히 영혼을 다 바쳐 당신을 사랑하는, 당신의 모차르트입니다. 추신. 이 마지막 장을 쓰는 동안 눈물이 방울방울 종이에 떨어지네요. 하지만 힘을 내야겠죠. 잡아요. 놀랄 만큼 많은 키스가 날아가고 있으니까요. 정말로! 키스 무리가 보이네요. 하하! 나는 방금 세 개를 잡았어요. 맛이 좋군요…. 수백만 번의 키스를 보냅니다."

하지만 모차르트의 초기 창작물인 '베즐레에게 보내는 편지' 속 별난 유머에 가까이 갈 만한 것은 없다. 두 사람의 말장난, 두운, 노래, 메아리와 반복이 정신없이 흐른다. 이런 편지는 아주 빨리 읽어 내려가는 것이 가장 좋다. 아래 편지는 "분별 있는 편지"를 쓰라고 훈계하는 모차르트 어머니의 말로 시작하지만, 그 결심은 오래가지 못한다.

… 이제 그녀에게 한 번이라도 분별 있는 편지를 써라. 너는 여전히 그 모든 재미있는 것을 쓸 수 있지만, 그녀에게 네가 모든 편지를 받았다고 확실히 말하렴. 그래야 그녀가 신경 쓰고 걱정하지 않을 테니까.

내가 가장 아끼는 조카! 사촌! 소녀!
엄마! 여동생! 그리고 아내!

천당, 지옥 그리고 천 개의 성물 보관실, 크로아티아인들, 지옥살이들, 악마들 그리고 마녀들, 드루이드들, 끝없이 이어지는 십자군 부대들, 모든 원소에 의해, 공기, 물, 땅 그리고 불, 유럽, 아시아, 아프리카 그리고 아메리카, 예수회 사람들, 성아우구스티노회 수사들, 베네딕트회 수사들, 카푸친회 수사들, 프란체스코회 수사들, 도미니크회 수사들, 카르투시오회 수사들 그리고 품위 있는 성스러운 크루시아인들, 수사 신부들 그리고 수사가 아닌 신부들 그리고 모든 털북숭이 짐승 그리고 고자질쟁이들, 뒤죽박죽 거세된 것들과 암캐들, 당나귀들, 물소들, 황소들, 바보들, 멍청이들 그리고 기생오라비들! 이게 무슨 예의지, 내 사랑? 군인은 네 명인데 군장은 오직 세 개뿐이라고? 웬 초상화가 없는 꾸러미? 나는 이미 높은 기대로 가득 차 있다고. 나는 확신했어. 네가 내게 그것을 얼마 전에 썼으니 난 곧 그것을 받게 될 거야, 바로 곧. 넌 어쩌면 의심하고 있을까, 내가 약속을 지킬지, 아닐지? 나는 확실히 네가 어떤 의심도 하지 않기를 바라! 그럼 부탁인데, 내게 그것을 보내. 빠를수록 좋아. 그리고 바라건대 그것이 내가 요청한 방식대로 너를 묘사할 거야. 그러니까 프랑스식으로 말이지.

만하임이 좋았느냐고? 한 사람이 베즐레가 없는 어떤 곳을 좋아할 수 있느냐와 비슷했어. 엉망인 내 손글씨를 이해해줘. 펜이 오래되었어. 지금 나는 거의 22년 동안 똑같은 오래된 구멍으로 똥을 싸왔고, 하지만 그게 아직 조금도 찢어지지 않았어! 비록 나는 그걸 똥 싸는 데 너무 자주 사용했지만 말이야. 그리고 나서 야금야금 똥을 뜯어먹지.

반면, 바라건대, 네가 내 편지들을 받아보았다면 좋겠는데, 공교롭게도 호에날타임에서 한 통, 만하임에서 두 통, 이제 이 편지야. 공교롭게도, 이것이 만하임에서 세 번째지만, 대체로 중요한 건 네 번째지. 공교롭게도. 이제 마무리해야겠어, 공교롭게도. 왜냐하면 나는 아직 옷을 입지 않았거든. 그리고 우리는 곧 식사를 할 거야. 그 후에 또 가서 똥을 쌀 수 있도록 말이지, 공교롭게도. 계속해서 내가 널 사랑하듯 나를 사랑하도록 해. 그러면 우리는 서로에 대한 사랑을 멈출 테니까…. (프랑스어로) 안녕, 네가 이미 프랑스어 수업을 조금 들었기를 바랄게. 그리고 나는 그걸 의심하지 않아. 들어봐, 너는 프랑스어를 나보다 더 잘 알 거야. 왜냐하면 나는 2년 동안 확실히 이 언어는 한 단어도 써본 적이 없거든. 안녕, 나는 네 손에, 네 얼굴에, 네 무릎에 키스하고, 그리고 또 어쨌든, 네가 허락하는 모든 곳에 키스하겠어.

온 마음을 담아
너의 사랑 가득한 조카이자 사촌
볼프강 아마데우스 모차르트

오노레 드 발자크가
에벨리네 한스카에게

이 사례는 편지의 힘을 보여준다. 소설 묶음 《인간 희극La Comédie Humaine》의 작가 발자크Honoré de Balzac는 폴란드 백작 부인 한스카Eveline Hańska와 한 번도 실제로 만나지 않은 채 관계를 시작한다. 유명하고 돈 많은 귀족 집안의 딸 한스카는 자신보다 스물네 살 많은 지주와 결혼했고, 그와의 사이에 다섯 아이를 두었다. 1820년대에 그녀는 발자크의 소설을 읽기 시작했고, 1832년에는 폴란드에서 파리로 익명의 편지를 보냈다. 그녀는 발자크의 팬이고 유부녀였다. 그는 아첨에 들뜨고 허영심이 가득한 유명인사였다. 1년쯤 후에 그들은 만났고 불륜을 시작했다. 한스카의 남편이 그들의 편지를 발견했지만, 발자크는 그저 게임을 즐기고 있을 뿐이라며 그를 설득할 수 있었다.

1841년 백작이 죽었을 때 발자크는 두 사람의 결혼을 향한 길이 활짝 열렸다고 믿었을지 모르지만, 그의 건강이 나빠지고 경제적 문제가 생기면서 그들은 1850년 3월이 되어서야 결혼할 수 있었다. 발자크는 그리고 몇 달 후인 8월에 사망했다. 그들의 관계가 시작된 초기에 쓴 이 편지는 한스카를 향한 발자크의 집착에 가까운 사랑을 보여주는데, 그 안에 그의 창조적 재능이 그녀의 사랑에 전소되고 있다는 힌트가 들어 있다. 만약 한스카의 남편이 이 편지를 읽었다면, 과연 이게 그저 게임일 뿐이라고 믿었을까?

나의 사랑하는 천사,

나는 당신 때문에 인간으로서 미칠 수 있는 만큼 미칠 지경입니다. 당신이 끼어들지 않으면 두 가지 생각을 하나로 연결할 수도 없습니다. 나는 더 이상 당신 말고는 아무것도 생각할 수 없습니다. 나도 모르게 상상력이 나를 당신에게 데려다줍니다. 나는 당신을 붙잡고, 키스하고, 어루만집니다. 가장 애정 어린 천 번의 애무가 나를 완전히 사로잡습니다. 내 심장에는 언제나 당신이 있을 겁니다. 확실하게. 당신이란 존재의 달콤함이 그곳에서 느껴집니다. 하지만 신이시여, 만약 당신이 내 이성을 모두 빼앗아버리면 나는 대체 어떻게 될까요? 오늘 아침에는 편집광 때문에 두렵더군요. 매 순간 벌떡 일어나 나 자신에게 되뇝니다. "어서 와. 이제 가야지!" 그러고 나서 책임감으로 몸을 움직여 다시 앉습니다. 오직 끔찍한 갈등만이 있을 뿐, 이것은 삶이 아닙니다. 이전에는 결코 이런 적이 없습니다. 당신이 모든 것을 집어삼켜버렸어요. 나는 바보 같은 기분이 들다가 당신을 생각하게 내버려두는 순간 행복해집니다. 한순간에 천년을 사는 것 같은 달콤한 꿈속에서 빙글빙글 돌며 날아다니지요. 얼마나 끔찍한 상황입니까! 사랑에 압도되어 모든 모공에서 사랑을 느끼며, 오직 사랑밖에 느끼지 못하고 슬픔에 소모되는 나 자신을 보면서, 천 마리 거미가 쳐놓은 거미줄에 묶여서요. 오, 나의 사랑 에바, 당신은 이걸 몰랐겠지요. 나는 당신의 카드를 집어 들었습니다. 내 앞에 카드가 놓여 있었는데, 마치 당신이 여기 있는 것처럼 당신에게 말했답니다. 어제와 마찬가지로 나는 당신을 봅니다. 놀라울 정도로 아름답고 또 아름답습니다. 어제, 저녁 내내, 나는 스스로에게 말했습니다. "그녀는 내 것이야!" 아! 천국에 있는 천사들도 어제의 나만큼 행복하지는 않을 겁니다.

파블로 피카소가
마리테레즈 월터에게

이 편지의 주제는 사랑과 예술에 대한 집착적 헌신과 사랑이다. 파블로 피카소Pablo Picasso는 작품을 위해 살았고 그의 삶에서 그것을 제외한 모든 것은 예술적 표현을 향한 광적이고 변형된 탐구에 종속되어 있었는데, 그는 그때 종종 여성 뮤즈에게서 영감을 받았다. 러시아 발레리나 올가 코클로바Olga Khokhlova는 피카소가 종합적 큐비즘 화풍을 보이던 시기에 그의 뮤즈이자 연인이었다. 그들은 결혼했지만 관계가 오래 지속되지는 않았다.

피카소는 46세로 올가와 결혼한 상태일 때, 길에서 금발의 17세 소녀 마리테레즈 월터Marie-Thérèse Walter를 만났다. 두 사람은 곧 사랑에 빠졌지만 피카소는 결혼한 채로 남았다. 그는 파리와 프랑스 시골에 빌린 집을 오가며 여러 차례 마리테레즈를 그렸다. 그녀는 〈거울 앞 소녀Jeune Fille Devant un Miroir〉나 〈꿈Le Rêve〉, 〈검은 안락의자의 누드Nu au Fauteuil Noir〉 같은 그의 유쾌한 걸작 몇몇의 뮤즈가 되었다. 이 강렬한 창조의 열정은 1932년 노르망디의 부아즐루프성에서 절정에 다다랐다.

마리테레즈는 화려한 색채 속 금발의 관능적인 모습으로 등장한다. 1935년 그녀는 딸 마야를 낳는다. 아래 편지에는 어린 정부를 향한 거의 육식성의 격정적인 사랑이 서사적 톤으로 반영되어 있다. 그리고 스위스에서 겪고 있다고 언급한 문제는 아마 임박한 제2차 세계대전 발발에 따른 사업 문제일 것이다.

그러나 이 예술가는 이미 다음 뮤즈, 도라 마르Dora Maar에게 집중하고 있다. 마리테레즈는 그의 새로운 애인을 엄청나게 질투한다. 두 소녀가 그의 화실에서 만나 둘 중 하나를 고르라고 요구했을 때, 그는 싸워서 이기는 사람을 택하겠다고 말했다. 그리고 그때가 "생애 최고의 순간"이었다고 했다. 마리테레즈는 파리에서 생활을 이어갔고 예술가보다 오래 살아남았다. 1973년 피카소가 사망하고 9년이 지난 후, 그녀는 자살로 생을 마감했다.

나의 사랑,

방금 당신의 편지를 받았어. 당신에게 여러 차례 편지를 썼는데 아마 지금쯤이면 받았겠지. 매일 당신을 더욱 사랑하게 돼. 당신은 내게 모든 것이야. 나는 당신을 위해, 우리의 영원한 사랑을 위해 모든 것을 희생할 수 있어. 사랑해. 나는 사랑하는 당신을 영원히 잊을 수 없을 것이고, 만약 내가 행복하지 않다면 내가 바란 대로 당신에게 속하지 않아서겠지. 내 사랑, 내 사랑, 하지만 나는 당신이 행복하기를 바라고 당신도 행복해지는 것에 대해서만 생각하기를 바라. 그걸 위해 나는 뭐든 내줄 수 있어. 지금 스위스에서 문제를 좀 겪고 있지만, 그건 중요하지 않아. 내가 당신이 눈물을 흘리지 않도록 해주지 못한다면 그 모든 눈물을 내게 보내. 다시 한번 사랑해. 우리 딸 마야에게 키스를 전해줘. 그리고 당신에게도 수없이 많은 포옹을 보내.

사랑하는 피카소

존 키츠가 패니 브론에게

이 편지는 뜨겁게 불타는 열정 그리고 파멸을 예고하는 로맨티시즘을 향한 궁극적 찬사다. 1795년에 태어난 존 키츠John Keats는 뛰어난 낭만주의 시인을 낳은 질병, 가난, 절망이라는 저주를 받았다. 그는 열네 살에 어머니를 결핵으로 잃고 죽음이 사방을 둘러싸고 있다고 느꼈다.

1818년 키츠는 일생의 사랑이 될 패니 브론Fanny Brawne을 만나지만, 결혼을 약속하기에는 너무나 가난해 두 사람의 사랑은 영영 미완으로 남았다. 패니에 대한 사랑, 죽음을 향한 그의 고통스러운 집착은 〈성 아그네스 축일 전야The Eve of St. Agnes〉, 〈무정한 미인La Belle Dame sans Merci〉 등의 시에 영감을 주었다. 패니에게 보낸 편지에도 그 집착은 잘 드러나 있다. 곧 키츠는 자신도 결핵에 걸렸다는 사실을 알게 되고, 건강을 되찾기 위해 로마로 이사한다. 그리고 그곳에서 26세의 젊은 나이에 죽음을 맞는다.

패니는 키츠의 여동생 패니 키츠Fanny Keats와 함께 그에게 헌신하며 6년 동안 애도했지만, 결국 유대인 상인의 아들 루이스 린던Louis Lindon과 결혼해 가정을 이루었다. 1865년 사망하기 직전에 패니는 키츠와의 관계를 자녀에게 밝혔고, "언젠가 가치가 있을 것"이라고 말하며 그가 보낸 편지들을 남겼다. 그녀의 자녀는 그 편지를 모아 책으로 펴냈는데, 이후 많은 사람이 패니가 시인에게 어울리지 않는 사람이었다고 비난했다. 세월이 더 지나 키츠의 여동생에게 보낸 패니의 편지가 출판되면서 그녀가 얼마나 키츠의 아름다운 예술을 아꼈는지 밝혀졌다.

웨스트민스터 칼리지 가 25번지

나의 소중한 사람,

나는 지금 막 몇몇 구절을 깨끗이 옮겨 쓰기로 마음을 다잡았소. 어느 정도 만족하지 않으면 더 이상 진행하지 못하겠소. 당신에게 한두 줄 편지를 쓰고, 그것이 내 마음에서 당신을 잠깐이라도 떨쳐버리는 데 도움을 주는지 확인해야겠소. 내 영혼에 관해 나는 다른 무엇도 생각할 수가 없소. 내가 당신에게 내 인생의 가망 없는 미래에 대해 충고하고 경고하던 시간은 지나갔소. 사랑으로 나는 이기적인 사람이 되었소. 나는 당신 없이는 존재할 수 없소. 당신을 다시 만나는 것 말고는 모든 것을 잊어버리고 만다오. 내 삶은 거기서 멈출 듯하오. 그 너머는 보이지 않소. 당신이 나를 흡수해버린 것 같소. 나는 녹아내렸지만 지금 이 순간 감각은 살아 있소. 당신을 곧 다시 보리라는 희망이 없다면 나는 무척이나 비참해질 것이오. 나는 당신에게서 멀리 떨어지는 것이 두렵소. 나의 사랑스러운 패니, 당신의 마음은 절대 변하지 않을까요? 내 사랑, 정말로? 지금 내 사랑은 한계를 모르오. 방금 당신의 메모를 받았소. 나는 당신에게서 떨어져선 결코 행복해질 수 없소. 진주로 가득한 배를 준다고 해도 넘어가지 않을 것이오. 농담으로라도 나를 겁주지 마시오. 나는 종교를 위해 목숨을 바치는 사람이 있다는 사실이 놀라웠소. 그런 생각만으로도 몸이 떨렸지. 그러나 이제는 더 이상 떨리지 않소. 나도 내 종교를 위해 목숨을 바칠 수 있으니까. 사랑이 나의 종교요. 나는 사랑을 위해 죽을 수 있소. 당신을 위해 죽을 수 있소. 내 신념은 사랑이고, 당신은 그것의 유일한 교리요. 당신은 도저히 저항할 수 없는 힘으로 나를 황홀하게 하지. 당신을 보는 순간 그 힘을 이길 수가 없소. 나는 당신을 만난 후로 '사랑해선 안 된다고 나 자신을 납득시키기 위해' 노력해왔소. 하지만 이제 더 이상 그럴 수 없소. 고통이 너무 클 테니까. 내 사랑은 이기적이오. 나는 당신 없이는 숨을 쉴 수조차 없소.

영원히 당신의 것인
존 키츠

1944년 7월 13일

T. S. 엘리엇이 조지 오웰에게

작가는 누구나 출판사에서 출간 거절 편지를 받는 것을 두려워한다. 이것은 페이버앤드페이버Faber and Faber의 출판인(우연히도 〈황무지The Wasted Land〉를 쓴 시인으로 잘 알려진 T. S. 엘리엇Thomas Stearns Eliot이다)이 저널리스트이자 에세이스트, 소설가인 조지 오웰George Orwell의 최근작 출간을 거만하게 거절하는 편지다.

당시 오웰은 스페인 내전에 참전한 사실과 이를 다룬 뛰어난 르포르타주 작품《카탈로니아 찬가Homage to Catalonia》, 그리고《위건 부두로 가는 길The Road to Wigan Pier》처럼 가난에 대한 개인적 경험을 다룬 책으로 유명했다. 그런 그가 지금 어떤 작가에게든 위험한 도전을 감행한다. 장르를 바꾸는 것 말이다. 신작에서 오웰은 소비에트연방(또는 그와 비슷한 독재자)이 어떻게 치명적 테러 국가가 되는지 보여주기 위해 농장에 비유하는 수사법을 사용했다. 히틀러Adolf Hitler에게 맞서는 전쟁에서 스탈린

통치하의 러시아가 같은 편이던 시기, 명백히 스탈린주의를 공격한 작품이다. 오웰은 스탈린의 라이벌인 레온 트로츠키에게 더 공감했다. 그래서 엘리엇은 이 소설의 바탕에 깔린 훨씬 보편적인 메시지를 놓친다. 《동물농장Animal Farm》은 이후 《1984》로 이어지며, 21세기에도 여전히 의미 있는 현대 정치의 '오웰적' 현실을 관찰하고 경고한 걸작이다. 엘리엇의 깔보는 듯한 출간 거절 편지는 출판계 역사상 가장 부끄러운 실수 목록에 올라야 마땅하다.

오웰 씨에게

《동물농장》에 대한 빠른 결정을 원하셨다는 것은 알고 있습니다. 그러나 최소한 관리자 두 명의 의견이 필요하다 보니 일주일로는 부족하더군요. 속도를 중요시했다면 회장님에게도 원고를 봐달라고 요청했어야 했을 겁니다. 그러나 다른 관리자도 주요 논점에 대해선 저와 의견이 같더군요. 저희는 이 작품이 아주 특징적이라는 데 동의했습니다. 이 우화는 매우 숙련된 솜씨로 쓰였고, 스토리도 독자의 흥미를 끌 만합니다. 그리고 걸리버Gulliver 이후 이것을 이루어낸 작가는 거의 없지요.

반면 저희는 현재 정치 상황을 비판한 이 작품의 시각이 옳은지에 대한 확신이 없습니다(그리고 확신하건대 다른 누구라도 그럴 겁니다). 단순한 상업적 번영보다 뭔가 다른 이익과 동기의 추구를 가장하는 출판사의 의무는 확실히 현재의 시류를 거스르는 책을 출판하는 것입니다. 그러나 그렇게 하려면, 어떤 경우든 회사 구성원 중 적어도 한 명은 그 책이 지금 목소리를 내야 한다는 확신이 있어야 합니다. 저는 어디서든 이 책이 출판되는 것에 전혀 반대할 의사도, 그럴 이유도 없습니다. 누구든 이 책의 메시지에 동의한다면 말입니다.

지금 이 교훈적 우화에 제가 만족하지 못하는 이유는 그저 반대하기 때문이라고 생각합니다. 작품은 작가가 원하는 것뿐 아니라 무언가를 향한 작가의 반대에 대해서도 얼마간 공감을 불러일으켜야 합니다. 그리고 긍정적 관점에서 저는 대체로 트로츠키파를 선택하는데, 이 작품은 설득력이 없습니다. 제가 생각하기에 오웰 씨는 양쪽 어느 편에서도 강력한 공감을 얻지 못하고 표를 분산시키는 것 같습니다. 예를 들어 순수한 공산주의 관점에서 러시아의 동향을 비판하는 사람들 그리고 다른 관점에서 작은 국가의 미래를 염려하는 사람들 말입니다. 그리고 무엇보다 당신의 돼지들은 다른 동물보다 훨씬 지성을 갖추었으니 농장 운영자로는 최적입니다. 사실 그들이 없었다면 동물농장은 태어날 수조차 없었겠지요. 따라서 필요한 것은(누군가는 반대할지도 모르겠습니다만) 더 많은 공산주의가 아니라 더 공공심이 있는 돼지들입니다.

대단히 유감입니다. 어떤 출판사에서 이 작품을 출간하든 자연스럽게 당신의 미래 작품을 출간할 기회를 얻게 될 테니까요. 그리고 저는 당신의 작품을 존중합니다. 근본적 통합에 대해 훌륭히 서술한 글이기 때문입니다.

셸든 씨가 별도의 봉투에 담아 원고를 보내드릴 겁니다.

Courage

용기

사라 베르나르가 패트릭 캠벨 부인에게

그녀는 19세기 말부터 20세기 초까지 가장 유명한 배우였으며 오늘날 명사들에게 많은 교훈을 남겼다. 파리의 유대인 매춘부와 알려지지 않은 고객 사이에서 태어난 아름다운 딸, 사라 베르나르Sarah Bernhardt는 자수성가한 여인이었다. 그녀의 어머니와 연인 관계였던 사람 중에는 강력한 힘을 가진 나폴레옹 3세의 이복형제 모르니 공Charles de Morny도 있었는데, 그는 어머니의 조력자였을 뿐만 아니라 어쩌면 딸의 연인이었을지도 모른다.

사라는 자유로운 영혼의 소유자이자 뛰어난 연기자였다. 그녀는 외동아들을 낳았을 때 아버지가 누구인지 알리기를 서부했는데, 때때로 농담 삼아 "나는 아이의 아빠가 (총리) 강베타Léon Gambetta인지, (소설가) 빅토르 위고Victor Hugo인지, 아니면 불랑제George Boulanger 장군인지 결정할 수 없었다"라고 말하곤 했다. 하지만 어쩌면 그녀의 첫사랑인 리뉴의 왕자Prince of Ligne 아이일 수도 있다. 어느 쪽이든 사라는 이 편지가 보여주듯 프랑스 최고의 배우가 되었고, 부유하고 당당했으며 끊임없이 여행했다.

사라는 리우데자네이루에서 〈라 토스카La Tosca〉 공연을 하던 중 15피트(약 4.5미터 – 옮긴이) 높이의 발코니에서 떨어져 무릎이 부러졌다. 그러나 그 고통을 몇 년간 참다가, 다른 유명 배우인 팻Patrick Campbell 부인에게 보내는 이 편지에 간결하게 털어놓았다. 마침내 70세가 되어서야 그녀는 처음이자 마지막으로 이 문제에 대처하기로 결심한 것이다.

돌아오는 월요일에 의사가 내 다리를 자를 거야. 행복해 죽겠어.

사랑을 담아 키스를 보내며,

사라 베르나르

패니 버니가 여동생 에스더에게

프랜시스 '패니' 버니Frances 'Fanny' Burney는 1752년 대단히 교양 있는 작곡가이자 작가인 아버지와 프랑스인 어머니 사이에서 태어났다. 패니는 길고 파란만장한 인생에서 문학적 재능과 호기심, 유머 감각을 발휘하며 남자들 세계에서 신기원을 연 여성이 되었다. 그녀는 아주 어릴 때 글을 쓰기 시작했고, 명문가에서 태어난 소녀는 평판 나쁜 이야기에 발을 담가선 안 된다는 불문율이 있던 당시 최초로 여성 베스트셀러 작가의 반열에 올랐다. 그런 이유로 그녀는 첫 소설 《에벌리너Evelina》를 익명으로 출간했고, 심지어 출판사에도 여성이라는 정체성을 숨기려 했다. 귀족주의 사회에 대한 재치 있는 풍자로 그녀는 성공을 거두었고, 작가 패니가 유명해지자 결국 정체가 드러났다.

16세 때부터 생의 마지막 날까지 개인적 이야기와 역사적 사건을 담은 빼어난 일기를 쓰고 당연히 최고의 편지를 쓰면서도,

패니는 제인 오스틴Jane Austen 같은 후대 작가에게 영감을 주는 일련의 소설을 계속 써냈다. 실제로 《서실리아Cecilia》는 오스틴의 가장 유명한 소설 제목에 영감을 주기도 했는데, 패니의 캐릭터 중 하나가 이렇게 말했기 때문이다. "이 모든 불행한 일은 오만과 편견이 낳은 결과야."

패니는 다양한 구혼자와 연애를 했지만 청혼을 거절했고, 오랫동안 결혼하지 않았다. 그녀의 말에 따르면 그 이유는 이러하다. "혼자인 삶이 행복하지 않다는 이유를 도저히 모르겠다. 자유는 가치 없는 것이 아니다. 남자들뿐 아니라 여자에게도." 1785년 조지 3세의 아내 샤를로테Sophia Charlotte 왕비가 그녀에게 예복 관리자 자리를 제안하면서 5년 동안 왕비의 하녀로 지냈지만 스트레스 충만한 나날이었다. 패니는 프랑스혁명의 중용적 견해에 공감했고, 결국 망명한 알렉상드르 다르블레Alexandre d'Arblay 장군과 결혼했다. 그는 나폴레옹을 모시기 위해 고향으로 돌아갔다.

패니는 파리에 살던 중, 가슴에서 혹을 발견했다. 그리고 나폴레옹의 황후 마리루이즈의 산부인과 주치의이기도 한 외과의 뒤부아Antoine Dubois에게 전장에서나 행할 방식으로 유방 절제술을 받는 데 동의했다. 놀랍게도 그녀는 살아남았고, 거의 30년 동안 삶을 이어갔다. 여동생 에스더Esther에게 보낸 이 놀라운 편지에 패니가 겪은 모든 고통의 순간이 묘사되어 있다.

파리에서 온 끔찍한 수술 기록, 1812년
사랑하는 에스더에게 이 이야기를 들려주기로 약속했으니,

여기 보내. 난 지금 이 순간 꽤 잘 지내고 있어…. 그러니 한가할 때 이 이야기를 읽어봐. 너무 감정적으로 읽지는 말고. 모든 것이 행복하게 끝났으니까….

1810년 8월쯤, 가슴에서 미세한 통증이 느껴져 짜증이 나기 시작했어. 그 통증은 한 주 한 주 지날수록 심해졌는데, 묵직해지는 게 아니라 예리해졌지. 하지만 난 불안해할 만큼 중요한 문제는 아니라고 생각했어…. 그렇게 몇 달이 흘렀고, 그동안 특히 가까운 친구인 메조뇌브Maisonneuve 부인이 다르블레 씨와 합세해 검사를 받으라고 날 설득했지. 난 그들의 두려움에 근거가 없다고 생각했고, 싫은 마음을 극복하지 못했어. 이제는 이 가짜 자신감이 사랑하는 에스더, 너에게는 경고가 되어줄 거라고 생각해…. 다르블레 씨가 의사를 불렀어…. 의사가 몇 번 처방을 내렸지만 별 효과는 없었지. 오히려 난 악화됐어. 이제 다르블레 씨는 뒤부아 씨와 상담하라고 막무가내야. 뒤부아 씨는 전에 종기가 났을 때 날 진찰하고 치료해준 적이 있거든. 사랑하는 에스더, 이 일에 대해서는 마리아가 자세한 이야기를 들려줄 수 있을 거야. 뒤부아 씨는 프랑스에서 가장 유명한 외과의고 황후의 산부인과 의사로 임명되기도 했어…. 난 진정한 위험을 인지하기 시작했고, 뒤부아 씨는 한 달 치 처방전을 주었어. 그동안은 그와 약속이 잡히지 않았고 어떤 진단도 내리지 않았어. 하지만 내가 차분해지도록 그리고 불안해하지 않도록 너무 많은 과제를 주어서, 끔찍한 상황을 걱정해야 할 여지가 있는 건 아닌지 의심할 수밖에 없었지…. 처방전을 받아들였지만 허사였고, 모든 증상은 더 심해져만 갔어….

이제 (의사인) 라르레Larrey, 리브Ribe, 모로Moreau 박사님이 정식으로 진찰을 했는데, 결국 세 분 모두 내가 수술을 해야 한다고 공식적으로 선고했지. 나는 실망한 만큼 동시에 놀랐어. 아픈 한쪽 가슴은 변색되지도 않았고, 건강한 다른 쪽 가슴보다 별로 크지도 않았으니까. 하지만 난 병마가 아주 깊숙이 자리 잡았다고 느꼈고, 종종 그것을 없앨 수 없다면 평생 안고 살아가야 한다고 생각했어. 결국 내가 가지고 있거나 상상할 수 있는 모든 이성을 끌어내 그들에게 말할 수 있었지. 만약 그들이 다른 대안을 찾지 못한다면, 나는 그들의 의견과 경험에 저항하지 않을 거라고. 긴 진찰을 이어오는 동안 따뜻한 우정을 품게 해준 라르레 박사님의 눈에 눈물이 그렁그렁 고였어. 내가 너무 두려워 저항할 거라고 생각한 모양이야….

(수술 당일) 살롱으로 산책하듯 걸어갔어. 그곳에 수술 준비가 되어 있는 것을 보고 움찔해 뒷걸음쳤지. 하지만 난 곧 돌아갔어. 어차피 곧 알게 될 것을 나 자신에게 숨겨봐야 무슨 소용이 있겠어. 하지만 붕대, 압박붕대, 스펀지, 천 등이 어마어마하게 준비되어 있는 것을 보니 좀 긴장되더라. 난 모든 감정이 잦아들 때까지 이리저리 걸어 다녔고, 차츰 거의 멍한 상태가 되었어. 감정이나 의식이라고는 찾아볼 수 없이 무기력한 상태였달까. 그렇게 시계가 3시를 가리킬 때까지 기다리는데… 어떤 사전 연락도 없이 검은 옷을 입은 남자 일곱 명이 들어왔어. 라르레 박사님, 뒤부아 씨, 모로 박사님, 오몽 박사님, 리브 박사님, 라르레 박사님의 학생, 뒤부아 씨의 학생이었어. 마침내 정신이 번쩍 들었지. 그리고 좀 분

한 마음이 들었어. 왜 이렇게 많이 왔지? 양해도 구하지 않고? 하지만 한 음절도 입 밖으로 낼 수 없었어. 뒤부아 씨가 마치 사령관처럼 굴었거든. 라르레 박사님은 눈에 띄지 않는 위치를 고수했어. 뒤부아 씨는 방 한가운데에 침대를 놓도록 명령했지. 난 놀라서 라르레 박사님 쪽으로 고개를 돌렸어. 그가 안락의자에서 해도 될 거라고 약속했거든. 하지만 그는 고개를 푹 숙이고 나를 보려 하지 않았어. 뒤부아 씨는 낡은 매트리스 두 개와 시트를 가져오라고 명령했어. 나는 이제 격하게 떨기 시작했지. 통증 때문이라기보다는 준비 과정에서 느낀 불쾌감과 공포 때문이었어. 모든 것이 요구한 대로 준비되자 뒤부아 씨는 내가 침대 위로 올라갔으면 하더군. 난 잠시 굳은 채로 서 있었어. 이대로 도망가면 정말 안 되는 걸까 생각하면서. 문과 창문 쪽을 보았지. 절박한 기분이었어. 하지만 그건 잠시뿐이고, 결국 이성이 힘을 되찾았어. 두려움을 비롯한 감정이 맞서 싸우려 했지만 헛된 노력이었지…. 분명히 그때 난 곧 마주하게 될 위험을 몰랐지만, 모든 상황을 고려할 때 위험이 내 주변을 서성거리고 있음을 확신했어. 그리고 이 실험만이 위험의 손아귀에서 나를 구할 수 있을 거라고. 그래서 청하지도 않았는데 침대 위로 올라갔지. 뒤부아 씨는 매트리스 위에 나를 눕히고, 내 얼굴에 케임브릭 천으로 만든 손수건을 펼쳐 덮었어. 하지만 손수건이 얇아서 반대편이 비쳐 보였고, 그걸 통해 남자 일곱 명과 내 담당 간호사가 침대 주변을 둘러쌌다는 걸 알 수 있었어. 난 날 잡지 말라고 했지만 케임브릭 천이 밝아지며 잘 닦인 쇠가 반짝이는 게 보이자 눈을 감고 말았어. 끔찍한 절개 장면을 앞두고 발작적 두려움에 의지할 수는 없었으니까. 묵직한 침묵이 몇 분 동안 이어졌는데, 내 생각에는 그사이 그들이 신호를 주고받으며 지시하고 검사하는 것 같았어. 오, 그 긴장이 얼마나 끔찍하던지! 숨을 쉴 수가 없었어…. 그들이 가슴 전체가 감염됐다고 생각할까 봐 두려웠어. 그 두려움은 정확히 들어맞았는데, 왜냐하면 또다시 케임브릭천을 통해 보니, 뒤부아 씨가 손을 들고는 검지로 먼저 내 가슴 위에서 아래로 직선을 쭉 그리고, 두 번째로 십자 모양을 그리고, 세 번째로 원을 그리더라고. 전체를 떼어낼 거라고 겁을 주면서 말이야…. 난 다시 눈을 감았고, 이후 어떤 관찰이나 저항도 포기했어. 슬프게도 모든 걸 받아들이겠다고 결심했지.

사랑하는 에스더, 그리고 네가 이 애절한 이야기를 들려줄 모든 이는, 이 형언할 수 없는 공포와 세상에서 가장 끔찍한 고통을 무릅쓰고도 내가 한번 결심한 것을 굳게 지켰다는 사실을 들으면 기뻐할 거야. 하지만 끔찍한 쇠가 정맥과 동맥과 살과 신경을 자르는 동안 내게 비명을 참지 말라는 명령 같은 건 필요 없었어. 난 절개를 하는 내내 쉼 없이 비명을 질렀어. 그 비명이 아직도 내 귓속에 울리고 있지 않아 놀랄 지경이야! 고통이 정말 너무나 극심하더라고. 상처가 생기고 기구가 빠져나간 후에도 고통은 줄지 않았는데, 공기가 갑자기 그 연약한 부위에 달려들면서 잠깐이지만 날카롭고 삐죽삐죽한 칼날이 상처 가장자리를 찢는 것처럼 느껴졌어. 하지만 그때 다시 기구가 곡선을 그리며 살결의 반대 방향으로 피부를 자르는 것을 느꼈어. 이렇게 말해도 된다면, 수술자가 오른쪽에서 왼쪽으로 가야 하는데 내 살이 강하게 저항하며 그의 손을 막고 실랑이하는 것 같더라고. 그때, 정말로 이대로 죽는구나 싶었어. 더 이상 눈을 뜨려고 시도하지도 않았어. 눈이 마치 밀봉된 것 같았고, 너무 굳게 감겨서 눈꺼풀이 뺨으로 움푹 꺼져 들어가는 것 같았어. 기구가 두 번째로 빠져나가자 난 수술이 끝났다고 생각했는데, 결코 아니었어! 곧 그 끔찍한 절개가 다시 시작되었지. 그중에서도 가장 고통스러웠는데, 지독한 분비샘의 아래쪽 뿌리를 주변부에서 떼어내는 것이었어. 역시 말로 표현할 수 없을 정도로 고통스러웠지. 그런데 아직도 끝난 것이 아니었어. 라르레 박사님은 손 말고는 몸을 움직이지 않았어. 오, 신이시여! 그때 난 칼이 가슴뼈에 닿는 것을 느꼈어. 심지어 뼈를 긁더라고! 말문이 막힐 정도로 끔찍한 고문을 겪는 동안 이런 일이 일어났는데, 라르레 박사님의 목소리가 들렸어. (다른 이들은 모두 죽은 듯이 조용했어.) 그는 아주 침통한 어조로 말하더군. 그 자리에 있는 사람 중 누구라도 해야 할 일이 더 남았는지, 아니면 수술이 끝났다고 생각하는지 말해주기 바란다고 말이야. 대부분 끝난 것 같다고 말했는데, 뒤부아 씨의 손가락이 뭔가를 가리켰어. 나는 아무것도 안 보이는 상태였고, 그가 날 건드린 것도 아닌데 상처 부위가 이루 말할 수 없을 정도로 예민해서 그의 손이 상처 위로 올라가는 것이 느껴졌지. 그리고 또다시 긁기 시작했어! 이후 모로 박사님이 잘못된 부분을 알아차렸어. 그리고 다시, 또다시, 뒤부아 씨가 뭔가를 요구하고 또 요구했어. 사랑하는 에스더, 며칠도, 몇 주도 아닌 몇 달 동안 나는 그 모든 일을 다시 겪는 것처럼 느끼지 않고서는 그 끔찍한 시간을 입에 담을 수도 없었어! 생각조차 아무렇지 않게 할 수 없었어! 너무 아팠어. 그에 대한 질문 한마디만 들어도 마음이 어지러워졌지. 심지어 지금도, 수술이 끝난 지 9개월이 지났는데, 그 일에 대해 말하면 머리가 아파! 그리고 최소 3개월 전에 쓰기 시작한 이 비통한 편지를, 나는 고쳐 쓰기는커녕 다시 읽어볼 생각도 없어. 회상하는 것 자체만으로도 너무나 고통스러우니까.

결론은, 병마가 너무 깊고 케이스가 너무 민감해서, 그리고 재발을 막는 데 필요한 예방책이 너무 많아서 이 수술이 치료와 처치를 포함해 총 20분이나 걸렸다는 거야! 고통이 너무 극심해서 정말 그 시간을 견디기 어려웠어. 하지만 나는 가능한 모든 용기를 쥐어짜 견뎌냈고, 움직이거나 그들을 저지하거나 저항하거나 불평하거나 입을 열지 않았어. 한두 번을 제외하고는. 그리고 내 생각에 두 번 잠깐 기절한 것 같아. 이 일에 대해서는 기억을 되짚으려 해도 잘되지 않지만, 적어도 내 기억 속에서는 절개를 총 두 번 했어. 모든 것이 끝났을 때, 그리고 그들이 나를 들어 침대에 눕혔을 때, 나는 완전히 힘을 잃어 어쩔 수 없이 그들의 손에 나를 맡겨야 했고, 심지어 마치 죽은 듯이 내 손이나 팔조차 지탱하지 못한 채 늘어뜨린 상태였지. 간호사가 그러는데, 그때 내 얼굴에 전혀 핏기가 없었다고 하더라고. 모든 것이 끝나고 나서 눈을 뜨니 라르레 박사님이 보였어. 거의 나만큼이나 창백했는데, 얼굴에서 피가 다 빠져나간 것 같았고, 슬픔과 걱정뿐 아니라 거의 공포를 드러낸 표정이었어.

데이비드 휴스가 부모님에게

공군 대위 데이비드 휴스David Hughes는 나치 침공을 막고 히틀러 제국에서 영국의 독립을 확실히 한 공중전, 브리튼 전투에 조종사로 참전했다. 영국 공군RAF에 속한 젊은 조종사들의 활약으로 승리를 거두었지만, 겨우 열여덟 살에 불과한 그들 중 다수가 영국 전역과 영국해협에서 벌어진 격전 중 사망했다. 이 쾌활한 편지는 콘월 지방 뉴키 근처에서 휴스의 가족에게 부쳤는데, 당시 조종사들이 느낀 흥분과 두려움이 잘 드러나 있다.

이들의 용기를 가장 훌륭히 묘사한 것은 윈스턴 처칠Winston S. Churchill 총리의 유명한 연설이다. "죄인들의 안식처를 제외한, 우리 땅과 제국뿐 아니라 진정 전 세계의 모든 가정을 대변해 영국 공군에 감사를 전합니다. 이들은 불리한 확률에도 흔들리지 않았고, 끈질긴 시험과 생명을 위협하는 위험에도 약해지지 않았으며 용맹과 헌신으로 세계대전의 흐름을 바꿔놓았습니다. 인류가 갈등을 빚은 어떤 땅에서도 이렇게 많은 사람이 이렇게 적은 사람에게 이렇게 큰 빚을 진 적이 없습니다. 이 불굴의 조종사들에게 진심으로 감사를 전합니다."

이 편지를 쓴 지 한 달도 채 되지 않은 1940년 9월 11일, 휴스는 영국해협 상공에서 격추되었고, 그의 시신은 발견되지 않았다.

1940년 8월 21일, 콘월 뉴키 근처 RAF 세인트에벌 기지

사랑하는 부모님께

마지막으로 편지를 쓴 지 매우 오래되었습니다. 그동안 아주 많은 일이 있었습니다.

총을 쏘기도 하고 맞기도 했습니다. 적군을 죽였지만 저는 죽지 않았습니다. 동료 덕분에 목숨을 건진 적도 있고, 다른 동료를 구해 그 은혜를 갚기도 했습니다.

저는 이제 '에이스'라는 별명으로 불립니다. 여기서 독일군을 다섯 명 넘게 쓰러뜨렸다고 인정받았는데, 말하자면 작은 버튼을 눌러 전투기 여섯 대를 떨어뜨렸습니다. 남자아이들이 좋아할 만한 이야기를 해드리면 ME110 세 대, ME109 두 대, 도르니에17 한 대를 격추했습니다.

8월 4일 일요일에 새로운 비행 중대에 도착했는데, 그때는 저보다 지위가 높은 장교 세 명이 있었습니다. 8월 11일이 되자 제가 지휘관이 되었습니다. 나흘 만에 열두 명의 조종사를 잃었거든요. 제가 지휘권을 넘겨받은 뒤에는 일주일에 한 명밖에 잃지 않

았습니다. 훨씬 불리한 조건이었는데도 말입니다. 어느 날 저희 중대가 선발대로 적과 교전하게 되었는데, 총 열두 명으로 이루어진 중대를 이끌고 적군 400명의 호위를 받는 350대의 폭격기를 상대해야 했습니다. 정말 말도 안 되는 전투였죠! 착륙했을 때 제 전투기에는 150개의 총알구멍이 나 있었고, 심지어 그중 하나는 제 머리에서 겨우 1센티미터가량 떨어져 있었습니다. 전투에 뛰어들기 전에 짧은 기도를 했는데, 제 수호천사가 일을 아주 열심히 했나 봅니다.

8월 18일, 저희 중대는 이곳으로 보내져 잠시 휴식을 취하게 되었습니다. 정말 그럴 필요가 있었죠. 저는 2주도 되지 않는 사이 6킬로그램이 넘게 빠졌습니다. 끼니를 거르며 하루에 예닐곱 시간씩 비행했고, 잠도 하루 평균 다섯 시간밖에 못 잤거든요!

이곳에 도착했을 때 저는 "전투에서 뛰어난 역량을 발휘해준 238중대를 치하한다"라고 쓰인 전보를 받았습니다. 공군 대장 시릴 뉴얼Cyril Newall 경이 보낸 것이었습니다.

지금까지 저희에게 별다른 일은 일어나지 않았지만 오늘 나치 독일군이 저희에게 관심을 보였고, 이곳을 폭격했습니다. 폭탄이 떨어졌을 때 저는 전혀 준비되지 않은 상태였어요. 곧장 전투기로 달려가 제게 폭격을 가한 독일 전투기를 격추했습니다. 그리고 구름 속에 숨어 빠져나왔지요.

월롭에 언제 돌아갈 수 있을지 모르지만, 곧 그렇게 되리라 생각합니다.

지난 목요일에는 카디프로 날아가 조앤(그의 아내)을 한두 시간 만났습니다. 불쌍한 조앤은 최근 목이 다시 안 좋아져 힘들어 하더군요. 조앤을 정말 많이 사랑해요!

저는 전투복을 갖춰 입고, 이륙하라는 명이 떨어지길 기다리며 이 편지를 쓰고 있습니다.

부디 모두 건강하세요.

사랑을 담아,

데이비드

Discovery

발견

에이다 러브레이스가
앤드루 크로스에게

에이다 러브레이스Ada Lovelace는 1815년 "아주 질이 나쁘고 위험한 인물"인 낭만주의 시인 바이런 경Lord Byron(George Gordon Byron)의 딸로 태어났다. 이 시인에게는 사생아가 많았는데, 에이다가 유일하게 그가 애너벨라 밀뱅크Annabella Milbanke와 결혼해 낳은 자녀였다. 바이런은 논란거리가 될 만한 행동과 정치적 자유주의 때문에 에이다가 태어나고 겨우 4개월밖에 되지 않았을 때 영국을 떠나야 했고, 이후 다시는 에이다를 볼 수 없었다. 그는 장시 〈차일드 해럴드의 편력Childe Harold's Pilgrimage〉에 이렇게 썼다. "제 어미와 얼굴이 꼭 닮지 않았는가, 나의 귀여운 아이! 에이다! 나의 집과 마음에서 낳은 하나밖에 없는 딸!"

바이런은 1824년 그리스에서 사망했다. 에이다의 어머니는 평생 그의 변태적 행동과 방탕한 생활을 비난했는데, 그러는 동안 딸에게는 거의 관심을 보이지 않아 할머니가 에이다를 키웠다. 에이다는 홍역 후유증으로 두통에 시달렸을 뿐만 아니라 거의 마비에 가까운 증상까지 겪었다. 그리고 자신을 태우고 날아다니는, 그래서 병마에서 벗어나게 해줄 비행 기계를 만들겠다는 꿈을 꾸었다.

여성이 권리를 가지고 과학자가 되기는커녕 교육조차 거의 받지 못하던 시대에, 에이다는 또래보다 뛰어난 재능을 보였으며 언제나 수학과 과학에 푹 빠져 있었다. 그녀는 열일곱 살에 가정교사 윌리엄 터너William Turner와 부적절한 관계를 맺었고, 거의 그와 함께 사랑의 도피를 할 뻔했지만, 3년 후인 1835년에 후일 러브레이스 백작이 되어 그녀에게 '러브레이스 백작 부인'이라는 멋진 호칭을 선물할 킹 경Lord King(William King)과 결혼해 세 아이를 두었다. 에이다의 인간관계 중 가장 주목할 만한 것은 그녀의 친구이자 멘토인 찰스 배비지Charles Babbage(그는 에이다를 '레이디 페어리Lady Fairy'라 불렀다)와의 우정인데, 그들은 이후 함께 컴퓨터 분야의 개척자가 되었다.

서리에 있는 집에서 동료 과학자 앤드루 크로스Andrew Crosse에게 쓴 이 편지를 보면(에이다는 앤드루의 아들 존John Crosse과 사귄 것으로 보이며 그 관계는 이 편지에 언급된 만남에 존이 아버지와 함께 왔을 때부터 시작되었을 것이다), 에이다는 자연의 상호 연결성에 대한 자신의 철학을 설명하고 언제나처럼 좋지 않은 건강 상태에 대해 이야기하며 스스로를 "과학의 신부bride"라 부른다. 그녀는 자신의 아버지가 사망한 나이와 같은 36세에 자궁암으로 생을 마감하고 아버지와 함께 묻혔다.

크로스 씨에게

친절하고 다정한 편지 감사드립니다…. 그럼 18일 월요일에 뵙기로 하고, 20일 수요일에는 브룸필드에 함께 가도록 해요. 아마 제 편지의 어조에서 이미 느끼셨겠지만, 저는 그 어느 때보다 과학의 신부가 된 기분입니다. 제게는 종교가 곧 과학이고, 과학이 곧 종교입니다. 마음속 깊이 느끼는 이 진실 속에는 신께서 만든 자연현상의 해석을 향한 제 열정적 헌신의 비밀이 숨어 있습니다…. 또한 과학적이고 소위 철학자라는 사람들이 이기적인 감정에 사로잡혀 신의 섭리와 환경에 맞서는 모습을 볼 때면, 저는 마음속으로 이렇게 생각합니다. '그들은 진정한 사제가 아니라 반쪽짜리 예언자에 불과하다. 그나마 완전한 가짜가 아니라면.' 그들은 그 위대한 페이지를 영혼이라고는 전혀 없는 물리적 눈으로만 읽었습니다. 그 지성, 도덕, 신앙심은 거대하고 조화로운 하나의 전체 안에서 모두 자연스럽게 서로 묶이고 연결된 것처럼 보입니다…. 신은 하나고 신께서 창조한 모든 작품과 감정도 '하나'입니다. 이것이 진실(종교 교리에 따라서도, 성서에 쓰인 바에 따라서도)이나, 제 생각에 대부분의 사람은 그 깊고 헤아릴 수 없는 의미까지 이해하지는 못합니다. 이 세상은 우주의 물리적 사실이든 도덕적 사실이든 모두 분리되고 독립적인 묶음으로 만들어버리는 경향이 너무 심합니다. 그러나 사실 각각의 요소는 모두 자연적으로 관련이 있고 서로 연결되지요. 전 이 주제로 책 한 권도 거뜬히 쓸 수 있습니다…. 제가 끔찍한 신체적 고통에 시달리고 있다고 언급해두는 편이 좋겠네요. 브룸필드에서 갑자기 이 증상이 나타나면 저는 한동안 방에 틀어박힐 수도 있습니다. 그때는 그냥 내버려두세요. 제 강한 의지력과 기운에도 불구하고 때때로 신체적 고통에 시달립니다. 이 고통은 주로 소화기관과 연관이 있고, 그 정도나 유형을 예측하기 힘듭니다.

언제나 진정한 당신의 친구,
AA 러브레이스

윌버 라이트가 스미스소니언협회에

이 편지는 날아간다. 단순한 괴짜가 아니라 비행에 열광한 윌버 라이트Wilbur Wright와 그의 동생 오빌 라이트Orville Wright는 그들만의 자전거 브랜드를 만든 정비공이지만, 비행기와는 꽤 거리가 멀었다. 하지만 그들은 오랫동안 비행을 꿈꿔왔고, 그들의 가게에서 역학을 실습했다. 윌버 라이트는 이 편지를 쓸 때 32세였는데, 여전히 가망이라고는 없어 보였지만 사실 통제된 비행이 이루어질 때까지 3년밖에 남지 않은 시점이었다.

워싱턴 스미스소니언협회 앞

안녕하십니까.

저는 어릴 때 케일리와 페노(공기역학의 선구자 조지 케일리George Cayley와 프랑스의 항공학자 알퐁스 페노Alphonse Pénaud로 추정된다—옮긴이)가 만든 기계를 참고해 다양한 크기의 보트를 여러 척 만들었으며 그때부터 역학과 인류의 비행에 관심을 가져왔습니다. 지금까지 관찰해온 결과, 저는 인류의 비행이 가능하고 실현될 수 있다는 확신이 더욱 강해졌습니다. 모든 곡예의 재주가 그렇듯, 이것도 오직 지식과 기술의 문제입니다. 새들은 세계에서 가장 완벽하게 훈련된 체조 선수고, 비행에 특히 적합한 몸을 가지고 있습니다. 어떤 인간도 새들과 동등해질 수 없을지 모릅니다. 하지만 새가 곤충이나 다른 새를 뒤쫓는 모습을 본다면, 그때 이들이 단순 비행에 들이는 노력의 서너 배는 필요한 기술을 발휘한다는 사실을 그 누구도 의심할 수 없을 겁니다. 저는 인간 역시 적어도 단순 비행만큼은 가능하며, 수많은 독립적 작업자의 조사와 실험이 모이면 마침내 우리를 성공적 비행으로 이끌 정보, 지식, 기술이 축적되리라고 생각합니다….

저는 비행에 열광하는 사람이지만, 비행 기계를 만드는 방식에 대해 몇 가지 적절한 이론을 가지고 있다는 점에서 단순한 괴짜는 아닙니다. 제가 협회에 어떤 방식으로든 기꺼이 도움이 될 수 있기를 바라며, 가능하다면 제 성의를 조금이나마 더해 최종 성공을 이뤄낼 미래의 작업자들을 후원하고 싶습니다. 협회 간행물에서 어떻게 안내하고 있는지 모르겠습니다만, 비용을 제게 알려주면 그 금액만큼 송금해드리겠습니다.

그럼 안녕히 계십시오.

윌버 라이트 드림

1831년 8월 24일

존 스티븐스 헨슬로가
찰스 다윈에게

현대 생물학의 기초가 되는 이론 중 하나가 바로 이 편지에서 시작한다. 찰스 다윈Charles Darwin은 친구인 존 스티븐스 헨슬로John Stevens Henslow 목사에 대해 이렇게 말했다. "나는 지구상에 헨슬로보다 훌륭한 사람이 존재한 적은 결코 없다고 생각한다." 두 사람은 1828년 헨슬로가 흠정 강좌 식물학 교수로 있던 케임브리지 대학교에서 만났고, 당시 다윈이 "헨슬로와 함께 걸어 다니는 사람"으로 알려질 정도로 좋은 친구가 되었다. 로버트 피츠로이Robert FitzRoy 함장이 이끄는 HMS 비글호가 2년 동안 남아메리카 어딘가로 탐험을 떠난다고 들었을 때, 헨슬로는 바로 후배 다윈을 떠올렸다. 이 편지에서 언급한 마마듀크 램지Marmaduke Ramsay는 카나리아제도 여행을 제안한 친구로, 그의 갑작스러운 죽음만 아니었다면 다윈은 그 여정에 함께했을 것이다. 5년 동안 지속될 HMS 비글호의 탐험은 다윈에게 머릿속 아이디어를

검증할 기회를 주었고, 1859년 《종의 기원On the Origin of Species》
으로 출판되어 세상을 바꿔놓을 '자연선택설'이라는 진화론으로
나아가는 발판이 되었다.

나의 친구 다윈에게

이 편지의 본론으로 들어가기 전에, 아마 자네도 이미 소식을
들었겠지만 우리의 더없이 소중한 친구 램지의 죽음을 함께 추
모하세. 이 고통스러운 주제에 더 길게 머무르지는 않겠네. 곧 자
네가 나의 제안을 열성적으로 수락하고 전적으로 기대하는 모습
을 보길 바라니 말일세. 이 제안을 수락한다면 자네는 테라델푸
에고Terra del Fuego(티에라델푸에고Tierra del Fuego의 오기인 듯하다—옮긴
이)와 동인도제도로 가는 여정에 동참하게 될 걸세. 런던에서 이
편지를 읽고 자네에게 전달해줄 피콕George Peacock(당시 수학 강사
였다—옮긴이)이 내게 피츠로이 함장의 동료로 함께 갈 자연과학
자를 추천해달라고 부탁했네. 피츠로이는 미국 남단을 조사하라
고 정부에 고용되었지. 나는 내 지인 중 그런 상황에 가장 적합
한 인물은 자네라는 점을 이미 밝혀두었네. 자네가 단순히 자연과
학 과정을 밟은 사람이기 때문이 아니라 자연과학사에 남길 가치
가 있는 것을 채집하고, 관찰하고, 기록하는 데 충분한 자질이 있
다고 생각했기 때문일세. 피콕은 자기 뜻대로 결정해도 좋다는 약
속을 받았고, 이 일을 맡겠다고 나서는 사람을 찾을 수 없다면 아
마 기회는 없어질 걸세. 피츠로이 함장은 (내가 알기로) 단순한 채
집가보다는 동료로서 함께할 사람을 찾고 있네. 그리고 얼마나

실력이 좋은 학자든 신사로 추천을 받지 않은 사람은 받아들이지 않을 걸세. 급여나 다른 조건에 대해서는 자세히 모르겠네. 여정은 2년 예정이고, 자유롭게 쓸 수 있는 시간은 충분할 테니 자네의 책을 잔뜩 가져간다면 원하는 작업을 할 수 있을 걸세. 한마디로 열정과 활기가 넘치는 자에게 이보다 좋은 기회는 없다는 뜻이지. 피츠로이 함장은 젊은 신사일세. 자네가 즉시 시내로 와서(서픽 가 7번지 펠멜 이스트 또는 대학 교내 클럽) 피콕과 상담하고 더 자세한 이야기를 들었으면 하네. 자네가 적합한 사람이 아닐지도 모른다는 의심이나 두려움은 조금도 갖지 말게. 나는 자네가 그들이 찾는 바로 그 사람이라고 확신하니까. 자네를 응원하는 지지자이자 진한 애정을 품은 친구가 자네의 어깨를 두드리고 있다고 생각하게.

J. S. 헨슬로

1493년 3월 30일과
4월 29일

페르난도와 이사벨이
크리스토퍼 콜럼버스와 주고받은 편지

처음으로 유럽인에게 아메리카 대륙을 얼핏 볼 수 있는 기회
를 준 편지를 소개한다. 이 편지들은 아메리카 대륙에 제국의 시
대가 열리고 유럽의 식민지 개척자들이 정착하는 장면을 보여준
다. 현대는 세계가 스페인의 통치권을 받아들이는 시점에 이 편
지와 함께 펼쳐진다. 제노바의 선원이자 선견지명을 갖춘 자, 크
리스토퍼 콜럼버스Christopher Columbus가 한참이나 로비한 끝에, 스
페인 "최고의 가톨릭 군주" 페르난도Fernando와 이사벨Isabel은 마
침내 인도로 가는 길을 찾아 항해를 떠나겠다는 그의 청을 허락
한다. 1492년 8월 3일, 콜럼버스는 아흔 명의 선원을 데리고 출
항했다. 이후 최고의 가톨릭 군주는 아무 소식도 듣지 못하다
가, 1493년 3월 콜럼버스에게 배 한 척을 잃긴 했으나 결국 인도
를 찾아냈으며 아시아 본토를 보았고(사실은 오늘날의 쿠바를 본 것
이다), 히스파뇰라섬(오늘날의 아이티와 도미니카공화국)에 정착지를

건설했다는 편지를 받았다. 3월 30일, 그들은 콜럼버스에게 바르셀로나 궁으로 돌아오라고 촉구하는 답신을 보낸다.

우리의 해군 제독, 그리고 인도에서 발견한 섬들의 총독 크리스토퍼 콜럼버스 경 보시오. 경이 보낸 편지는 잘 받아 보았소. 경이 편지에 쓴 내용을 보고 무척 기뻤소. 또한 신께서 경의 노력에 이토록 좋은 결실을 주시고 경이 시작한 일을 잘해낼 수 있도록 안내하신 것도 기쁘기 그지없소. 경의 노고 덕분에 우리는 큰 도움을 받을 것이고, 우리 왕국은 막대한 이익을 보게 될 것이오. 신의 마음에도 들기를 바라며, 경의 서비스와 노동이 가져올 이익으로 우리가 신을 모실 뿐만 아니라 경에게도 이에 대해 큰 호의를 베풀 것이라는 점을 신뢰하기 바라오.

우리는 경이 시작한 것을 신의 도움으로 계속 진행해나가기를, 그리하여 경이 속히 돌아오기를 바라오. 우리가 경에게 필요한 모든 것을 제때에 보충해주려면 최대한 귀환을 서두르는 편이 좋을 테니 말이오.

콜럼버스는 첫 항해에서 귀환하며 "최근 발견한 갠지스강 너머 인도의 섬들"을 상세히 묘사한 편지를 보낸다. 이 편지는 왕실의 회계 담당자 앞으로 보냈지만 사실 왕과 왕비가 보기를 바라고 쓴 것이며, 이후 책으로 출간되었다. 콜럼버스는 아메리카 대륙의 "발견"으로 유명하지만, 이 발견은 오직 유럽인에게만 새로울 뿐이었다. 유럽에 알려지지 않은 문명은 그곳에서 이미 수천 년 동안 번성했다. 하지만 콜럼버스가 카리브인이 사람을 잡아먹는다고 한 것은 옳았고, 그들을 묘사한 이 편지가 '식인종cannibal'이라는 단어의 어원이 되었다. 콜럼버스는 자신이 중국 해안에 다다랐다고 생각했다. 오직 아메리고 베스푸치Amerigo Vespucci만이 후일 그것이 신대륙이라는 사실을 깨달았다.

제가 수행한 일이 성공적 결과를 가져왔고, 이에 많은 분이 기뻐하실 것을 알기에 이 편지를 써서 제가 이번 항해에서 해냈고 발견한 모든 것을 알려드리기로 결심했습니다.

카디스를 떠난 지 33일째 되는 날 저는 인도양으로 진입했고, 그곳에서 수많은 사람이 살고 있는 여러 섬을 발견했습니다. 저는 우리의 복된 왕을 위해 공식 선언을 하고 그분의 깃발을 펼침으로써 단 한 명의 저항도 없이 그들을 모두 사로잡았습니다.

그중 첫 번째 섬에 저는 우리의 축복받은 구원자의 이름을 붙였습니다. 그분의 도움 덕분에 제가 이곳까지 올 수 있었으니까요. 그러나 인도인은 그 섬을 과나하니Guanahani라고 불렀습니다. 다른 섬에도 각각 새로운 이름을 붙였는데 그중 하나에는 산타마리아데라콘셉시온Santa María de la Concepción(수태 성모마리아라는 뜻—옮긴이), 또 다른 섬에는 페르난디나Fernandina, 또 다른 섬에는 이사벨라Isabella, 또 다른 섬에는 후아나Juana라는 이름을 주었고 나머지도 마찬가지 식이었습니다. 후아나라고 이름 붙인 섬에 도착하자마자 저는 해안을 따라 서쪽으로 꽤 긴 거리를 항해했고, 이 섬이 도무지 그 끝을 알 수 없을 만큼 크다는 사실을 발견했습니다. 저는 이것이 섬이 아니라 대륙이고 캐세이Cathay(중국)의 한 지방이라고 생각했지만 해안에서 어떤 도시도 볼 수 없었고, 몇몇 마을과 시골 농장만 보였습니다. 이곳의 거주민은 우리를 보자마자 달아났기 때문에 말을 걸어볼 기회가 없었습니다. 저는 도시나 시골 저택을 마주칠지도 모른다는 생각에 항해를 계속했습니다. 더 가보았지만 결국 만족할 만한 발견은 없었습니다. 더불어 제 목표는 항상 남쪽을 탐험하는 것이었는데 이 길을 따라가면 이 지역이 현재 겨울이기 때문에 피하고 싶던 북쪽으로 가게 된다는 사실, 그리고 바람도 남쪽으로 향할 수 있도록 분다는 사실을 깨닫고 더 이상의 모험은 시도하지 않겠다는 결론을 내렸습니다. 그렇게 돌아오는 길에 아까 언급한 항구에 다시 도착했습니다. 거기서 저는 이 땅에 왕이나 도시가 있는지 알아보기 위해 선원 두 명을 보냈습니다. 그들은 사흘 동안 돌아다닌 끝에 셀 수 없이 많은 사람과 거주지를 발견했지만, 모두 규모가 작고 고정된 통치 주체가 없다는 사실을 알아내 돌아왔습니다. 그동안 저는 이곳에서 붙잡은 몇몇 인도인을 통해 이 나라가 실제로 섬이라는 사실을 알게 되었습니다…

제가 앞서 언급했듯 '히스파나Hispana'라고 불리는 이 섬에는 매우 높고 아름다운 산과 훌륭한 농장, 경작이든 방목이든 무엇을 해도 좋을 만큼 비옥하며 건물을 짓기에도 적합한 과수원과 밭이 많습니다. 섬에 항구가 있어 누릴 수 있는 편리함과 강의 유량이나 수질 면에서 보이는 훌륭함은 인간의 믿음을 뛰어넘어 눈으로 보지 않는다면 믿을 수 없을 정도입니다…. 게다가 이 히스파나섬에는 다양한 종의 동식물, 금과 금속이 풍부합니다. 이 섬과 제가 본 다른 섬 또는 제가 아는 모든 섬의 남녀 거주민은 언제나 태초의 모습 그대로 벌거벗고 다닙니다. 예외적으로 어떤 여성은 은밀한 부위를 가릴 목적으로 직접 준비한 나뭇잎이나 나뭇가지 또는 천 조각을 두르고 다닙니다. 제가 앞서 언급했듯 이들에게는 어떤 종류의 철붙이나 무기도 없으며 이에 대한 지식 자체도 없을뿐더러 이런 것을 사용할 줄도 모릅니다. 모두 정상적 체형이므로 어떤 신체적 기형 때문이 아니라, 이들이 소심하고 공포로 가득 차 있기 때문입니다. 그러나 이들은 뿌리로 나무 기둥을 고치곤 하는 식물의 줄기를 햇볕에 말려 끝을 뾰족하게 한 뒤 무기 대신 들고 다닙니다. 하지만 그것을 실제로 사용할 엄두는 내지 못합니다. 이런 성향을 보여주는 상황이 이따금 발생했는데, 거주민과 대화하려고 선원 두세 명을 마을로 보냈을 때 인도 사람 한 무리가 결연히 나섰습니다. 하지만 우리 선원이 다가가자 부모는 아이를, 아이는 부모를 버리고 황급히 달아났습니다. 이들에게 어떤 손실이나 부상을 입혔기 때문에 일어난 일이 아닙니다. 반대로 저는 마주치거나 말을 건넨 누구에게나 옷, 물건 등 가지고 있던 것을 주었고, 어떤 보답도 받지 못했습니다. 이들이 천성적으로 두려움이 많고 소심한 것뿐입니다. 하지만 자신이 안전하다고 느끼면 두려움이 사라져 아주 정직하고 진실하고 모든 것을 내주는 사람이 됩니다. 이들은 자신이 가진 것 중 상대방이 무엇을 달라고 하든 거절하지 않습니다. 오히려 우리에게 갖고 싶은 것을 말해달라고 합니다. 이들은 가치 있는 것을 하찮은 것과 교환하면서, 아주 작은 물건 하나를 받거나 아무것도 받지 않아도 만족하면서 우리 모두에게 최대한의 애정을 보였습니다. 그러나 저는 이들에게 아주 하찮은 것이나 전혀 가치 없는 것, 예를 들어 그릇이나 접시, 컵 또는 못이나 끈 등을 주는 것을 금했습니다. 비록 이들은 그런 것을 갖게 되면 세상에서 가장 아름다운 보석을 손에 넣었다고 생각할 테지만 말입니다…. 이들은 어리석게도 고작 말굽, 단지, 병, 항아리 몇 개를 면화와 금으로 교환해주었습니다. 결코 옳지 않았으므로 저는 이를 금지했습니다. 그리고 이들에게 제가 가져온 아름답고 귀한 물건을 어떤 대가도 바라지 않고 주었습니다. 이들의 마음을 얻기 위해서이기도 하지만, 혹시 이들이 기독교로 개종할지도 모르고 우리의 왕, 왕비, 왕자와 스페인의 모든 국민을 사랑하게 될지도 모르며 우리에게 필요하고 이들에게 풍부한 무언가를 열성적으로 찾고 모아서 우리에게 주고 싶어질 수도 있으니까요….

이곳 바다로 들어서자마자 저는 첫 번째 섬에서 인도인 몇 명을 강제로 데려왔습니다. 이들이 우리에게 무언가 배우기를, 동시에 이 지역에 대해 아는 바를 우리에게 말해주었으면 했기 때문입니다. 결과는 매우 성공적이었습니다. 짧은 시간 동안 우리는 몸짓, 신호, 단어 등으로 서로를 이해했습니다. 또한 이들은 우리를 매우 잘 대해주었습니다. 이들은 이제 우리와 함께 가고 있는데, 지금까지 우리와 긴 시간을 보냈고 아직 함께 있음에도 제가 천국에서 왔다고 믿습니다. 우리가 어디를 가든 그곳에 있는 사람들을 큰 소리로 부르며 먼저 이 말을 전합니다. "이봐, 이리 와보라고. 여기 천국에서 온 사람이 있어." 그 결과 여자건 남자건, 아이건 어른이건, 젊은이건 늙은이건 이전에 품고 있던 약간의 두려움마저 내려놓고 열성적으로 우리를 보러 우르르 모여들었습니다. 우리가 걸음을 옮길 때마다 구름 같은 군중이 모였고, 큰 사랑과 믿을 수 없을 만큼 선한 의도를 보이며 어떤 이는 먹을 것을, 다른 이는 마실 것을 가져왔습니다···.

저는 어떤 괴물도 보지 못했고 괴물이 낼 만한 어떤 소리도 듣지 못했지만 스페인에서 인도로 가던 길에 만난 두 번째 섬, 카리브Carib라고 불리는 그 섬에서만은 예외였습니다. 이 섬에는 이웃 섬사람들에게 매우 흉포하다고 알려진 특정 인종이 살고 있습니다. 이들은 인육을 먹고, 여러 종류의 배를 타고 인도의 섬을 건너다니며 약탈하고 노략질을 합니다. 그러나 여자처럼 머리를 길게 늘어뜨린 것을 제외하고는 다른 이들과 전혀 구분되지 않습니다. 앞서 말한 것처럼 이들은 갈대의 굵은 부분에 뾰족한 촉을 매어 만든 활과 화살을 사용합니다. 이러한 이유로 이들을 흉포하다고 여기며, 다른 인도 사람들도 이들을 끔찍하게 두려워합니다. 그러나 저는 이들이 다른 이들보다 중요하다고 생각하지는 않습니다. 이들은 스페인에서 인도로 가는 길에 처음으로 마주치는 섬 마테우린Mateurin에서 혼자 사는 특정 여성들과 성관계를 가집니다. 이 여성들은 여성으로서 보통 택하는 직업은 갖지 않고 남편들이 사용하는 것과 똑같은, 앞서 말한 활과 화살을 사용하며 주변에 풍부한 자원인 구리로 방패를 만들어 자신을 보호합니다···.

지금까지 언급한 것은 매우 신기하고 들어본 적도 없는 이야기지만, 만약 제게 더 합리적인 수의 배가 있었다면 훨씬 많은 이야기를 들려드릴 수 있었을 것입니다. 하지만 지금까지 우리가 이룬 것은 위대하고 눈부시며, 제 능력이 아니라 성스러운 기독교 신앙에, 그리고 우리 군주의 독실한 신앙심에 의해 성취한 것입니다. 인간의 마음으로는 감히 신께서 인간에게 허락한 영혼을 가늠할 수 없기 때문입니다….

그러므로 왕과 왕비와 왕자, 그들의 가장 복된 왕국, 다른 모든 기독교 지역뿐 아니라 우리 모두는 이렇게 큰 승리와 보상을 우리에게 내려주신 하느님과 구원자 예수그리스도께 감사를 드려야 합니다…. 또한 우리 모두 신앙심의 고양과 현세적 부의 증대에도 기뻐해야 합니다. 이는 스페인뿐 아니라 전 세계 모든 기독교 국가가 함께 나눌 것입니다.

지금까지 성취한 바를 간략하게 알려드렸습니다.

그럼 안녕히 계십시오.

Tourism

여행

안톤 체호프가 아나톨리 코니에게

1890년, 의사이자 유명한 작가인 안톤 체호프Anton Chekhov는 죄수들의 인구 실태 조사를 위해 러시아 극동 지역 사할린의 죄수 유배지로 떠났다. 그는 그곳에서 염세적이고 해학적인 감수성과 법의학적 정밀함으로 인간성을 관찰했고, 편지를 통해 신도 버린 불행한 자들의 고통과 타락 그리고 그의 모험을 기록으로 남겼다.

"사할린의 지옥"에 가기 위해 체호프는 배, 증기선, 기차, 마차를 이용하는데, 가는 길에 극동 지역의 아주 작은 소도시들을 기록으로 남긴다. 출판인 알렉세이 수보린Alexei Suvorin에게 보낸 한 편지에는 블라고베셴스크의 사창가에 갔을 때를 묘사했다. "싸구려 장식품들이 놓인 아시아 스타일의 쾌적한 방이었습니다… 그 일본인 여자아이는 정숙함에 대한 그만의 개념이 있습니다. 그 아이는 불도 끄지 않고, 이런저런 것이 일본어로 무엇이냐고 물으면 아주 노골적인 대답을 합니다. 러시아어를 잘하지 못해 손가락으로 가리키거나 자기 손을 그 위에 올려 알려주기까지 합니다. 게다가 러시아 여자처럼 거만하게 행동하거나 내숭을 떨지 않습니다. 그리고 일하는 내내 웃습니다…. 그 아이는 놀라울 정도로 자기 일에 능숙해서 성관계를 하는 게 아니라 마치 최고 등급 승마 수업에 참여한 것처럼 느껴집니다. 사정하고 나면 그 일본인 여자아이는 자기 소매에서 치아로 천 조각을 꺼내 '그것'을 쥐고 마사지해줍니다…. 이 모든 것이 교태와 웃음, 노래, 일본어와 함께 이루어집니다."

체호프는 아조프해의 항구도시 타간로크에서 태어나 힘든 어린 시절을 견뎌냈지만, 의사 자격을 얻은 후 수보린이 발간하는 신문에 이야기를 쓰기 시작했다. 그는 《벚꽃 동산The Cherry Orchard》과 《바냐 삼촌Uncle Vanya》 같은 희곡을 쓰면서 더 유명해졌는데, 드라마 예술의 핵심을 다음과 같이 묘사하기도 했다. "이야기와 관련 없는 모든 것을 삭제해라. 첫 장에서 벽에 소총이 걸려 있다고 했다면, 두 번째나 세 번째 장에서 반드시 그것을 쏴야 한다. 쏘지 않을 총이라면 거기 걸려 있어선 안 된다." 그는 비혼을 선언하고 특이한 연애 생활을 계속하다 느지막이 결혼했으나 44세의 젊은 나이에 결핵으로 사망했다. 체호프는 "약이 내 아내고 문학은 애인"이라고 즐겨 말했는데, 그의 친구이자 변호사인 아나톨리 코니Anatoly Fyodorovich Koni에게 보낸 이 편지는 그 두 가지를 결합한다. 이것은 그가 쓴 것 중 가장 훌륭한 편지로 손꼽힌다.

아나톨리 표도로비치(코니) 씨에게

제가 다음 주 토요일까지는 페테르부르크를 떠날 생각이 없었기 때문에 당신의 편지에 서둘러 답신하지 않았습니다. 나리시킨Naryshkin 부인을 뵈러 가지 못해 유감스럽습니다만, 제 책이 출간될 때까지 방문을 미루는 게 좋겠다고 생각했습니다. 그때는 제 이야기를 좀 더 자유롭게 펼쳐놓을 수 있을 테니까요. 사할린에서 보낸 과거의 짧은 시간이 제 상상 속에 너무나 크게 자리 잡아 이것에 대해 말하고 싶을 때면 대체 어디서부터 시작해야 할지도 모르겠습니다. 그리고 항상 정작 원하는 말은 하지도 못했다고 느낍니다.

사할린에서 아이와 젊은이들이 처한 상황에 대해 상세히 써 보겠습니다. 정말 이례적이었습니다. 저는 굶주리는 아이들을 보았고, 매춘부가 된 열세 살짜리 소녀들을 보았으며, 아이 엄마가 된 열다섯 살짜리 소녀들을 보았습니다. 그들은 열두 살 때부터, 때로는 생리도 시작하기 전에 매춘으로 생활을 이어가기 시작합니다. 교회와 학교는 서류상으로만 존재할 뿐이고, 아이들은 주변 환경과 죄수들을 보고 배웁니다. 그중 한 사례로 저는 열 살짜리 소년과 나눈 대화를 기록해두었습니다. 어퍼아르무다노 거주지의 실태 조사를 할 때였습니다. 모든 거주자가 한 명도 빠짐없이 가난에 시달리고 있었으며, 그들은 슈토스Shtoss 게임에서 절박한 노름꾼으로 유명했습니다. 저는 한 오두막으로 들어갔는데 안에는 아무도 없었습니다. 집 밖에 놓인 긴 의자에 새치가 나고 어깨가 구부정한 맨발의 소년이 앉아 있었습니다. 뭔가 골똘히 생각하고 있더군요. 저는 소년과 대화를 하기 시작했습니다.

"아빠의 성이 뭐니?"

"몰라요."

"어째서? 아빠와 함께 살면서 이름도 모른다는 거야? 부끄러운 일인걸!"

"제 진짜 아빠가 아니거든요."

"무슨 말이니?"

"엄마랑 같이 사는 남자예요."

"엄마는 결혼하셨니? 아니면 미망인인가?"

"미망인. 엄마는 남편을 따라 여기 왔어요."

"그럼 엄마의 남편은 어떻게 되었는데?"

"엄마가 죽였어요."

"아빠는 기억하니?"

"아뇨. 전 아빠 없이 태어났거든요. 엄마가 카라에 있을 때요."

사할린으로 가는 아무르 증기선에, 아내를 살해한 죄로 발목에 족쇄를 찬 죄수가 있었습니다. 여섯 살 난 딸이 그와 함께 있었지요. 저는 그 죄수가 어디를 갈 때마다 어린 소녀가 족쇄를 들고 바삐 따라다니는 모습을 보았습니다. 밤에 그 아이는 죄수와 군인이 한 무더기로 뒤엉킨 틈에서 함께 잤습니다. 사할린에서 장례식에 갔을 때가 기억납니다. 새로 파놓은 묫자리 옆에 죄수 시체 운반꾼으로 임명된 네 명이 서 있었습니다. 햄릿과 허레이쇼처럼 묘지를 돌아다니던 재무부 직원과 저, 죽은 여자의 하숙인인데 달리 할 일이 없어서 장례식에 왔다는 체르케스 사람, 마지막으로 죽은 여자를 가엾이 여겨 그녀가 남긴 두 아이를 데리고 왔다는 여자 죄수였습니다. 둘 중 하나는 아기고, 하나는 네 살배기 소년 알료시카였는데 여성용 재킷과 밝은 색 천으로 무릎을 덧댄 파란색 반바지를 입고 있었습니다. 춥고 습한 날이었고 못자리에 물이 고여 있었으며 죄수들은 웃고 있었습니다. 묘지에서 바다가 보였습니다. 알료시카는 호기심 어린 눈으로 무덤 속을 들여다보았습니다. 추위 탓에 흐르는 콧물을 닦으려고 했지만 재킷 소매가 너무 길어 뜻대로 되지 않았습니다. 무덤에 흙을 채우기 시작했을 때 저는 알료시카에게 물었습니다. "알료시카, 엄마는 어디 계시니?" 아이는 마치 카드 게임에서 진 신사처럼 손을 내저으며 웃더니 말했습니다. "저 사람들이 묻어버렸어요!"

죄수들은 웃었고, 체르케스 사람은 돌아서더니 자기가 아이들을 어떻게 해야 하느냐고 물었습니다. 아이들을 먹여 살리는 건 자신의 책임이 아니라고 말하면서 말입니다.

사할린에서 감염성 질병은 보지 못했습니다. 선천성 매독은 정말 거의 없었지만, 피부가 발진으로 뒤덮여 지저분한 눈먼 어린 아이들을 보았습니다. 이런 것은 모두 누군가가 아이들을 제대로 돌보지 않았다는 증거입니다. 물론 제가 아이들 문제를 해결하려는 것은 아닙니다. 어떤 조치를 취해야 할지도 모르겠습니다.

귀스타브 플로베르가
루이 부이예에게

성적 모험담을 담은 이 편지는 프랑스 소설가 귀스타브 플로베르Gustave Flaubert가 학교 친구이자 동료 작가인 루이 부이예 Louis Bouilhet에게 쓴 것이다. 1849년부터 1850년까지, 서른 살 즈음의 플로베르는 그리스에서 이스탄불, 베이루트에 이르는 중동 지역을 여행하며 뒷골목과 목욕탕에서 가능한 한 많은 것을 보고 경험한다. 그는 편지에서 종종 "교육적 목적"의 여행이라고 농담하며 소년 소녀와의 만남을 묘사하지만, 나중에 이 위험천만한 모험의 대가를 톡톡히 치렀다. 그는 그곳에서 옮은 전염병으로 평생 고통에 시달렸고, 이로 인해 결혼하거나 아이를 갖지 않겠다고 결심하게 되었다.

돌아오는 길에 플로베르는 걸작으로 길이 남을 작품이자 파멸을 불러올 불륜 사건을 담은 소설 《보바리 부인Madame Bovary》을 쓰기 시작한다. 그는 글을 쓰면서 "가장 적절한 단어"를 찾기 위해 까다로운 완벽주의로 스스로를 혹사시키며 노력했다고 자랑했다. 이것이 자신과 대등한 작가인 발자크나 졸라Émile Zola보다 훨씬 적은 작품을 출간할 수밖에 없는 이유라면서 말이다. 카이로 목욕탕에서 쓰기 시작한 이 편지에서조차 그의 재치는 치밀하다고 할 수 있을 만큼 날카롭다.

··· 동성애자 이야기가 나와서 말인데, 내가 그들에 대해 아는 바는 이것이네. 여기서는 동성애를 받아들이는 편이네. 동성애자는 자신의 성향을 인정하고, 그 주제를 호텔의 저녁 식사 자리에서 다룬다네. 때로 잠깐 부인하는 경우도 있지만, 그러면 모든 이가 그를 놀리고 그는 결국 사실을 인정하지. 이렇게 교육적 목적으로 여행을 하면서, 정부가 맡긴 임무를 수행하면서 우리는 이런 형태의 사정射精을 탐닉해보는 것이 우리 의무라고 생각했네. 아직 그런 상황이 나타나지는 않았지만, 계속 찾아볼 생각이네. 그런 일이 일어나는 장소는 바로 목욕탕이네. 자네가 목욕을 예약하면(5프랑이면 마사지사, 파이프 담배, 커피, 시트와 수건이 포함된다네) 그 방 중 하나에서 자네에게 배당된 사내를 쑤시는 것이지. 좀 더 알려주면, 목욕탕의 마사지사는 모두 동성애자라네. 다른 과정이 끝난 후 마지막에 자네를 주물러주러 오는 마사지사는 보통 꽤 잘생기고 어린 청년이네. 우리는 호텔에서 아주 가까운 시설에 있는 한 청년을 눈여겨보았지. 나도 그 목욕탕에 예약을 했네. 그런데 예약한 날에 가보니 그 악동 같은 녀석이 마침 없다지 뭔가! 나는 햇빛이 돔의 유리 천장을 지나 스러지는 모습을 보며 뜨거

운 방 안에 혼자 있어야 했네. 뜨거운 물이 곳곳에 흐르고, 나는 게으르게 몸을 뻗고 누워 모공이 평온하게 확장되는 것을 느끼며 머릿속에 많은 것을 떠올렸네. 벌거벗은 마사지사들이 마치 무덤에 묻힐 시체를 방부 처리하듯 손님의 몸을 뒤집어가며 마사지하고 서로를 큰 소리로 부르는 동안, 아주 작은 소리조차 포성처럼 울려 퍼지는 어두침침한 방 안에서 길을 잃은 채 혼자 목욕하는 건 상당히 관능적이고 달콤하면서도 쓸쓸했지. 그날(그제인 월요일) 내게 배당된 마사지사는 내 몸을 부드럽게 문지르고 있었는데, 고귀한 부위에 이르자 내 사랑의 방울을 닦으려 들어 올렸네. 그러고는 왼손으로 내 가슴을 계속 문지르며 오른손으로 음경을 잡아당겼네. 그것을 위아래로 당기며 내 어깨 쪽으로 고개를 숙이더니 "팁 주세요, 팁 주세요" 그러지 뭔가. 그는 50대 정도의 품위 없고 역겨운 남자였단 말일세. 그 효과와 "팁 주세요"라는 말을 상상해보게. 나는 그를 살짝 밀치며 "아냐, 아냐lāh, lāh"라고 말했네(그는 내가 화났다고 생각하고는 겁먹은 표정을 지었네). 그러고 나서 그의 어깨를 몇 번 두드리고는 다시 "아냐, 아냐"라고, 이번엔 조금 더 부드럽게 말했네. 그는 '당신은 나를 바보 취급하는 게 아니군요. 다른 사람들처럼 기분이 좋긴 하지만 오늘은 어떤 이유로 더 이상 진행하지 않기로 결정했군요'라는 의미의 미소를 떠었지. 나는 그 지저분한 늙은 남자처럼 소리 내어 웃었고, 목욕탕의 어슴푸레한 방 안에 웃음소리가 울려 퍼졌다네.

War

전쟁

표트르 대제가 예카테리나 1세에게

이 편지는 러시아가 세계의 패권을 쥐는 순간을 담았다. 스탈린부터 푸틴에 이르는 모든 러시아 리더가 원한 그 승리의 순간 말이다. 표트르 대제Pyotr I는 2미터의 거구로, 1707년 당시 최고의 군대를 보유한 스웨덴의 침입을 맞닥뜨린 차르다. 그러나 그는 반격해 새로운 수도(상트페테르부르크)를 건설했으며 새로운 해군과 육군을 창설했다. 마침내 1709년 이날 그는 폴타바에서 스웨덴군을 물리쳤는데, 그 순간을 아내와 나누고 싶어 한다.

그의 아내 또한 특출한 인물이다. 그녀는 세탁부였고 수많은 장군의 정부였으며 심지어 러시아인도 아니었다. 하지만 표트르는 그녀와 사랑에 빠졌고, 그녀의 이름을 예카테리나로 바꾸었으며 마침내 러시아의 황후로 만들어주었다. 두 사람이 주고받은 짓궂은 편지에서 그는 그녀를 "카테리누시카, 내 심장의 친구"라고 부르며 때로는 "당신이 없으니 너무 심심하다"고 덧

붙인다. 다른 여자, 특히 세탁부에 대해 언급하며 서로 놀리기도 한다. 1717년 4월 28일 베르사유를 방문했을 때는 그녀에게 이렇게 썼다. "농담으로 가득한 당신의 편지를 받았소. 아마 당신은 내가 새로운 여자를 찾을 거라고 하겠지만, 나는 너무 늙었다오."

그녀는 5월 25일 여러 남근 이미지와 함께 이런 농담을 담아 답신을 보냈다. "제 생각에 폐하께서는 그 수많은 분수에 시선을 빼앗겨 우리를 잊으신 듯합니다. 새로운 세탁부를 찾으신 것 같은데, 폐하의 오래된 세탁부는 아직 폐하를 잊지 않았답니다."

표트르는 성생활에 대해 그리고 성병으로 자주 찾아오는 고통에 대해 농담하며 이렇게 덧붙였다. "의사들이 가정의 즐거움을 금지했다오. 내 정부를 여기 계속 두면 유혹을 떨쳐버릴 수 없을 것 같아 멀리 보내야 했소." 이에 예카테리나는 이렇게 답한다. "그 여자의 추종자(표트르)의 건강 상태가 그녀와 같아지길 바랄게요!" 그리고 이렇게 덧붙였다. "하지만 우리 집 남자가 여기 있다면 아마 아이를 또 하나 만들 수도 있을 텐데 말이죠." 그들은 함께 열두 명 정도 아이를 낳았지만 그중 아들은 모두 죽었다. 1717년 1월 2일, 그는 새로운 아들의 탄생을 축하한다. "당신이 보낸 기쁜 편지를 받았소. 신께서 우리에게 또 다른 아이를 내려주셨다고 말이오." 그리고 바로 다음 날, 아이가 죽었다는 소식을 듣고 아내를 위로하는 편지를 보낸다. "이전에 알고 있던 것, 기쁨을 슬픔으로 바꿔놓은 예기치 못한 사건에 대한 당신의 편지를 받았소. 오랫동안 고통에 시달릴 그 일에 대해서 말고 내가 어떤 대답을 해줄 수 있겠소. 신께서 아이를 주셨고, 신께서 다시 데려가셨소. 신의 이름에 축복이 있기를. 제발 당신이 이렇게 생각하기를 바라오. 나도 최대한 그렇게 하도록 노력해 보겠소."

그래서 표트르에게 이 배우자는 세계를 바꿀 폴타바 전투의 승리를 함께 나누고 싶은 사람이다. 그는 그녀에게 이렇게 썼다.

마투시카, 좋은 날이오. 자비로 충만하신 신께서 오늘 우리에게 적군에 대한 전례 없는 승리를 내리셨음을 당신에게 알리오! 한마디로 모든 적군이 우리 앞에 무릎을 꿇었소. 곧 이에 대한 소식을 듣게 될 것이오.

표트르

추신. 어서 이리 와서 우리를 축하해주시오!

1805년 12월 3일

나폴레옹이 조제핀에게

이것은 방금 러시아와 오스트리아의 황제를 굴복시키고 유럽의 주인으로 등극한 한 남자가 쓴 편지다. 아우스터리츠 전장에서 나폴레옹은 아내 조제핀에게 짧은 메모를 휘갈겨 쓴다.

스트라스부르에 있는 황후에게

전쟁터에서 당신에게 르브룅Lebrun을 보냈소. 나는 두 황제가 이끄는 러시아와 오스트리아의 군대를 물리쳤다오. 밤이 쌀쌀한데 8일간 내내 야영지에서 잠을 청했더니 아주 조금 피곤하군. 오늘 밤 나는 카우니츠Kaunitz 왕자의 궁전에 묵을 것이오. 여기서 두세 시간쯤 잘 것 같소. 러시아 군대는 단순히 패배한 것이 아니라 완파당했다오.

키스를 보내며
나폴레옹

드와이트 아이젠하워가
모든 연합군에게

1944년 6월 5일, 연합국 파견군의 최고 사령관이자 나중에 미국 대통령이 되는 '아이크Ike' 아이젠하워Dwight D. Eisenhower 장군은 오랫동안 기다려온 오버로드 작전Operation Overlord을 시작하라는 지시를 내린다. 나치가 점령한 프랑스로 침입하는 아주 위험한 작전이었다. 막강한 군대를 이끌고 해협을 가로질러 공격하지만 히틀러의 대서양 방벽Atlantic Wall으로 방어선을 친 해안을 뚫어야 하고 날씨와 바다, 나치 공군을 이겨내야 하기 때문이다. 그날 아이젠하워는 공격 전에 모든 연합군 앞으로 편지 한 장을 쓴다. 그리고 두 번째 편지도 쓰는데, 재앙이 닥칠 경우를 대비해서다. 이 편지에는 7월 5일이라고 날짜가 잘못 기재되어 있다. 다행히도, 두 번째 편지는 영영 보낼 일이 없었다. 그날의 작전은 성공적이었다. 이것이 바로 그 첫 번째 편지다.

제군은 지금 위대한 십자군 전쟁을 앞두고 있다. 우리는 수개월 동안 이 전쟁을 위해 힘써왔다. 전 세계가 제군을 지켜보고 있다…. 우리는 완전한 승리 외에는 그 무엇도 받아들이지 않을 것이다! 행운을 빈다!

그리고 이것이 보내지 않은 두 번째 편지다.

7월 5일

세르부르-아브르 상륙이 우리에게 만족스러운 발판을 마련해주지 못해 철군을 명했다. 지금 여기서 공격을 개시한다는 나의 결정은 수중의 정보를 바탕으로 내린 최선의 판단이었다. 육군, 공군, 해군 모두 그들이 짊어진 의무에 최고의 용기와 헌신을 보여주었다. 이 시도와 관련한 어떤 비난이나 책임 추궁도 오로지 나 혼자 감당해야 할 몫이다.

올덴부르크 공작 부인 예카테리나가
알렉산드르 1세에게

1812년 여름, 프랑스 황제 나폴레옹이 러시아를 침략했다. 그해 9월 나폴레옹은 옛 수도 모스크바를 정복했고, 이 도시는 잿더미가 되었다. 당시 차르인 알렉산드르 1세와 러시아 국민에게는 충격적 사건이자 굴욕이었다. 이 재앙의 순간에 알렉산드르는 누구도 믿지 않았고, 생명의 위협을 느끼는 정도는 아니라도 자신의 평판이 위험에 빠졌다는 사실은 알고 있었다. 그는 어떤 수단을 써서라도 저항하겠다는 결정에, 심지어 그가 카잔이라는 도시까지 후퇴해야 했음에도, 누구보다 사랑하는 사람의 응원을 받았다. 바로 강인하고 두려움 없는 여동생 예카테리나, 카티슈였다. 이 편지는 짧은 만큼 강렬하다.

모스크바를 빼앗겼어요. 이해할 수 없는 일들이 일어나네요. 오빠의 결심을 잊지 마세요. "평화는 없다." 그리고 오빠의 명예를 되찾겠다는 희망도 잃지 마세요. 슬픔에 빠져 있다면, 당장 오빠에게 날아가 어떤 도움이라도 된다면 기뻐할 친구들이 있다는 사실을 기억하세요. 그들에게 명령만 하세요.

사랑하는 친구여, 평화는 없습니다. 또한 카잔에 도착하더라도, 평화는 없습니다!

펠리페 2세가
메디나시도니아 공작에게

이것은 내키지 않는 일을 하도록 신하를 격려하는 왕의 편지다. 그는 이제 힘들기만 하고 보상은 받지 못하는 엄청난 규모의 일을 수행해야 한다.

스페인의 펠리페 2세Felipe II는 당시 유럽에서 가장 강력한 왕이었으며 해가 지지 않는 제국의 군주였다. 하지만 잉글랜드의 엘리자베스 여왕이 그를 거역했다. 처음에 펠리페는 그녀에게 결혼을 제안했고, 그다음에는 그녀의 암살을 지시했으며, 마지막으로 그의 거대한 사업을 성사시켰다. 바로 "위대하고 가장 축복받은 해군Grande y Felicísima Armada(스페인의 무적함대)"을 동원해 130대의 함선에 2만 7,000명을 싣고 중간에 스페인령 네덜란드에서 병력 3만 명을 추가로 태워 잉글랜드를 침략하는 것이다. 펠리페는 경험 많은 장군인 산타크루스 후작에게 명령을 내렸으나, 함대가 출항하기 전 그가 사망하는 바람에 메디나시도니아 공작에게 그 자리를 대신하라고 지시한다. 해군도 아닌 공작은 이 계획에 오류가 많다는 것을 알고 발을 빼려 한다. "폐하, 우리가 매우 약하다는 점을 다시 한번 말씀드리고 싶습니다…. 어떻게 지금 우리가 가진 병력으로 잉글랜드처럼 강력한 국가를 공격할 수 있다고 생각하십니까."

이것이 그에 대한 펠리페의 답신이다. 무적함대는 1588년 5월 28일 출항했고, 그 결과는 참혹했다.

공작이자 나의 사촌이여,

경이 6월 24일 쓴 편지를 받았소. 내가 경에 대해 아는 바에 따르면, 경이 이 문제로 내 주의를 끈 이유는 오직 나를 섬기고자 하는 경의 열정과 경이 지휘하는 일이 성공했으면 하는 열망 때문일 것이오.

촌각을 다투는 사안이니 경에게는 다른 사람보다 더 솔직하게 말하겠소…. 만약 부당한 전쟁이 발발한다면 나는 응당 그 폭풍을 신께서 당신을 더 이상 언짢게 하지 말라고 말씀하시는 징표로 받아들일 것이오. 그러나 이 전쟁이 정당한 만큼, 나는 신께서 군대를 해산하실 거라고 믿지 않으며 오히려 우리가 바라는 것보다 더 큰 호의를 내려주실 것이라 믿소…. 나는 이 사업을 신께 바쳤소…. 마음을 굳건히 하고, 경의 소임을 다하기 바라오.

펠리페

하룬 알라시드가 니키포로스 1세에게

하룬 알라시드Hārūn al-Rashīd는 바그다드에서 광대한 이슬람 제국을 통치한 다섯 번째이자 가장 유명한 아바스Abbās 왕조 칼리프Caliph(공식 명칭은 아미르 알무미닌Amīr al-Mu'minīn 또는 대교주Commander of the Faithful)다. 《천일야화The Thousand and One Nights》에 나오는 칼리프이기도 하다. 비잔틴 황제 니키포로스 1세Nikephoros I가 공물을 바치지 않겠다고 저항하자 그는 전쟁을 약속하는 간결한 답변을 보낸다.

신의 이름으로, 자비롭고 연민 어린 대교주 하룬이 비잔틴의 개 니키포로스에게, 오, 이교도 여인의 자식이여, 그대의 편지는 잘 읽었소. 그리고 그대는 그에 대한 내 답변을 들을 필요도 없이 곧 보게 될 것이오. 그럼 안녕히!

라스푸틴이 니콜라이 2세에게

이것은 소작농이 차르에게 쓴 가장 거침없는 편지일 것이다. 1914년 7월, 유럽은 전쟁을 향해 가고 있었다. 차르 니콜라이 2세는 전쟁이 내키지 않았으나 러시아가 갈등을 피하지 못하고 위대한 권력을 잃게 될까 봐 두려웠다. 아내 알렉산드라가 함께 있었지만, 그는 아내가 과잉 반응을 보일지도 모른다는 걱정에 그녀를 논의에서 제외했다. 이들 부부의 신성한 조언자, 소작농 라스푸틴은 암살 미수 사건을 겪고 회복되어 수도에서 멀리 떨어져 있었다. 그러나 알렉산드라는 전쟁이 임박했음을 알아채고 라스푸틴에게 차르를 설득해달라고 애걸하는 전보를 보낸다. 이것은 라스푸틴이 보낸 전보로, 러시아가 전쟁을 치른다면 재앙이 닥칠 것이라고 경고한다. 니콜라이는 라스푸틴의 주제넘은 충고에 분노했다. 결국 라스푸틴이 옳았지만 말이다. 니콜라이는 1918년 암살될 때까지 이 편지를 보관했다.

나의 친구에게

러시아에 위협적인 구름이, 많은 슬픔과 걱정이 드리웠음을, 한 줄기 희망도 없이 깜깜하기만 하다는 사실을 다시 말씀드리겠습니다. 헤아릴 수 없는 눈물이 바다를 이루고, 핏물에 대해서는 말할 필요도 없겠지요. 제가 무슨 말을 하겠습니까. 형언할 수 없는 공포만이 가득합니다. 모두가 당신께 전쟁을 원한다는 것을 알고 있습니다. 그것이 곧 파멸을 의미한다는 걸 분명히 깨닫지 못한 채로 말입니다. 신께서 내리시는 벌은 이성을 앗아가실 때 가혹합니다. 종말의 시작이지요. 당신께서는 국민의 아버지 차르이니 광인들이 승리하고 그들 자신과 국민을 파멸로 이끌도록 내버려두지 마십시오. 그렇습니다. 그들은 독일을 점령하겠지만, 러시아는 어떻게 되겠습니까? 나중에 누군가는 러시아처럼 사람들이 고통받고 자신의 피에 잠겨 죽은 나라는 결코 없다고 생각할 것입니다. 위대한 것들이 파괴되고, 슬픔이 끝없이 이어질 것입니다.

그리고리

Blood

피

기원전 1070년경

피앙크가 노지메트에게

이 편지는 살해를 지시한다. 테베의 군인이자 독재자 피앙크Piankh는 그의 아내 노지메트Nodjmet와 함께 통치했다. 국가적 살해의 초기 사례로, 피앙크는 반역을 꾀한 누비아를 진압하기 위해 떠나며 아내 노지메트에게 모든 책임을 맡겼다. 그런데 그녀가 자국에서 반역의 냄새를 맡고, 남편에게 조언을 구한다. 피앙크의 답변은 분명하고 싸늘했다. "그들을 없애버리시오!"

그 정찰병 두 명을 집으로 데려와 즉시 그들이 한 말의 의미를 낱낱이 고백하게 하시오. 그리고 그들을 죽여 밤중에 물속으로 던져버리시오.

블라디미르 레닌이
펜자의 볼셰비키에게

소비에트연방 사람들이 결코 보지 못한 진짜 블라디미르 레닌Vladimir Lenin의 모습을 보여주는 편지를 소개한다.

레닌은 1917년 10월 권력을 쥔 볼셰비키Bolsheviks of Penza를 이끌면서 소비에트연방 수상이 되었다. 통치하는 동안 그리고 죽고 나서 그는 선전을 통해 할아버지처럼 점잖은 원로로 승격되었는데, 그의 시신은 보존되어 성인처럼 영묘에 안치되었다. 반면 레닌은 자신의 잔혹함을 자랑스러워했다. 종종 이렇게 말하기도 했다. "총질하는 소대 없는 혁명은 의미가 없다." 스탈린이 사람들을 죽였다고 들었을 때는 이렇게 말했다. "우리에게 필요한 게 바로 그런 것이지." 레닌은 권력을 쥐자마자 사람들이 자신을 더 두려워하도록 무자비한 비밀경찰 체카Cheka를 신설했다. 그리고 그의 정권이 내전에서 이기기 위해 분투할 때, 무차별 학살을 지시하는 편지를 보낸다. 이 편지는 1991년 소비에트연방이 무너지고 나서야 세상에 공개되었다. 레닌의 시신은 붉은 광장에서 아직도 대중에게 공개되어 있다.

동료들이여! 다섯 부농 지역의 반란 사태는 가차 없이 진압해야 하오. 완전한 혁명을 도모하기 위해서는 필수인데, 왜냐하면 지금 부농들과의 '마지막 결정적 전투'가 곳곳에서 진행 중이기 때문이오. 반드시 본보기를 보여줘야 하오.

1. 부농, 부자, 착취자로 알려진 이들 중 최소 백 명을 교수형에 처하시오(그리고 누구나 볼 수 있는 곳에서 형을 집행하시오).
2. 그들의 이름을 공개적으로 써 붙이시오.
3. 그들의 곡물을 한 톨도 남김없이 압수하시오.
4. 어제 보낸 전보에 따라 인질을 지정하시오.

수백 킬로미터 반경 안에 사는 사람들이 보고, 두려움에 떨고, 알고, 비명을 지르도록 이행하시오. 그들이 사람들을 착취하는 부농들의 목을 조르고 있으며 이후 교살할 것이오.
수신과 이행의 증거를 전보로 보내시오.

친애하는 레닌

진짜 냉정한 이들을 찾으시오.

이오시프 스탈린이
클리멘트 보로실로프에게

1937년 2월, 스탈린은 공산당 동료들을 주로 겨냥한 대공포 시대를 열었다. 결국 거의 백만 명의 무고한 사람이 총살당했고 수백만 명이 수감되었다. 체포와 처형의 수위가 높아질수록 스탈린은 대중 앞에서 교묘히 책임을 회피했지만 뒤에서는 그 모든 상세한 사항을 지시했고, 그가 심복들에게 학살을 격려한 많은 편지가 살아남았다. 그는 한 수감자를 고문하던 중 이렇게 썼다. "이 신사를 쥐어짜 그 더러운 일에 대해 자백하도록 강요해야 할 때가 아닌가." 믿을 수 있는 조수에게 이런 위압적인 편지를 보내기도 했다. "말렌코프Georgii Malenkov 동지, 모스크빈Maxim Moskvin을 반드시 체포하시오. J.St." 암살자들이 지쳤을 때에도 계속하라고 다그쳤다. "이빨이 날카로워질수록 좋소. J.St."

그는 동료들에게 고문을 통해 얻어낸 자백을 들이대며 체포된 이들이 유죄라고 확신시켰다. 또한 이러한 증언에 이 편지를 동봉해 심복 클리멘트 보로실로프Kliment Voroshilov에게 보냈다.

클림에게

자백서를 읽어보았소? 트로츠키를 따르는 이 부르주아 개들을 어떻게 생각하시오? 그들은 정치국 회원들을 싹 쓸어버리고 싶어 했소…. 이상하지 않소? 인간이 도대체 어디까지 비참하게 추락할 수 있는 건지.

J.St.

마오쩌둥이
칭화 대학교 부속중학교 홍위병에게

이 편지는 문화혁명의 혼란과 잔인함을 불러온다. 1949년 권력을 잡은 이후 마오쩌둥毛澤東은 이미 "계급의 적" 수백만 명을 총살과 기근으로 죽였다. 그런데 이제 아내 장칭江靑과 국방부 장관 린뱌오林彪 같은 심복의 지지를 받아 은밀히 운동을 지휘하며, 그는 힘이 과도해진 같은 편 관료들에게 총구를 돌렸다. 자신의 권력을 제한하려 했기 때문이다. 마오쩌둥의 무기는 젊은 학생 급진주의자와 홍위병 폭력배였는데, 폭동 또는 그의 말로 "본부 폭격"을 선동함으로써 라이벌을 파멸시키는 데 이들을 이용했다.

이 편지는 공적으로 홍위병에 대한 지지를 표명한다. "반동분자들에게 맞서 혁명을 일으키는 것이 옳다." 마오쩌둥은 "실수를 지적한 후에" 희생자들이 "새 사람이 될 수 있는 기회"를 주어야 한다고 말한다. 이 모호한 말에는 불길함이 깃들어 있다. 수

많은 사람이 한적한 시골 어딘가에서 고문당하거나, 죽거나, '재교육'을 당했다는 뜻이기 때문이다.

홍위병 동지들에게

7월 28일에 보낸 대자보뿐 아니라 내게 답변을 요청하는 편지도 받아 보았소. 대자보는 노동자, 농부, 혁명적 지성, 혁명 정당과 집단 등을 착취하고 억압하는 모든 지주, 부르주아, 제국주의자, 수정주의자 그리고 그 추종자를 향한 동지들의 분노와 격렬한 비판을 표현한 것임을 확인했소. 동지들은 반동분자들에게 맞서 혁명을 일으키는 것이 옳다고 했는데 나도 그 말을 열렬히 지지하오…. 내가 말하고 싶은 것은 나 자신뿐 아니라 나의 혁명 전우들도 모두 같은 태도를 취한다는 점이오. 그들이 어디에 있든, 베이징에 있든, 중국 어딘가에 있든 나는 이 문화혁명 운동에서 동지들과 같은 태도를 취하는 모든 이에게 열렬한 지지를 보낼 것이오. 하나 더 말하면, 우리는 동지들을 지지하는 동시에, 통합할 수 있는 모든 이를 통합하는 데 주의를 기울여줄 것을 부탁하오. 심각한 실수를 저지른 이들에 대해서는, 그 실수를 지적한 후에 그들에게 일거리를 줌으로써 어려움에서 벗어날 수 있는 길을 제공하고, 실수를 바로잡고 새 사람이 될 수 있는 기회를 주어야 하오. 마르크스는 이렇게 말했소. "프롤레타리아는 반드시 자기 자신뿐 아니라 모든 인류를 해방해야 한다. 만약 모든 인류를 해방하지 못한다면 그때는 프롤레타리아 자신도 최종 해방을 이룰 수 없을 것이다." 동지들, 부디 이 진실에 귀 기울이기 바라오.

중국은 전능해지는 마오 주석과 함께 국가가 공인한 4년의 무정부 상태로 서서히 빠져들었다. 그는 린뱌오를 선택받은 자신의 후계자로 승진시켰으나 이후 부사령관에게 관심을 보이기 시작했다. 린 장군은 마오의 암살을 계획한 후 러시아로 도주하려다 비행기가 추락하는 바람에 1971년 9월 13일 죽고 말았다. 뒤이어 적을 색출하는 과정에서, 마오는 중앙경위국 부국장 장야오츠張耀祠에게 살아남는 법에 대해 조언하는 짧은 메모를 썼다. 오페라나 영화를 언급한 부분을 보면, 마오가 예술을 통제하던 급진주의자 아내 장칭에 대한 지지를 거둬들이고 있음을, 또한 문화혁명을 끝내려 하고 있음을 알 수 있다. 이 편지는 당사자의 말을 통해, 20세기가 낳은 괴물의 궁정을 편집증과 공포가 뒤덮은 암울한 상황을 보여준다.

1. 관계를 구축하지 마시오.
2. 사람들을 방문하지 마시오.
3. 저녁을 대접하거나 선물을 사주지 마시오.
4. 사람들을 오페라나 영화에 초대하지 마시오.
5. 사람들과 함께 사진을 찍지 마시오.

요시프 브로즈 티토가 이오시프 스탈린에게

이것은 현대에 들어 가장 무서운 지도자를 공포에 떨게 한 편지다. 공산주의 동맹인 소비에트연방과 유고슬라비아 사이에 분열의 골이 깊어지며 소비에트연방의 지도자 스탈린은 더 작은 나라가 자신의 권력에 굴복할 것이라고 예상한다. 그러나 유고 슬라비아 대통령 티토Josip Broz Tito는 스탈린을 거역해 그의 분노를 산다. 스탈린은 티토를 살해하기 위해 암살자를 보내지만 번 번이 실패했다. 마침내 이 유고슬라비아인이 편지를 보내는데, 스탈린은 이 편지를 그의 사후 발견된 개인 금고에 다른 특별한 편지와 함께 보관한 것으로 추정된다. 이 편지는 효과가 있었다. 스탈린은 더 이상 암살자를 보내지 않았다.

더는 내게 암살자를 보내지 마시오! 이미 다섯을 붙잡았는데 하나는 폭탄을, 다른 하나는 소총을 들고 있더군…. 만약 암살자를 계속 보낸다면 나도 아주 손이 빠른 한 명을 모스크바로 보낼 것이오. 그리고 확실히 말하지만, 나는 다음 사람을 보낼 필요가 없을 것이오.

Destruction

파괴

테오발트 폰 베트만홀베크가
하인리히 폰 치르슈키에게

이 편지는 제1차 세계대전의 학살에 불을 붙였다. 황실과 궁정이 지배하던 시대에 예의 바른 말투로 쓴 이 편지를 읽다 보면, 고삐 풀린 살인 기계를 찾아내긴 쉽지 않다. 독일은 비난받아 마땅하지만 오스트리아, 세르비아, 러시아에도 그 책임이 있다. 1914년 6월 28일, 세르비아 정부의 비밀스러운 사주로 세르비아 테러리스트들이 오스트리아·헝가리제국의 왕좌를 이어받을 프란츠 페르디난트Franz Ferdinand 대공을 암살했다. 이에 대한 보복으로 오스트리아는 세르비아를 무너뜨리고 싶었지만, 세르비아 뒤에는 러시아가 있고 러시아 뒤에는 프랑스가 있었다. 그리고 두 국가의 뒤에는 영국이 있었다. 오스트리아와 독일 출신의 여러 유력자는 전쟁이 러시아를 무찌를 최고의 기회를 가져다줄 것이라고 믿었지만, 오스트리아는 더 강력한 동맹국인 독일의 지지 없이는 그런 위험을 무릅쓸 수 없었다. 빈 주재 독일 대사

하인리히 폰 치르슈키Heinrich von Tschirschky를 통해 이 편지를 전달받기로 되어 있던 오스트리아 외무부 장관 베르히톨트Leopold Berchtold는 세르비아를 꼭 파멸해야 한다는 데에 주군인 프란츠 요제프Franz Josef 황제와 뜻을 같이했다.

7월 5일, 베르히톨트는 독일의 지원을 얻기 위해 알렉산더 폰 호요스Alexander von Hoyos를 베를린에 보냈다. 오스트리아 대사는 독일 황제 빌헬름 2세Wilhelm II와 점심 식사를 하며 "가여운 내 조카가 받은 공격"은 "단순히 사라예보에서 한 사람이 피 흘린 사건이 아니라 그 실타래가 베오그라드로 이어지는 잘 조직된 음모"라고 주장하는 프란츠 요제프 황제의 편지를 전달한다. 독일 황제는 설사 러시아가 끼어든다고 해도 "충실한 지원"을 약속하는데, 이 편지에서 수상 베트만홀베크Theobald von Bethmann-Hollweg가 그 약속을 확인해준다. 편지 앞부분에선 (독일 황제와 가까운 친척 관계인 왕이 통치하는) 루마니아에서 멀어지고자 하는 오스트리아의 바람을 언급하지만, 흔히 백지수표라 불리는 마지막 세 줄이 결정적이다. 독일은 세르비아를 보호하겠다는 러시아의 결의, 러시아를 지원하겠다는 프랑스와 영국의 결의, 마지막으로 동맹국 프랑스와 러시아를 지원하겠다는 영국의 결의를 대단히 과소평가했다. 독일이 자신의 중대한 오판을 깨닫기 시작했을 때는 이미 늦었다. 7월 28일에 시작된 이 전쟁은 1,600만여 명을 죽음으로 내몬다.

〈극비〉 각하를 위한 첩보 및 지침

1914년 7월 6일, 베를린

어제 오스트리아·헝가리제국의 대사가 프란츠 요제프 황제의 비밀 친서를 황제께 전했습니다. 오스트리아·헝가리제국의 입장에서 현재 상황을 묘사하고 빈에서 고안한 방책을 설명하는 편지였습니다….

저는 오늘 폐하를 대변하여, 폐하께서 프란츠 요제프 황제의 친서에 사의를 표하며 곧 개인적으로 회신하실 것이라는 답변을 쇠제니László Szőgyény-Marich 백작에게 전했습니다.

한편 폐하께서는 오스트리아·헝가리제국뿐 아니라 러시아와 세르비아의 범슬라브주의로 인한 삼국 동맹까지 위협받는 위험에 눈감고 있지 않음을 말씀하고 싶어 하십니다.

비록 폐하께서 불가리아와 그 통치자를 전폭적으로 신뢰하시지는 않는다고 알려져 있지만, 그리고 자연스럽게 더 오래된 우리 동맹국인 루마니아와 호엔촐레른 왕자에게 마음이 기우시지만, 그래도 폐하께서는 다뉴브 왕가를 직접적으로 겨냥한 루마니아의 태도와 새로운 발칸 동맹의 위험을 고려할 때 프란츠 요제프 황제가 불가리아와 삼국 동맹 사이의 이해관계를 강화하고 싶어 한다는 사실을 잘 알고 계십니다. (…) 나아가 폐하께서는 프란츠 요제프 황제의 바람에 따라 동맹국으로서 의무를 다하도록, 세르비아를 포기하도록, 오스트리아·헝가리제국에 대항하여 벌어진 루마니아 소요 사태를 진압하도록 카롤 1세Carol I에게 영향을 미치기 위해 부쿠레슈티에서 노력을 기울이실 것입니다.

마지막으로, 폐하께서는 당연히 세르비아에 대해서만큼은 지금 오스트리아·헝가리제국과 그 나라 사이에 벌어지는 분쟁에 개입하실 수 없습니다. 폐하의 권한 밖 문제이기 때문입니다.

그러나 프란츠 요제프 황제는 폐하께서 동맹과 오래된 우호국의 의무에 따라 충실히 오스트리아·헝가리제국을 지원하실 것임을 확신하셔도 됩니다.

베트만홀베크

해리 트루먼이 어브 컵치넷에게

해리 트루먼Harry Truman 대통령은 일본과의 종전을 앞당기
기 위해 미국의 새로운 핵폭탄 사용을 명령했다. 1945년 8월 6일
과 9일, 원자폭탄이 히로시마에 이어 나가사키에 떨어지면서(이
로 인해 수많은 생명이 희생되었다) 일본이 화평을 요청하도록 강제
하는 데 성공했다. 이 원자폭탄은 새롭고 무시무시한 핵 확산 시
대의 시작을 알렸고, 21세기에 파키스탄과 북한처럼 불안정한
국가가 핵무기 보유국이 되면서 상황은 더욱 심각해졌다. 이렇
게 핵 종말론의 공포가 생생하게 다가온 적은 없다. 이런 점에서
은퇴한 대통령이 쓴 이 편지는 매우 의미 있게 느껴진다. 당시
은퇴 후 미주리주에 살고 있던 79세의 트루먼은 〈시카고 선타임
스Chicago Sun-Times〉에 자신의 행동을 지지하는 칼럼을 쓴 칼럼니
스트 어브 '컵' 컵치넷Irv Kupcinet에게 편지를 띄운다. 이 편지는 간
단명료하게 '팩트'만 담았는데, 마치 예전에 남성복점을 운영하

던 사람처럼 솔직담백한 태도를 보여준다. 그는 대통령일 때 다음과 같은 문구를 항상 책상 위에 올려두곤 했다. "모든 책임은 내가 진다The buck stops here."

컵 씨에게
지난번 사본을 보내준 7월 30일 자 칼럼은 잘 보았습니다. 감사합니다.

나는 폭탄 투하를 다룬 기사에 대해서는 언급하지 않으려 조심하는 편입니다. 왜냐하면 폭탄 투하에 대해서는 완벽하게 모든 것을 내 자서전에 설명했기 때문입니다. 그것은 미국 측에서 싸우는 12만 5,000명의 젊은이와 일본 측에서 싸우는 12만 5,000명을 죽음에서 구하기 위해 행한 일이고 실제로 그런 결과를 낳았습니다. 아마 양측의 500만 명에 이르는 젊은이가 평생 불구가 되는 일도 막았을 것입니다.

당신도 칼럼에 썼듯, 사람들은 진주만 폭격이 우리가 일본과 평화로웠고 그들과 조약을 협상하려 최선을 다하던 시기에 이루어졌음을 잊어버린다는 사실을 언제나 기억해야 합니다. 당신이 해야 할 일은 나가서 진주만에 있는 전함들의 용골에 서서, 자신의 삶을 구하기 위한 어떤 기회도 얻지 못한 3,000명의 젊은이와 함께하는 것뿐입니다. 진주만에 가라앉은 두세 척의 다른 전함에 대한 얘기도 진실입니다. 모두 모아 3,000명에서 6,000명의 젊은이가 어떠한 전쟁 선언도 없이 그때 죽음을 맞았습니다. 그저 살인에 불과했지요.

만약 폭탄을 투하하지 않았다면 양측에서 500만 명의 젊은이를 잃었을 그 전쟁을 멈출 때, 나는 내가 하는 일을 정확히 알고 있었습니다. 그 일을 후회하지도 않을뿐더러 같은 상황에 처한다면 다시 그렇게 할 것입니다. 그리고 이 편지는 기밀에 부치지 않아도 됩니다.

당신의 친구
해리 트루먼

Disaster

재앙

소플리니우스가 타키투스에게

79년 8월 24일, 베수비오 화산이 폭발해 폼페이와 헤르쿨라네움 등 가까운 도시를 완전히 잿더미로 만들었다. 변호사이자 작가인 소플리니우스Plinius the Younger는 삼촌 대플리니우스Plinius the Elder의 죽음을 낳은 그 폭발 당시 열여덟 살이었다. 소플리니우스와 그의 어머니는 간신히 탈출에 성공했다. 약 25년이 지난 후, 플리니우스의 친구인 역사가 타키투스Tacitus가 그날의 사건에 대해 상세히 알려달라고 부탁한다. 플리니우스가 쓴 이 편지는 르포르타주의 걸작이다.

자네는 내게 삼촌의 죽음에 대해 편지로 알려달라고 부탁했지. 그날의 정확한 이야기를 후대에 전할 수 있을지 모른다면서 말이야. 정말 고맙네. 자네가 맡아 써준다면 삼촌의 명성은 불멸로 남을 걸세. 비록 이 땅에서 가장 아름다운 몇몇 지역을 초토화해버린 재앙으로 돌아가셨지만, 잊지 못할 그 재앙에 함께 스러져 간 사람들과 도시들처럼 영원한 기억으로 남으셨지만, 영구한 가치를 지닌 많은 작품을 쓰셨지만, 그럼에도 불구하고 자네가 쓴 글이 보장할 불멸의 명성은 삼촌에게 더 긴 삶을 선사할 수 있을 거네. 내 입장에서 보면, 나는 역사가가 기록할 만한 일을 행할 능력이 있거나 사람들에게 읽힐 만한 역사를 쓸 능력이 있는 사람들은 신께 큰 사랑을 받았다고 생각하네. 그런데 그 두 가지 일을 모두 할 수 있는 사람이 있다면 그들은 더 특별한 사랑을 받은 것이겠지. 삼촌이 직접 쓰신 작품들과 더불어 이제 자네의 글 덕분에 내가 삼촌을 후자로 분류할 수 있을지도 모르겠네. 하여 더더욱 자네의 부탁을 따를 준비가 되어 있네. 아니, 심지어 내가 그 부탁을 행하도록 허락해달라고 애걸할 준비까지 되어 있네.

삼촌은 전권을 부여받아 현역으로 함대를 지휘하느라 미세눔에 주둔 중이셨네. 8월 24일 7시경 어머니에게 범상치 않은 크기와 모양의 구름이 나타났다는 이야기를 들으셨지. 삼촌은 그때 햇볕을 쬐러 나갔다가 찬물로 샤워하고 가벼운 식사를 한 뒤 누워서 독서를 하고 계셨네. 그러다 사람을 불러 샌들을 가져오게 하고는 그 신기한 현상이 잘 보이는 곳으로 올라가셨지. 멀리 떨어져 그 구름을 보는 사람들은 그것이 어느 산에서 올라오는지 알 수 없었는데(나중에 베수비오 화산이었다고 밝혀졌지), 그 구름은 형태가 마치 소나무를 보는 듯했네. 나무의 몸통에 비견할 만한 부분은 아주 길고 높게 뻗어 있고 이후 수많은 가지로 뻗어나갔네. 그렇게 보인 이유는, 내 생각에 증기가 막 배출되었을 때는 구름이 위쪽으로 생성되지만 점차 쇠약해지면 움직임을 잃거나 심지어 제 무게에 의해 소멸되어 옆으로 퍼져버리기 때문이네. 그 구름은 솟구친 흙과 재의 양에 따라 때로는 희게 보였다가 때로는 더럽고 얼룩진 것처럼 보이기도 했네.

삼촌만큼 학식이 높은 사람에게 그 현상은 아주 중요해서, 더 가까이에서 볼 필요가 있었다네. 삼촌은 리부르니아 갤리선에 출항 준비를 명하고 내게도 원한다면 데려가겠다고 하셨지만 나는 그냥 공부나 하겠다고 답했지. 공교롭게도 삼촌이 글쓰기 숙제를 내주셨거든. 타스쿠스Tascus의 부인 렉티나Rectina가 보낸 서신이 도착했을 때 삼촌은 막 집을 나서던 참이었네. 렉티나의 집이 산 바로 밑에 있고 배로 탈출할 방법이 없었기에, 다가오는 위험에 잔뜩 겁을 먹고 삼촌에게 도움을 청하는 편지였네. 그래서 삼촌은 계획을 변경했고, 학문적 탐구로 시작한 그 임무를 대단히 용기 있게 수행하셨네.

아름다운 경치 때문에 해안을 따라 살고 있는 사람이 매우 많았기에, 삼촌은 렉티나뿐 아니라 다른 많은 이를 구조하겠다는 희망을 안은 채 갤리선을 띄우고 직접 배에 오르셨네. 그래서 다른 사람들이 도망쳐 나오는 그곳, 위험의 한복판으로 직행하는 경로를 택하고는 키를 단단히 잡고 길을 재촉하셨지. 불길한 움직임이 나타나고 그 모습이 시시각각 변해도 전혀 두려워하지 않으셨네. 오히려 그런 움직임이 눈에 띄자마자 비서에게 불러주며 받아쓰게 하셨지. 이미 배 위로 재가 떨어지기 시작한 상황이었고, 더 가까이 다가갈수록 불길의 열기에 새까맣게 타고 갈라진

부석과 검은 부싯돌이 섞여 더 뜨겁고 굵은 재가 쏟아졌네. 갑자기 수심이 얕아지고 해안으로 산에서 잔해가 떨어져 일행의 길을 막아섰네. 삼촌은 돌아가야 할지 잠시 망설였는데, 그때 키잡이가 돌아가야 한다고 경고하자 이렇게 외치셨네. "행운은 용기 있는 자의 편이오. 폼포니아누스Pomponianus를 구하러 갑시다." 폼포니아누스는 스타비아에 살고 있었는데, 넓은 만에 갇힌 상황이었지. 그곳의 완만하고 굴곡진 해안에 거친 파도가 몰아치고 있었기 때문이네.

아직 그 위험이 코앞에 닥치지는 않았지만 눈에 명확히 보일 정도인 데다 가까워질수록 빠르게 움직였으므로, 폼포니아누스는 달아나기로 마음먹고 모든 짐을 배에 실은 채 해안 쪽으로 부는 바람이 멈추기를 기다리고 있었네. 삼촌은 순풍을 등에 지고 배를 몰아 공포에 질린 폼포니아누스를 품에 안고 안심시키는 동시에 기운을 북돋아주셨네. 그러고 나서 평정심을 잃지 않은 모습을 보여주어 친구의 두려움을 잠재우기 위해 노예들에게 자신을 욕실로 데려가라고 명령하셨네. 목욕을 하고 나서는 최고의 상태로, 혹은 그들이 마주한 현실에 비해 놀라울 정도로 괜찮아 보이는 상태로 저녁을 드셨네.

그동안 커다란 불덩이가 베수비오 화산의 수많은 구멍에서 허공으로 높이 솟아 하늘을 밝혔고, 그 이글이글 눈부신 빛이 밤하늘의 어둠 때문에 훨씬 두드러졌네. 삼촌은 사람들의 공포를 가라앉히기 위해 겁에 질린 시골 사람들이 불도 끄지 않은 채 달아났고, 그들이 본 큰불은 그 빈집에서 일어난 것이라고 계속 말씀하셨네. 그러고 나서 삼촌은 쉬러 가셨지. 삼촌은 육중한 체구로 인해 숨소리가 거칠고 큰 편인데, 방문 앞에 대기하고 있던 이들이 그 소리를 들었다는 것으로 미루어 아주 깊은 단잠을 즐기신 듯하네. 그러나 그때쯤 삼촌이 쉬고 있는 방으로 이어지는 안뜰은 이미 재와 부석으로 뒤덮여, 만약 조금만 더 방 안에서 지체했다면 탈출할 방법이 없었을 거네. 삼촌은 밖으로 나와, 보초를 서던 폼포니아누스를 비롯해 남아 있던 사람들과 합류하셨지. 그들은 실내에 계속 있어야 할지 아니면 밖으로 나가야 할지 의견을 나누었네. 건물이 강력한 지진의 충격으로 계속 흔들리기 시작했고, 마치 지반에서 뜯겨 나오기라도 한 듯 이리저리 휘청대는 것 같았기 때문이네. 다시 밖으로 나가는 것은 부석 때문에 위험했지. 비록 그것이 가볍고 거의 탄 상태이긴 했지만 말이야. 두 가지 위험을 저울질해본 후 후자를 선택했네. 삼촌은 이성에 따른 결정으로 감정보다는 이성이 우세했지만, 다른 사람들은 두려움에 쫓긴 선택이었지.

그들은 떨어지는 물체에 대비해 머리에 베개를 올리고 옷가지로 고정했네. 다른 곳은 이미 날이 밝을 시간이었지만 그곳은 아직 한밤중이었고, 어떤 날의 밤보다도 어둠이 짙고 깊었네. 그러나 그들은 횃불뿐 아니라 불을 켤 수 있는 온갖 수단을 찾아 최선을 다해 두려움을 가라앉혔네. 그들은 해안 쪽으로 나아가 바다가 허락하는 가장 가까운 지점에서 살펴보기로 했지만, 여전히 파도가 높고 원하는 것과는 반대 방향으로 치고 있었네. 삼촌은 천을 땅에 펼치게 하고는 그 위에 누워 찬물을 두 번 시켜 드셨네.

그때 불길이, 그리고 이를 경고하는 유황 냄새가 몰아닥치며 사람들은 뿔뿔이 도망쳤고 삼촌도 일어나셨네. 삼촌은 노예 두 명에게 기대 발을 내디뎠지만 바로 쓰러지셨는데, 내 생각에는 짙은 연기로 숨이 막히고 위장관 울혈로 장기가 자연스럽게 약해지고 좁아지며 염증이 생긴 것 같네. 재가 걷히고 다시 날이 밝았을 때 (삼촌이 살아 계시던 마지막 날에서 이틀이 지나) 삼촌의 시신은 온전히, 손상되지 않은 채 화산재에 덮여 생전 그대로의 모습으로 발견되었네. 죽은 사람이라기보다는 마치 잠든 사람처럼 보였지.

그동안 어머니와 나는 미세눔에 있었네. 하지만 이것은 역사의 기록이라는 목적에서 보면 전혀 중요하지 않고, 자네도 삼촌의 죽음을 제외하고 다른 이야기는 듣고 싶어 하지 않았으니까. 그러니 더 이상은 얘기하지 않겠네. 다만 사건에 대해 내가 직접 목격한 것과 사건 직후 다른 사람들이 내게 들려준 내용에 대해 가장 상세하게 자네에게 전해주었다는 점을 덧붙이고 싶네. 그날 대체 무슨 일이 있었는지 가장 진실하게 이해할 수 있도록 말이야. 편지를 쓰는 것은 역사를 쓰는 것과 다르고, 또한 친구에게 편지를 쓰는 것은 수많은 사람을 향해 글을 쓰는 것과 다르니, 자네가 자네의 목적에 가장 부합한다 싶은 내용을 추려내게.

그럼 이만 줄이겠네.

볼테르가 트롱신에게

볼테르Voltaire(본명 프랑수아마리 아루에François-Marie Arouet, 1694년 출생)는 당대 가장 유명한 유럽인이고, 편지의 황금시대에 단연 그 분야의 대가였다. 그의 편지는 종종 복사되어 대중에게 배포되었고 대륙을 넘나들며 읽혔다. 그는 풍자소설《캉디드Candide》를 비롯해 시, 역사, 에세이를 쓴 박식한 프랑스 작가다. 또 투기사업을 통해 막대한 부를 축적하며 프리드리히 2세Friedrich II나 예카테리나 대제 같은 왕족과 서신을 주고받았다. 볼테르는 가끔 편지에 "파렴치한들은 짓밟아버리시오!"라고 썼는데, 특히 종교와 관련해 미신을 없애버리라는 의미였다. 그는 재기 넘치고 지극히 예리했다. "나는 당신이 하는 말에 반대한다. 하지만 그렇게 말할 당신의 권리는 목숨을 바쳐서라도 지킬 것이다."

볼테르는 초기에 왕의 후원을 받았으나 곧 왕족의 검열에 부딪혔고, 은퇴하고 나서는 스위스에 있는 그의 성에서 화려하게 살았다. 그의 위대한 첫사랑은 샤틀레Émilie du Châtelet 후작 부인이라는 현명하고 아름다운 여성인데, 철학자이자 과학자였으며 세 아이의 어머니이기도 했다. 그녀가 죽은 후에는 그의 어린 조카가 그 대상이 되었다. 1755년 만성절(가톨릭에서 하늘에 있는 모든 성인을 기리는 축일로 11월 1일 — 옮긴이)에 유럽 전역을 떨게 한 자연재해인 리스본 지진이 일어나 3만 명 넘게 사망했다. 볼테르는 이 파괴의 장면을 보고 〈리스본의 재앙에 관한 시Poème sur le désastre de Lisbonne〉를 썼다. 법무상이던 장 로베르 트롱신Jean Robert Tronchin에게 보낸 이 편지를 보면, 그가 오늘날에도 유효한 방식으로 그러한 사건의 의미를 고찰하고 있음을 알 수 있다.

진정 끔찍한 자연철학의 파편이네! 우리는 모든 가능한 세상 중 최고의 곳에서 벌어지는 이런 무서운 재앙에서 운동의 법칙이 어떻게 작동하는지 알아내기란 어렵다고 느낄 것이네. 이곳에서는 10만 마리의 개미, 즉 우리 이웃이 개미 언덕 위에서 한순간에 뭉개지고, 결코 탈출할 수 없는 잔해 아래에서 확실히 반쯤 죽어가는 상태로 이루 말할 수 없는 고통을 겪네. 유럽 전역에서 가족들이 거지로 전락하고, 상인 백 명, 즉 자네와 같은 스위스인들의 재산이 리스본의 폐허에 삼켜졌지. 인간의 삶이란 그야말로 운에 좌우되는 게임이 아닌가! 설교자들이 무슨 말을 하겠는가. 특히 만약 종교재판의 궁전이 무너지지 않고 남아 있다면! 나는 그 주교들, 재판관들이 다른 사람과 똑같이 짓밟혔을 것이라고 자신하네. 인간은 자연에서 배워 인간을 박해하지 말아야 하네. 몇몇 독

232

실한 체하는 사기꾼이 몇몇 광신도를 화형에 처하는 동안, 지구가 입을 열어 너나없이 집어삼키니까. 나는 우리를 지진에서 구해줄 것은 바로 산이라고 믿네.

Friendship

우정

A. D. 채터 대위가 어머니에게

고든하일랜더스 제2대대 소속 A. D. 채터Alfred Dougan Chater 대위는 집으로 편지를 보낸다. 그는 갈등 이후 처음 맞은 크리스마스에 양측에서 보인 기사도, 품위, 우호가 서로 싸우고 죽여야 하는 임무를 넘어설 것이라는 희망에 차 있다. 1914년 8월 제1차 세계대전이 발발했을 때 사람들은 대부분 크리스마스 전에 전쟁이 끝날 거라고 예측했다. 그러나 그렇지 않았다. 오히려 참호전의 대량 학살로 악화되었다. 하지만 이 편지에서 채터 대위는 전쟁이 발발한 첫해에 크리스마스 휴전이 벌어지는 '범상치 않은 광경'을 묘사한다. 전방 다른 지역에서는 영국군과 독일군이 축구 게임을 벌이기도 했는데, 이것을 언급하지는 않았다. 채터 대위는 1915년 3월 뇌브샤펠 전투에서 부상을 당하지만 살아남아 여자 친구 조이와 1916년 결혼했고, 1974년까지 살았다.

사랑하는 어머니께

저는 모닥불을 피우고 지푸라기가 잔뜩 깔린 '대피호'의 참호 속에 앉아 이 편지를 쓰고 있습니다. 정말 춥고 크리스마스답다고 할 수 있는 날씨지만 꽤 아늑합니다.

저는 여기서 오늘 다른 어떤 사람이 본 것보다 놀라운 광경을 보았다고 생각합니다. 오늘 오전 10시쯤 흙더미 너머를 보고 있었는데, 독일군이 손을 흔들더니 곧 그중 두 명이 참호에서 나와 우리 쪽으로 다가왔습니다. 우리는 그들에게 총을 쏘려다가, 그들이 총을 들고 있지 않은 것을 보았습니다. 우리 중 하나가 그들을 만나러 갔고, 2분쯤 뒤에는 양측에서 참호를 파놓은 사이 공간이 서로 악수하고 크리스마스 인사를 건네는 병사와 장교로 가득 찼습니다. 이런 상황이 30분 가까이 지속되다가 우리 병사 중 대부분은 참호로 돌아가라는 명령을 받았습니다.

그날 남은 시간만큼은 아무도 총을 쏘지 않았고, 병사들은 흙벽 위를 마음대로 배회했으며 자유롭게 짚과 불쏘시개를 날랐습니다.

또 양측 경계선 사이에 쓰러져 있던 사망자(그중 일부는 독일군, 일부는 우리 군이었죠)를 위한 합동 장례를 예를 갖춰 거행했습니다. 우리 장교 중 일부는 영국군과 독일군 무리를 이끌었습니다. 사실 이 놀라운 협정은 꽤 즉흥적으로 이루어졌습니다. 사전 조율은 없었고, 물론 휴전이 결정된 것도 아니었습니다. 저도 참호에서 나가 독일군 장교와 병사 몇몇과 악수를 했습니다. 그들도 우리만큼 집에 돌아가고 싶어 한다는 인상을 받았지요. 우리는 종일 피리를 불고 별다른 저지를 당하지 않은 채 자유롭게 돌아다녔지만 당연히 적군의 경계선까지 가지는 않았습니다. 아마 어리석은 누군가가 총을 쏘기 전까지는 이 협정이 유지되겠지요. 사실 오늘 오후에 거의 그럴 뻔했는데, 우리 동료 중 하나가 실수로 공중에 총을 쏜 겁니다. 하지만 그들이 알아챈 것 같지 않아 신경 쓰지 않았습니다. 저는 이 협정을 기회 삼아 대피호를 보완했습니다. 스코틀랜드 럭비 선수인 D. M. 베인과 함께 그곳을 사용하는데, 그는 아주 훌륭한 동료랍니다.

오늘 아침 지붕을 제대로 올렸고, 타일을 깔아 불 피우는 공간도 마련했습니다. 바닥에는 불쏘시개와 지푸라기를 깔았고요. 내일 참호를 떠나지만, 저는 이곳이 밤에 너무 춥기 때문에 그다지 아쉽지 않습니다.

27일, 임시 숙소에 돌아와 이 편지를 마저 쓰고 있습니다. 어제와 같은 일이 이어졌고, 중간 지점에서 독일군과 다른 협상이 있었습니다. 우리는 담배를 나눠 피웠고 서로 사인을 교환했으며 몇몇은 함께 사진을 찍었습니다.

이런 상황이 얼마나 오래 지속될지는 모르겠습니다. 원래는 어제 끝내기로 한 것 같지만, 멀리서 울리는 포격 소리를 제외하고는 전방에서 총성을 들을 수 없었습니다.

어쨌든 독일군도 사진이 어떻게 나올지 궁금해서 새해 첫날에 다시 휴전을 할 예정입니다! 어제 아침엔 참으로 보기 좋더군요. 저는 전선 근처로 꽤 긴 산책을 여러 번 다녀왔습니다. 그 의미를 제대로 이해하긴 어렵지만, 사실 일반적 상황이라면 지상에는 생명체의 신호가 없고 고개를 드는 사람은 누구나 총에 맞습니다.

이렇게 비통함과 반감으로 가득 찬 전쟁 중에 이런 일이 일어나는 것은 정말 대단히 보기 드문 광경입니다. 최전방의 독일군은 최소한 운동선수가 확실합니다. 물론 크리스마스 당일만큼은 대부분 무차별적 싸움을 잠시나마 멈추었겠지만 저는 전선의 모든 곳에서 그랬을 거라고는 생각지 않습니다….

사랑하는 아들
두건

마르쿠스 안토니우스가
옥타비아누스에게

두 친구가 세상을 지배하던 시대, 이 편지는 그중 하나가 이집트 여왕과 사랑에 빠져 두 사람이 갈라서는 순간에 쓰였다.

로마의 통치자 율리우스 카이사르의 후계자는 당시 10대인 종손 옥타비아누스(미래의 아우구스투스 황제)였다. 그리고 기원전 44년 카이사르가 암살되었다. 옥타비아누스는 종조부의 최고 심복 마르쿠스 안토니우스Marcus Antonius와 동맹을 맺고 복수를 위해 로마로 왔다. 브루투스Marcus Brutus와 카시우스Gaius Cassius가 이끄는 암살단을 처단하고 나서 옥타비아누스와 안토니우스는 로마 세계를 나누었는데, 옥타비아누스가 로마와 서쪽을 통치하고 안토니우스가 안티오크에서 시리아와 속국 이집트를 포함한 동쪽을 다스렸다. 안토니우스는 옥타비아누스의 여동생 옥타비아와 결혼해 동맹을 굳혔다.

안토니우스가 다스리는 동쪽 지역에 살아남은 국가 중 가장 부유한 이집트는 클레오파트라Cleopatra가 통치했는데, 그녀는 고대 세계에서 가장 위대한 왕조이자 알렉산드로스 대왕Alexandros III의 장군 중 하나의 대를 이은 그리스 프톨레마이오스 왕조의 후계자였다. 이제 지중해는 로마가 지배하니 클레오파트라는 로마 독재자의 호의가 필요했다. 이전에 카이사르와 관계를 맺어 아들을 안겨준 적도 있다. 30대가 된 클레오파트라는 화통하고 남성미 넘치는 군인 안토니우스를 만나 사랑에 빠졌고 아이들도 낳았다. 그들은 마치 안토니우스 개인의 제국인 것처럼 자녀들에게 상속을 약속하며 그리스와 동방의 의식을 결합한 형태로 함께 동쪽 지역을 통치한다. 안토니우스의 화려한 타락은 로마 사람들의 웃음거리가 되었다. 옥타비아누스는 로마 군주가 동방 여왕의 통제하에 있는 것이 약해빠지고 남자답지 못하며 로마인답지 않다는 사람들의 생각을 부추겼다. 로마에서 옥타비아누스가 벌이는 조종 행각에 화가 난 안토니우스는 과거의 친구에게 이 저속한 편지를 보내 여성 편력으로 유명한 그의 위선을 조롱한다. 그러나 옥타비아누스의 연인들은 로마 사람이었다. 안토니우스는 매혹적인 클레오파트라와 함께 동방의 장엄한 광경에 갇혀 자신이 얼마나 위험한 상황에 처했는지 보지 못한다. 그는 로마의 지지를 잃게 되었다. 두 사람은 전쟁을 향해 나아갔다. 결국 기원전 31년 옥타비아누스가 해전에서 안토니우스와 클레오파트라를 무찔렀고, 두 연인은 스스로 목숨을 끊었다. 옥타비아누스는 '걸출한'이라는 뜻의 아우구스투스라는 이름을 택하면서 로마의 첫 황제가 된다.

대체 무엇에 씌인 건가. 내가 클레오파트라와 자는 게 불만인가? 하지만 우린 결혼했네. 심지어 새롭게 벌어진 일도 아니지 않나. 우리 관계는 9년 전에 시작됐네. 그러는 자네는 어떤가? 자네는 리비아 드루실라Livia Drusilla에게 충실한가? 이 편지가 도착했을 때 자네가 아직 테르툴리아Tertullia나 테렌틸라Terentilla나 루필라Rufilla나 살비아 티티세니아Salvia Titisenia 또는 그들 모두와 잠자리에 들지 않았다면 축하하네. 아침에 누구와 함께 일어났는지, 또는 어디에서 일어났는지가 그렇게 중요하단 말인가.

카를 마르크스와
프리드리히 엥겔스가 주고받은 편지

카를 마르크스Karl Marx와 프리드리히 엥겔스Friedrich Engels가
주고받은 편지는 현대인이 보기에 충격적일 정도로 인종차별
적이다. 그러나 동시에 마르크스주의의 핵심에 숨은 약점을 드
러낸다. 마르크스와 그의 친구 엥겔스는 '마르크스주의'로 알려
진 이데올로기의 창시자다. 이 사상은 그야말로 세상을 바꿔놓
았다. 두 사람은 모두 프러시아 영토에서 태어났는데, 마르크스
는 유대인 지식층의 아들인 반면 엥겔스의 아버지는 부유한 기
업가로 면직물을 생산했다. 그러나 두 사람은 자본주의 시스템
과 노동계급이 겪는 역경에 내재된 가혹한 불평등에 매혹되었
고, 충격을 받았고, 영감을 얻었다. 1844년 두 사람이 파리에서
만났을 때 이미 《영국 노동계급의 실태Die Lage der Arbeitenden Klasse
in England》라는 책을 출간한 엥겔스는 마르크스에게 노동계급 자
체가 미래 혁명을 위한 동력이라는 확신을 주었다. 두 사람은 브

뤼셀과 영국을 오가며 훗날 공산주의자동맹Communist League이 되는 '의인동맹Bund der Gerechten'이라는 비밀스러운 혁명 조직의 탄생에 협력했고 "지금까지 모든 사회의 역사는 계급투쟁의 역사다"라는 첫 문장으로 유명한 〈공산당선언The Communist Manifesto〉이라는 위대한 강령을 썼다. 이 선언에서 그리고 마르크스가 후일 쓴 《자본론Das Kapital》에서 이들은 노동자에 대한 자본가의 착취가 계급투쟁으로 이어지고, 결국 억압받은 프롤레타리아계급이 혁명을 일으켜 더 이상 존재 가치가 없어진 국가가 완전히 사라지면서 평등과 함께 공산주의의 새 시대가 열릴 것이라고 주장했다.

1848년 혁명의 열기가 뜨거운 몇 달 동안, 마르크스와 엥겔스는 가장 흥미진진한 시간을 보냈다. 그러나 혁명이 실패하자 영국으로 떠났다. 엥겔스는 마르크스의 가족 회사 운영을 도왔고 그 비용을 댔다. 서로 오랫동안 연락하면서 마르크스는 (자신의 까무잡잡한 피부를 빗대어) 스스로를 '무어인'이라 불렀고, 엥겔스는 '장군General'이라 칭했다. 엥겔스는 이후 차례로 그의 연인이 된 자매와 함께 산 반면, 마르크스는 연줄이 든든하고 인내심 강한 프러시아의 남작 부인 예니 폰 베스트팔렌Jenny von Westphalen과 결혼했다. 그녀는 런던 소호와 프림로즈힐에서 점점 궁핍해지는 생활고를 겪으며 일곱 아이를 낳았고 그중 넷은 어릴 때 잃었다. 그동안 마르크스는 헬레네 데무트Helene Demuth라는 가정부와 불륜 관계를 가졌고 아들까지 낳았다.

엥겔스는 아주 쾌활하고 사교적이며 쾌락을 좋는 사람이었다. 마르크스는 음울하고 자기중심적이며 참을성이 없었지만 동시에 가입과 춤도 즐겼다. 하지만 두 사람 모두 동료 사회주의자 페르디난트 라살레Ferdinand Lassalle를 매우 질투했는데, 라살레는 여러 면에서 그들이 동경하는 인물이었다. 정치적 유명 인사이자 인생을 즐기며 사는 사람, 뛰어난 쇼맨이자 자신의 조직을 만들고 정부인 폰 하츠펠트Sophie von Hatzfeldt 백작 부인에게 재정 지원을 받는 배짱 있는 연인 말이다. 라살레는 카리스마 넘치고 영향력 있는 사람이어서 보수 세력 장관인 비스마르크 백작이 은밀히 조언을 구할 정도였다.

라살레는 마르크스의 재능과 독창성을 알아보고 작품을 출판할 수 있도록 도왔지만, 마르크스와 엥겔스 모두 그 호의를 인종차별적 욕설이라는 악의로 되갚았다. "멍청한 유대인 놈"부터 "유대인 새끼", 심지어 "검둥이"까지 끝이 없었다. 아래 인용한 첫 번째 편지에서 라살레에 대한 그들의 이상할 정도로 반유대적이고 인종차별적인 언급이 보인다. 그러나 2년 후 라살레는 왈라키아 왕자의 어린 약혼자와 불륜 관계를 맺고 어리석게도 왕자에게 결투를 신청했다가 죽고 만다. 마르크스와 엥겔스는 이 눈부신 별똥별의 성공과 몰락에 크게 놀랐는데, 라살레의 지적이고 성적인 힘에 대한 엥겔스의 반응이 특히 눈에 띈다. "그녀는 그의 아름다운 지성을 원한 게 아니라 유대인의 음경을 원한 것이니까."

1862년 7월 30일, 런던
엥겔스에게

동봉한 쪽지를 보면 내가 얼마나 괴로운지 알 수 있을 거네. 집주인의 마음을 좀 진정시켰지만 그에게 25파운드를 주어야 하네. 피아노를 설치해준 남자에게는 6월 마지막 날 6파운드를 주기로 되어 있었는데 아주 무례하고 막돼먹은 녀석이네. 집에는 6파운드의 세금이 나왔네. 아이들만큼은 직접적 모욕을 당하지 않도록 할 수 있는 모든 것을 하고 있고, 학교 양아치들이 요구한 10파운드는 운 좋게 지불했네. 정육점 주인에게 6파운드를 지불했지만(그리고 이것이 내가 언론사에서 받은 분기 총수입이네!) 그 녀석은 나를 또 성가시게 굴고 있네. 빵집 주인과 차를 판매한 잡화점 주인, 청과상 주인, 그리고 이름이 뭐가 됐든 그 악마들에 대해서는 말할 것도 없지.

다행스럽게도 유대인 검둥이 라살레는 이번 주말에 떠나네. 그는 기분 좋게도 잘못된 투기로 5,000탈러(과거 독일에서 쓰던 3마르크짜리 은화—옮긴이)를 또 잃었지. 그 녀석은 본전뿐 아니라 이자까지 보장한다고 해도 '친구'에게 돈을 빌려주느니 차라리 더 빠르게 진창에 던져 넣을 걸세. 동시에 그는 자신이 유대인 남작으로서 또는 (아마도 백작 부인 덕에) 남작의 지위를 얻은 사람으로서 살아가야 한다고 생각하며 일을 진행한다네. 내가 내 딸 중 하나를 '동행'으로 하츠펠트 부인에게 넘겨주길 원하는지, 아니면 그가 직접 나를 위해 (그의 말 그대로) 게르스텐베르크Gerstenberg의 보호를 요청해야 할지 물을 정도로 그가 무례하다는 사실을 믿을 수 있겠는가? 미국 같은 나라와 하는 사업에 대해, 즉 내가 처한 위기에 대해 알고 있으면서 말이야! 그 녀석 때문에 시간만 엄청

빼앗겼네. 그러더니 그 멍청이가 지금 이 순간 나는 '하는 일' 없이 단지 '이론적 일'에만 몰두하고 있으니 자신과 함께 시간을 보내는 편이 좋을 거라고 제안하지 뭔가! 그 녀석에게 사회적 예의를 지키기 위해 내 아내는 전당포에 저당 잡히지 않은 거라면 무엇이든 가져가야 했네!

내가 이런 끔찍한 상황에 처하지 않았다면 그리고 그 벼락부자 놈이 돈가방을 쩔그럭거리는 꼴이 이토록 나를 짜증 나게 하지 않았다면, 나는 아마 왕족처럼 즐거워했을 걸세. 1년 전 처음 만난 이후 그는 완전히 미쳐버렸네. 취리히에 머문 것(뤼스토브Rüstow, 헤르베크Herwegh 등과 함께) 그리고 이어진 여정, 마침내 그의 '율리안 슈미트Julian Schmidt 씨' 때문에 그가 아주 우쭐해졌네. 그는 이제 대중의 인식 속에 가장 위대한 학자, 가장 깊이 있는 사상가, 가장 탁월한 연구자 등등일 뿐 아니라 돈 후안이며 혁명적인 리슐리외Richelieu 추기경이네. 여기에 가성으로 끽끽대며 끊임없이 떠드는 데다 불쾌할 정도로 과장된 움직임, 가르치려 드는 듯한 어조까지!

… 라살레는 나와 내 아내가 자기 계획을 비웃거나 자기를 '계몽된 보나파르트파'라고 놀릴 때 가장 화를 냈네. 소리 지르고, 악을 쓰고, 발을 구르며 돌아다니더니 결국 내가 정치를 이해하기에는 너무 '관념적'이라며 스스로 납득했네.

… 앞서 말했듯이 만약 다른 상황이었다면 (그리고 내 일에 끼어들지 않았다면) 그 녀석은 나를 아주 즐겁게 해주었을 거네.

여기에 그 '이상주의자'의 지나치게 야만적인 식사와 호색적인 욕정을 덧붙이겠네.

이제 정말 확실히 알겠는데, 두개골 형태와 머리카락 자라는 모양이 말해주듯 그는 (그의 아버지 쪽 할머니나 증조할머니가 검둥이와 교배한 게 아니라면) 이집트에서 탈출한 모세의 행렬에 합류한 검둥이의 후손일세. 글쎄, 흑인을 조상으로 둔 유대인과 게르만 혈통의 조합은 이상한 결과물을 낳을 수밖에 없는 모양이야. 이 녀석의 끈질김도 정말 검둥이스러우니까 말이야….

자네의 벗, K. M.

1864년 9월 2일, 런던

프리드리히에게

어제 오후에 프라일리그라트Ferdinand Freiligrath에게 아래에 붙인 것과 같은 편지를 받았네. 그걸 보면 라살레가 제네바에서 벌인 결투에서 치명적 부상을 입었다는 사실을 알 수 있을 거야. 그날 저녁 나는 프라일리그라트를 만나러 갔네. 하지만 이후에는 어떤 전보도 받지 못했다고 하더군….

자네의 벗, K. M.

1864년 9월 4일, 맨체스터

무어인에게

자네의 전보가 어제 도착했는데, 그걸 열어보기 전에 갖가지 일이 일어나 시간을 빼앗겼네. 자네도 그 소식이 나를 얼마나 놀라게 했을지 상상할 수 있겠지. 라살레가 어떤 사람이었든 간에,

한 인간이자 문인이자 학자로서 그리고 확실히 독일에서 정치적으로 손꼽을 만큼 중요한 인물 중 하나가 아니었나. 현재 우리에게 그는 매우 미심쩍은 친구고 미래에는 꽤 확실한 적이지만, 그럼에도 독일이 극단주의 정당의 꽤 괜찮은 인물을 없애버리는 것을 보니 충격이 크네. 이제 생산자와 그들의 진보적 돼지들은 자기네가 승리했다고 기뻐할 것이 아닌가. 어쨌든 라살레는 독일을 통틀어 그들이 두려워하는 유일한 사람이었으니 말일세.

하지만 사람이 목숨을 잃는 방법치고는 정말 이상하지 않은가. (돈 후안이 되고 싶었던) 바이에른 특사의 딸과 열렬한 사랑에 빠져 결혼하고 싶어 하더니 은퇴한 경쟁자, 심지어 왈라키아 사기꾼과 다투고는 그의 총에 맞아 죽다니 말이야. 이건 오직 라살레에게만 일어날 수 있는 일이네. 그에겐 경박함과 감상벽, 유대인스러움과 거만함이 뒤섞인 특유의 성정이 있었으니까. 대체 어떻게 라살레 같은 정치인이 왈라키아 모험가와 총격전을 벌여 끝장을 볼 수 있단 말인가!

자네의 벗, F. E.

1864년 9월 7일, 런던

프리드리히에게

라살레의 재앙이 최근 끔찍할 정도로 머릿속을 떠나지 않더군. 이러니저러니 해도 그는 결국 골칫거리였고, 우리의 적 중에서도 가장 큰 적이었으니까. 게다가 그렇게 활기 넘치고 호쾌하고 진취적인 사람이 이제 정말 죽었고 영원히 침묵하게 되었다는 사실이 너무 놀라웠네. 그의 죽음에 얽힌 표면적 상황에 대해서는 자네가 옳아. 이 일은 그가 살면서 저지른 수많은 어설픈 행동 중 또 하나의 사례네. 그의 잘못이긴 하지만 그 모든 일 때문에 지난 몇 년간 우리 관계에 문제가 있었다는 점이 유감스럽네….

자네의 벗, K. M.

1864년 11월 7일, 맨체스터

무어인에게

… 라살레가 실패한 원인은 명백히 그가 즉시 헬레네 폰 되니게스Helene von Dönniges를 손님용 침대에 쓰러뜨리고 그녀와 좋은 시간을 보내지 않은 것일세. 그녀는 그의 아름다운 지성을 원한 게 아니라 유대인의 음경을 원한 것이니까. 이번 일은 라살레에게 일어날 수 있었던 또 다른 불륜에 지나지 않네. '그가' 그 왈라키 아인을 결투에 끌어들인 것은 두 배로 미친 짓이었어….

자네의 벗, F. E.

프랭클린 루스벨트가
윈스턴 처칠에게

이 편지는 서양을 손에 넣는 우정의 시작점이 된다.

1939년 9월 3일, 영국은 폴란드를 침공한 독일에 전쟁을 선포했다. 제2차 세계대전이 발발한 것이다. 윈스턴 처칠은 해군 장관으로서 내각에 복귀했다. 제1차 세계대전이 발발한 1914년에도 맡은 직책이었다. 며칠 뒤, 그는 같은 전쟁에서 해군성 차관보로 비슷한 직책을 맡은 미국 대통령 프랭클린 루스벨트Franklin D. Roosevelt에게 편지를 받는다. 두 사람은 대략 20년 전에 처음 마주쳤는데, 1933년 루스벨트가 대통령에 당선되었을 때 처칠은 말버러 공작으로서 출간한 전기를 보내주기도 했다. 당시에는 루스벨트가 이에 대해 회신하지 않았지만, 지금은 상황이 다르다. 그는 이제 와서 이를 언급하며 처칠과의 비밀 소통 창구를 연다. 비록 루스벨트가 네빌 체임벌린Neville Chamberlain 총리를 편지에서 언급하긴 했지만, 두 사람 모두 체임벌린이 히틀러를 달래는 데 얼마나 서툴렀는지 알기 때문에 그저 형식적인 말일 뿐이다. 루스벨트는 처칠이 전도유망한 사람이라고 확신한다. 처칠이 8개월 뒤 총리가 되면 그들의 동맹은 결정적 역할을 할 것이다.

친애하는 처칠 경에게

(제1차) 세계대전에서 비슷한 위치에 있었기 때문에, 경께서 해군 본부에 돌아오신 것이 제게 얼마나 기쁜 일인지 알려드리고 싶습니다. 제가 알기로는 경께서 마주한 문제가 새로운 요인에 의해 복잡해졌지만, 핵심은 그리 다르지 않습니다. 만일 경께서 제게 무엇이든 알리고자 개인적으로 연락을 주신다면, 저는 언제든 이를 환영한다는 점을 경과 총리께서 아셨으면 합니다. 언제든 경이나 우리 측 외교행낭을 통해 봉인된 편지를 보내시면 됩니다.

이 일이 시작되기 전에 경께서 말버러 공작 전기를 보내주셔서 기쁩니다. 그리고 저는 그 책을 아주 흥미롭게 읽었습니다.

진심으로 안부를 전하며,

경의 충직한 친구,

프랭클린 D. 루스벨트

1941년 6월 21일

아돌프 히틀러가
베니토 무솔리니에게

이 편지는 히틀러가 권력의 정점에 있을 때 국제 문제에 있어서 그의 가장 가까운 친구에게 보낸 것이다. 편지를 쓴 다음 날 그는 소비에트러시아를 침공하는데, 이는 궁극적으로 제3제국의 몰락을 불러온 오만한 행동이었다. 한때 히틀러는 1922년부터 이탈리아의 파시스트 독재자로 군림한 베니토 무솔리니Benito Mussolini를 존경했다. 그가 택한 전략 중 다수가, 심지어 그만의 나치당을 만든 것도 이탈리아 파시즘의 영향이었다. 그러나 1941년에 이르러 히틀러는 무솔리니를 가당찮은 허풍쟁이로 보았고, 무솔리니는 히틀러를 거칠고 위험한 폭군으로 여겼다. 하지만 이제 히틀러가 우위에 섰다. 이 편지의 내용 중 절반은 거짓이다. 히틀러는 사실 몇 달 동안 (무솔리니에게는 숨긴 채) 러시아 침공을 계획하고 있었다. 또 편지에서 히틀러의 오만한 망상과 잔혹한 오판이 여실히 드러나는데, 그는 인류 역사상 가장 야만적인 전쟁을 일으켜 3,000만 명 이상의 삶을 앗아갈 자신의 결정을 놀라운 방식으로 자랑한다. 이것이 누구도 자신을 막을 수 없다고 믿는 그가 세상을 바라보는 방식이다.

1941년 6월 21일

총통이시여!

저는 몇 달 동안 긴장과 불안 속에서 고민하고 기다리다, 마침내 제 삶에서 가장 어려운 결정을 내리려는 이 순간에 총통께 편지를 쓰고 있습니다. 최근 러시아 상황 지도를 보고 수많은 다른 보고서를 평가한 결과, 저는 더 이상 기다리는 책임을 짊어질 수 없습니다. 무엇보다 이 위험을 제거할 다른 방법이 없는 것 같습니다. 그러나 제가 더 이상 기다리지 않는다면, 올해 또는 늦어도 내년에는 재앙이 발생할 것입니다.

상황은 이렇습니다. 영국이 전쟁에서 졌습니다. 물에 빠진 사람이 응당 그러하듯, 영국은 구원을 위한 희망으로 삼을 만하다 싶은 것은 무엇이든 붙잡습니다. 그래도 당연히 영국이 품은 희망에 아예 논리가 없는 것은 아닙니다. 영국은 지금까지 항상 대륙의 도움을 받아 전쟁을 수행했습니다. 프랑스가 파멸하고 나서, 사실 모든 서유럽 측 진지가 제거되었지요, 영국 전쟁광들의 관심은 계속 그들이 전쟁을 일으키려 시도한 소비에트러시아로 향하고 있습니다.

소비에트러시아와 영국 모두 오랜 전쟁으로 힘이 다해 폐허로 전락한 유럽에 관심이 있습니다. 이 두 나라의 뒤에는 그들을 선동하고 주시하며 기다리는 북아메리카연합이 있습니다. 폴란드가 끝장난 후, 소비에트러시아는 현명하고 신중한 방법으로 소비에트연방의 확장에 목표를 둔 구 볼셰비키 과격주의자로 되돌아가려는 경향을 확실히 보이고 있습니다. 이러한 목표를 위해서는 전쟁을 연장해야 하는데, 그러려면 독일 세력을 동부에 묶어두어 독일 사령부가 더 이상 서부에, 특히 공중에서 대규모 공격을 하지 못하게 해야 합니다. 총통께는 최근 알려드렸지만, 크레타섬에서의 실험 결과가 성공적인 이유도 바로 여기에 있습니다. 영국에 맞서는 훨씬 거대한 프로젝트에 모든 비행기를 빠짐없이 활용해야 한다는 것입니다. 이 결정적 전투에서 우리에게 비행 중대 몇 개만 더 있어도 승리할 수 있을 것입니다. 다른 모든 조건을 제쳐두더라도, 적어도 그때 동부에서 갑작스러운 공격이나 위협을 받지 않을 것이라는 단 하나의 확신만 있다면, 저는 그 책임을 맡는데 한순간도 망설이지 않을 것입니다. 러시아 세력의 집중도는 대단합니다(제가 오늘들 Alfred Jodl 장군을 시켜 이곳에 있는 총통의 대사, 마라스 장군에게 최근 지도를 전달하게 했습니다). 정말 동원 가능한 모든 러시아 세력이 우리 국경에 있습니다. 게다가 날씨가 따뜻해지면서 방어를 위한 수많은 작업이 진행되었습니다. 만약 영국에 맞서 독일 공군을 이용해야 하는 상황이 된다면 그때 러시아가 남부와 북부에서 강탈 전략을 시작할 위험이 있는데, 공군의 열세를 판단한 저는 침묵으로 굴복해야 할 것입니다. 무엇보다 그때 공군의 적절한 지원 없이는 제가 동부에 배치된 사단과 함께 러시아 방어 시설을 공격할 수 없을 것입니다. 만약 제가 이런 위험을 감수하고자 하지 않는다면 아마 1941년 한 해는 전반적으로 어떤 변화도 없이 지나갈 것입니다. 하지만 반대로 영국은 러시아라는 우방에 희망을 걸 수 있으므로 평화를 이룰 생각이 더 없어지겠지요. 이런 희망은 러시아 군대가 준비될수록 자연스레 커질 수밖에 없습니다. 그리고 그 뒤에는 미국에서 대규모로 수송될 전쟁 물자가 있는데, 영국은 이를 1942년에 받기를 희망하고 있습니다.

총통, 이 외에도 양측에 거대한 세력이 집중되어 있어 제게 이럴 시간이 있는지조차 확실치 않습니다. 저도 할 수 없이 더 많은 기갑부대를 동쪽 국경에 배치하고, 핀란드와 루마니아 역시 위험성에 대한 주의를 환기해야 하니까요. 총격전이 언제든 즉흥적으로 시작될 수 있습니다. 그러나 제 쪽에서 철수하면 우리의 위신은 땅에 떨어질 것입니다. 이것이 일본에 끼칠 영향을 생각하면 특히 불쾌한 일이지요. 그러므로 저는 심사숙고한 결과, 올가미가 팽팽하게 조여지기 전에 잘라버리기로 했습니다. 총통, 이로써 저는 올해 전쟁에서 우리의 합동작전을 위해 가능한 최고의 서비스를 제공하고 있다고 믿습니다. 제가 현 상황을 전체적으로 살펴보고 내린 결론은 다음과 같습니다.

1. 언제나처럼, 프랑스는 믿어선 안 됩니다. 북아프리카가 갑자기 발을 빼지 않을 것이라고 완벽히 보증할 수 없습니다.
2. 북아프리카 자체는 총통의 식민지에 관한 한 아마도 가을까지 안전할 것입니다. 저는 영국이 지난번 공격 당시 투브루크를 구하고 싶었을 거라고 생각합니다. 하지만 근시일

내에 재차 시도할 수는 없을 겁니다.

3. 스페인은 우유부단하고, 유감스럽지만 오직 전쟁의 결과가 가시화될 때에만 편을 들 것입니다.

4. 시리아에서는 우리의 도움이 있든 없든 프랑스 레지스탕스가 영구히 유지될 리 없습니다.

5. 가을이 오기 전 이집트를 공격하는 것은 아예 불가능합니다. 그러나 전체 상황을 참작할 때, 저는 필요할 때 함께 서양에 맞서 일어날 수 있는 작전 부대를 트리폴리에 만들어두는 것을 고려해봐야 한다고 생각합니다. 총통, 당연히 이런 생각은 철통 같은 보안을 유지해야 합니다. 그러지 않으면 프랑스가 자국의 항구를 무기와 군수품 이동에 이용해도 좋다는 허가를 계속 내주지 않을 테니 말입니다.

6. 미국이 참전하느냐 하지 않느냐는 별로 상관없는 문제입니다. 그들은 동원할 수 있는 모든 힘을 끌어모아 우리의 적을 지원할 테니까요.

7. 영국의 상황 자체는 별로 좋지 않습니다. 식량과 원자재 공급이 계속 어려워지고 있습니다. 전쟁을 일으키려는 군인의 사기는 오직 희망으로 유지됩니다. 이러한 희망에는 두 가지 가정이 깔려 있습니다. 러시아와 미국이지요. 우리가 미국을 제거할 가망은 전혀 없습니다. 하지만 러시아를 제거하는 것은 가능할지 모릅니다. 러시아를 제거하면 동아시아의 일본에도 큰 위안이 될 것이고, 그러므로 일본의 간섭을 통해 미국의 움직임에 훨씬 강력한 위협을 가할 수

있습니다.

앞서 언급했듯이 이러한 상황하에 저는 크렘린 궁의 위선적 행동을 끝내기로 결정했습니다. 그리고 루마니아와 마찬가지로 핀란드도 이 분쟁에 즉시 참여할 것이라고 확신합니다. 결국 유럽이 미래의 거대한 위험에서 벗어나게 하려면 그래야 할 테니까요. 마라스 장군이 총통께서도 최소한 한 개 부대는 이용할 수 있게 해주기를 원하신다고 알려주었습니다. 만약 그러하다면 저는 당연히 너무나 감사히 받아들이겠지만, 그것을 수행하기까지 아직 충분히 긴 시간이 있습니다. 어쨌든 이 광대한 전장에서는 군대가 모든 거점에 동시에 모일 수 없기 때문입니다. 하지만 총통께서 결정적 도움을 주실 방법이 있습니다. 북아프리카에서 총통의 세력을 강화하는 것, 또한 가능하다면 처음에는 작지만 프랑스가 조약을 위반할 경우 그곳으로 진격할 수 있는 부대를 조직함으로써 트리폴리에서 서부를 지켜봐주는 것, 그리고 마지막으로 공중전과 가능하다면 잠수함 전투까지 지중해로 가져오는 것입니다.

노르웨이에서 시작해 프랑스까지 포함하는 서유럽 영토의 안보에 관한 한, 우리는 그곳에서 어떤 만일의 사태에도 육군이 번개 같은 속도로 대응할 수 있을 만큼 충분히 강력합니다. 영국에서 공중전에 관한 한 당분간 수세에 머물 것이지만 그렇다고 영국이 독일을 공격할 때 대응할 힘이 없다는 뜻은 아닙니다. 오히려 필요하다면 무자비한 폭격을 영국 본토에 가할 수 있습니다. 우리의 방어전 또한 적절할 것입니다. 우리가 가진 최고의 대대로 대비했으니까요.

총통, 동부전선의 경우 확실히 어렵기는 하겠지만 저는 위대한 승리를 조금도 의심하지 않습니다. 무엇보다 조만간 우크라이나에 있는 공동 전투식량 보급기지를 확보할 수 있었으면 합니다. 미래에 필요할 때 그 기지에서 추가 물자를 보급할 겁니다. 다만 이 시점에 말씀드릴 수 있는 한 가지는 올해 독일의 예상 수확량이 꽤 좋다는 것입니다. 러시아가 루마니아 유전 지역을 파괴하려 시도할 수도 있습니다. 제 생각에 우리는 최악의 상황에 대비할 수 있는 방어 체제를 구축했습니다. 더불어 가능한 한 빨리 이 위협을 제거하는 것이 우리 군대의 임무입니다.

저는 이 정보를 총통께 전해드리기 위해 이 순간까지 기다렸습니다. 최종 결정을 오늘 저녁 7시에 내릴 것이기 때문입니다. 그러므로 무엇보다, 부디 모스크바 주재 대사에게는 아직 어떤 설명도 하지 마시기를 간곡히 부탁드립니다. 암호화한 우리의 보고서를 절대 해독할 수 없다고 보장할 수는 없기 때문입니다. 저 역시 마지막 순간에야 자국 대사에게 최종 결정을 알려줄 겁니다.

제가 지금 점진적으로 공표하고자 하는 내용은 상당히 철저해서 세계는 우리의 결정보다 우리의 참을성에 더 놀랄 것입니다. 우리에게 근본적으로 맞서고, 그리하여 논쟁하려 드는 국가는 그렇지 않겠지만 말입니다.

총통, 이제 어떤 일이 일어나든 지금 이 단계를 밟으면서 우리의 상황이 더 이상 나빠질 수는 없습니다. 오직 개선될 수 있을 뿐이지요. 비록 제가 어쩔 수 없이 올해 말 러시아에 60~70개 사단을 두어야 하지만, 그것은 제가 계속 동부전선에 사용할 전력의 일부에 불과합니다. 그럼에도 영국이 그들에게 닥친 엄연한 사실에서 어떤 결론도 이끌어내지 못한다면, 그때 우리는 후방의 안전을 확보하고 적군에게 더 많은 병력을 보낼 수 있을 것입니다. 총통, 저는 우리 독일의 힘으로 그것을 이루어낼 거라고 약속드릴 수 있습니다.

총통께서 우리 앞에 놓인 만일의 사태에 대해 제게 알리고 싶은 어떤 희망 사항이나 제안, 조언이 있다면 개인적으로 연락을 주시거나 직접 우리 군 당국에 말씀하시면 됩니다.

글을 맺으며, 총통께 한 가지만 더 말씀드리겠습니다. 저는 이 결정을 내리기 위해 너무나 힘든 시간을 보냈기 때문에 정신적으로 다시 자유로워진 기분입니다. 저는 최종 화해를 이루기 위해 진정성을 담아 노력해왔지만, 그럼에도 소비에트연방과의 협력이 종종 불편했습니다. 어떤 면에서 저의 전반적 뿌리, 개념, 이전의 의무와 결별하는 것처럼 느껴졌기 때문입니다. 이제 이 정신적 고통에서 해방되어 매우 기쁩니다.

따뜻하고 동료애 가득한 인사를 보내며,

아돌프 히틀러

포톰킨 왕자와
예카테리나 대제가 주고받은 편지

　어떻게 편지(또는 이메일)로 분쟁을 해결할 수 있을까. 예카테리나 대제와 그녀의 현명한 연인이자 장관인 포톰킨 왕자는 격렬한 사랑에 빠져 있었다. 그러나 그는 그녀에게 휘둘리는 것이 불안했다. 그는 수상, 사령관, 제국을 짓는 사람이 되기를 원했다.

　논쟁 이후 포톰킨은 차분하게 자신의 격정적 본성에 대해 사과하고, 예카테리나는 같은 종이에서 그의 불평에 답한 후 "논쟁을 끝내며"라는 말로 이 이중 편지를 마무리한다. 이메일로 주고받는 내용과 다르지 않다. 그러나 이런 교양 있는 협상조차 문제를 해결하지는 못했고, 그녀가 그와 비밀리에 결혼하고 두 사람이 계속 남편과 아내처럼 함께 통치할 거라는 데에 동의하고 나서야 해결되었다. 다만 두 사람 모두 각자 더 어린 애인을 두어도 된다는 점은 예외였다. 이 이상한 합의 사항은 실제로 효과가 있었다. 약 20년 동안 대단히 성공적으로 이어진 두 사람의 러시아 통치는 1791년 포툠킨의 죽음과 함께 끝났다. 에카테리나는 이후 5년을 더 살았지만 그를 잊지 못했다. 종종 이렇게 말했을 정도다. "앞으로 또 다른 포툠킨은 없을 것이다."

포툠킨	에카테리나
나의 사랑, 이것만은 말하게 해주십시오.	허락할게요.
바라건대 이 말이 우리의 다툼을 끝내게 해줄 것입니다.	빠를수록 좋지요.
내가 우리의 사랑 때문에 불행하다고 해도 놀라지 마십시오.	불행해하지 마세요.
당신은 선한 행동으로 나를 흠뻑 적셨을 뿐만 아니라, 당신의 마음속에 살게 했습니다. 나는 그곳에 홀로, 그리고 다른 사람들보다 위에 있고 싶습니다.	당신은 내 마음속에 단단하게, 확고하게 존재하며 앞으로도 그럴 거예요.
나만큼 당신을 사랑하는 사람은 아무도 없기 때문입니다.	나도 알고 있고, 믿고 있어요.
그리고 나는 당신의 손에서 만들어집니다.	그럴 수 있어서 기뻐요.
내게 잘해주는 데서 당신이 행복을 느꼈으면 합니다.	그건 내게 가장 큰 기쁨일 거예요.
내가 주는 편안함을 생각하며, 당신의 높은 자리에서 일어나는 위대한 일에서 안식을 찾아야 합니다.	물론이지요.
아멘.	우리의 생각은 잠시 쉬게 하고, 대신 감정이 자유로이 활동하게 해요. 감정은 가장 다정하고 또 최선의 길을 찾아줄 거예요. 그럼 이만 논쟁을 끝내며. 아멘.

Folly

어리석음

게오르크 폰 휠젠이 에밀 폰 괴르츠에게

독일제국 황제 빌헬름 2세의 신하들은 해마다 군주가 원하는 형편없는 오락거리를 제공하려 갖은 노력을 기울였다. 빌헬름 2세는 1888년부터 1918년까지 긴 통치 기간 내내 정치적·외교적으로 터무니없는 언행을 일삼아 고위 관료와 장관들을 질겁하게 했을 뿐만 아니라 유럽의 총리들까지 놀라게 하면서 결국 제1차 세계대전으로 이어지는 긴장감을 높였다.

빌헬름은 겉만 번드르르하고 난폭하며 잘난 척하기를 좋아하고, 자기도취가 심한 데다 자만심이 강하고, 국수주의적이고, 변덕스러우며 충동적이고, 권력에 집착하며 모는 것이 자기 녁이라고 생각하는 인물이었다. 그러나 그런 모습의 이면에는 자아만큼이나 어마어마한 열등의식이 있었다. 어떤 면에선 가장 친근한 현대인의 모습이다. 그는 유머 감각 또한 극도로 유치했다. 빌헬름이 가장 즐거워한 순간은 주머니칼로 장군들의 팔찌를 끊어버릴 때, 나이 지긋한 대령들을 침대까지 쫓아갈 때, 또는 그들을 언덕 아래로 굴릴 때였다. 옷 바꿔 입기, 남자 성기, 벌거벗은 엉덩이도 매우 좋아했다. 1892년 사냥을 앞두고 쓴 편지의 일부 내용을 통해 알 수 있듯, 황제의 가까운 친구인 '엠' 폰 괴르츠Em(Emil) von Görtz 백작은 또 다른 신하 게오르크 폰 휠젠Georg von Hülsen과 함께 장난을 계획하는데, 어떤 것이 황제를 기쁘게 할지 정확히 알고 있다. 그들의 게임은 자칫 위험해질 수도 있었다. 1908년 게오르크의 형제 디트리히 폰 휠젠Dietrich von Hülsen은 튀튀와 깃털 목도리, 새틴 구두까지 발레리나 의상을 갖춰 입고 황제를 위해 춤추다 갑자기 심장마비로 쓰러져 사망하고 말았다. 이런 것이 세계에서 가장 강한 권력을 쥔 남자의 오락거리였던 것이다. "내 마음의 눈엔 H.M.(황제 폐하)께서 우리와 함께 웃으시는 모습이 이미 보이는군…."

자네는 내 옆에서 서커스 푸들로 함께 걸어가야 하네! 다른 무엇보다 그게 훨씬 잘 '먹힐' 거야. 한번 생각해보게. 면도한 다리에 타이츠를 신고, 앞에는 검은색이나 흰색 털로 만든 술을 달고, 뒤에는 진짜 같은 푸들 꼬리 아래 눈에 띄는 항문 마개를 다는 거지. 자네가 엎드려서 앞발을 들면, 배에는 무화과잎이 붙어 있는 거야. 자네가 짖거나, 음악에 맞춰 하울링을 하거나, 총을 쏘거나 다른 재주를 부리면 얼마나 멋질지 생각해보게. 정말 인상적이지 않겠는가! 내 마음의 눈엔 H.M.(황제 폐하)께서 우리와 함께 웃으시는 모습이 이미 보이는군…. 나는 지금 이 순간 브로츠와프에서 이 지구상의 모든 것 중 내가 가장 사랑하는 여동생이 죽어 가고 있다는 사실을 잊기 위해 이 '일'을 진심으로 즐기고 있네…. 크나우스Ludwig Knaus의 그림 〈무대 뒤에서Behind the Scenes〉에 나오는 광대가 된 듯한 기분이군. 뭐, 상관없네! H.M.께서 만족하실 테니까!

사드 후작이
"나를 괴롭히는 멍청한 악당들"에게

이 편지에서는 사디즘이 느껴진다. 철학자이자 난봉꾼, 성도착자인 사드 후작Donatien Alphonse François de Sade은 남색과 성도착증으로 기소되어 거의 삶의 절반을 감옥 또는 정신병동에서 보냈다. 그는 소년 시절 선생님에게 매를 맞으면서 고통과 쾌락 그리고 그 둘 사이의 연결에 매료되었다. 귀족 가문 출신이지만 가족에게 버림받았으며, 대신 하인들에게 장난스럽고 잔인한 변덕을 부렸다. 군대에 있을 때는 유혹, 매질, 고문과 남색을 다양한 연령대의 남녀와 탐닉하기 시작했는데, 그중 몇몇은 끔찍하게 느껴질 만큼 어렸다. 칠년전쟁 중 대령으로 승진하고 나서는 치안판사의 딸 르네펠라지 드 몽트뢰유Renée-Pélagie de Montreuil와 결혼해 아이 셋을 두었다. 결혼은 곧 파탄에 이르렀지만, 그가 성도착증으로 맹렬한 비난을 받으며 거의 처형까지 당할 뻔했을 때 장모가 왕실의 봉인이 찍힌 '체포영장'을 어렵게 구해 법으로부터 약간이나마 보호를 받도록 해주었다. 이 서류 덕에 사드는 재판 없이 무기한 감옥에 갇히게 되었다.

감옥 안에서 사드는 《쥐스틴 또는 미덕의 불운Justine, ou Les Malheurs de la Vertu》처럼 뛰어나지만 동시에 뒤틀리고 외설적인 소설을 썼다. 그 소설들은 그가 벌인 난잡한 파티만큼이나 뻔뻔하고 폭력적이었다. 1777년부터 1784년까지 뱅센성에 감금되었을 때, 사드는 자신을 괴롭히는 사람들, 특히 그의 장모인 "매춘부"에게 재미로 아래와 같이 악의에 찬 편지를 보냈으며 장모를 상대로 가학적 체벌을 고안하기도 했다. 프랑스혁명이 일어나던 날, 바스티유 감옥에서 《소돔의 120일Les 120 Journées de Sodome》을 쓰고 있던 사드는 대중이 감옥을 공격하도록 선동했지만, 감옥이 혁명군의 손에 무너지기 전에 정신병동으로 이감되었다. 이후 풀려나 혁명에 합류했고 자유를 즐기며 고위 관료로 근무했다. 그러나 로베스피에르Maximilien Robespierre의 공포정치에 반대하다 결국 체포되었는데, 운 좋게 참수는 면했다. 나폴레옹 보나파르트가 그를 정신병동으로 돌려보냈고, 그곳에서 사드는 병동 직원의 열네 살 난 딸을 유혹했다. 그리고 1814년 세상을 떠났다.

뱅센에서,

엑스에서 다랑어를 파는 자들의 부도덕한 수하들, 고문자의 비열하고 악명 높은 하인들은 나를 고통스럽게 하려고 적어도 어떤 이득을 낳을지도 모르는 고문을 생각해낸다. 너희가 정신적으로 둔감한 탓에 나를 너희에게 구차하게 팔아넘기려 하는 변변찮은 뚜쟁이를 내가 저주하고 비난하지 못하게 해서 얻는 효과가 무엇인가? 나는 더 이상 읽지도, 쓰지도 못하므로 이것은 내가 그녀를 위해 발명한 백열한 번째 고문이다. 오늘 아침 괴로워하면서 그녀, 매춘부를 보았다. 그녀가 산 채로 가죽이 벗겨지고, 엉겅퀴 위로 질질 끌려다니고, 그다음에 식초 통 안으로 던져 넣어지는 것을 보았지. 그리고 그녀에게 이렇게 말했다.

사위를 고문자들에게 팔아넘기는 형편없는 생명체!
이 뚜쟁이, 너의 두 딸을 빌려준 죄라고 생각해라!
사위를 파멸시키고 명예에 먹칠한 죄라고 생각해라!
아마 사위를 희생시킨 이유였을 그 아이들을 그가 미워하게 한 죄라고 생각해라!
그가 형을 선고받은 뒤 오직 너만이 그를 도울 수 있었을 때, 그의 삶 중 최고의 날들을 망쳐버린 죄라고 생각해라!
그를 버리고 네 딸의 사악하고 가증스러운 자식들을 선택한 죄라고 생각해라!
네 어리석음의 값을 대신 치르도록 그를 13년 동안 압박한 모든 사악함 때문이라고 생각해라!

그리고 나는 그녀를 더 고문했고 그녀의 고통 속에서 그녀를 모욕했으며 나의 고통은 잊어버렸다.
펜이 손에서 굴러떨어진다. 나는 괴로워해야 한다.
안녕, 고문자들, 너희를 저주할 것이다.

알렉산드라 황후와
니콜라이 2세가 주고받은 편지

제1차 세계대전이 벌어지는 동안, 아내가 전선에 있는 사랑하는 남편에게 편지를 쓴다. 아구위온Agooweeone, 와이피Wify, 서니Sunny 같은 별명으로 가득 찬 이 편지는 독특한 상류층 영어로 쓰였다. 그러나 이들은 평범한 부부가 아니며, 이 편지는 왜 러시아가 겨우 몇 주 후 혁명을 맞닥뜨리게 되는지 보여준다. 알렉산드라 황후는 나라의 수도 페트로그라드에서 군사 본부에 있는 남편 니콜라이 2세에게 편지를 쓰고 있다. 그녀는 니콜라이에게 이전 세대의 표트르 대제나 이반 4세Ivan IV 같은 "주인"이 되라고 격려한다. "우리의 친구" 라스푸틴의 신성한 권위에 힘입어 이러한 조언을 하는데, 라스푸틴이 황제 부부를 이전에 치료한 사기꾼 "의사" 필리프Philippe의 후계자라고 여긴다. 그녀는 전제정치에 집착하며 민주주의를 막아 세우고, 라스푸틴에게 좋은지 나쁜지를 기준으로 모든 정치적·군사적 결정을 한다. 반쯤 미친 코카인 중독자이자 매독 환자인 알렉산드르 프로토포포프Alexander Protopopov를 내무부 장관 후보로 내세우는 등, 그녀의 영향력은 그야말로 파국을 불러온다.

알렉산드라는 자신이 예카테리나 대제 이래 러시아에서 가장 강력한 여성이라고 자랑한다. 그녀의 수많은 결점을 보완하는 유일한 장점은 가족과 남편 니키Nicky에 대한 헌신이다. 편지에서 그녀는 간절히 남편의 애정 표현을 기다린다. 물론 그도 마찬가지다.

1916년 12월 14일
알렉산드라가 니콜라이에게

서리와 눈이 두툼히 쌓인 일주일이에요. 어젯밤에도 거의 잠을 자지 못했고 아직 여기저기 아픈 데다 몸이 으슬으슬해서 오찬 때까지 침대에 있었어요. 당신의 다정한 편지 정말 고마워요.

부디 표트르 대제, 이반 뇌제(이반 4세), 파벨 황제가 되세요. 모든 사람을 당신 아래로 깔아 누르세요. 웃지 말고요. 장난꾸러기 같으니.

전 정말 이해할 수 없어요. 전 여자에 불과하지만, 제 영혼과 머리는 바로 그 점이 러시아를 구할 거라고 말하거든요. 그들은 수호믈리노프Vladimir Sukhomlinov보다 훨씬 심각한 죄를 저질렀어요. 책임내각을 원하는 바보, 브루실로프Aleksei Brusilov 같은 자들이 어떤 정치적 주제를 건드리거든 그러지 못하도록 막으세요.

필리프 씨조차 헌법을 제정하는 것은 곧 당신과 러시아의 파멸이라 말했고, 모든 진정한 러시아인도 똑같이 말한다는 사실을 기억하세요.

몇 달 전에 시튜르메르Boris Stürmer 총리에게 스베도프Shvedov가 제국 의회의 구성원이 되는 문제에 대해 이야기했어요. 그들과 착한 마클라코프Maklakov는 용맹하게 우리 편에 서줄 거예요. 제가 당신을 걱정하게 한다는 건 알아요. 아, 제 마음속에 가득 찬 사랑과 애정과 애무를 편지로만 표현해야 할 정도로 이토록 멀리 떨어져 있지 않았더라면. 하지만 우리 친구의 축복을 받아 아내이자 엄마 그리고 러시아의 국모로서 의무 때문에 당신에게 모든 것을 말할 수밖에 없네요.

사랑하는 당신, 내 삶의 햇살, 만약 전장에서 적군과 싸워야 한다면 당신은 절대 망설이지 않고 사자처럼 앞으로 나아가겠죠. 지금 얼마 되지 않는 그 짐승들과 공화주의자들에게 맞서는 전투에서 부디 그렇게 해주세요.

부디 주인이 되세요. 모든 이가 당신 앞에 무릎을 꿇을 거예요. 제가 두려워할 거라고 생각하시나요? 절대 그렇지 않아요. 오늘 마리아와 아나스타시야(알렉산드라와 니콜라이의 딸들)의 병원에서 장교 하나를 쫓아냈는데, 왜냐하면 그가 감히 우리가 하는 일을 비웃으며 프로토포포프가 사람들을 모아서 우리를 극진히 모시도록 했다고 주장했기 때문이에요. 그 말을 들은 의사들이 분개했어요. 당신은 이 '서니'가 작은 일뿐 아니라 큰일에도 당신이 바라는 만큼 활동적으로 대처하는 모습을 보시게 될 거예요. 신께서 우리를 왕좌에 앉혀주셨고, 우리는 이 자리를 확고히 유지해 우리 아들에게 무탈하게 넘겨주어야 해요. 이 점을 마음에 새긴다면 당신은 '군주'가 되어야 한다는 것을, 그리고 헌법에 맹세한 사람보다 전제군주가 훨씬 그렇게 하기 쉽다는 것을 기억하겠지요.

사랑하는 당신, 내 말 들어요. 그래요, 나이 들었지만 진짜 소녀인 저를 알잖아요. "두려워하지 마세요." 그 나이 든 여자가 이렇게 말했으니 저도 제 '아구위온'에게 두려움 없이 편지를 써요. 이제 우리 딸들이 밖에 나갔다가 꽁꽁 언 채로 돌아와 차를 마시고 싶어 하는군요. 당신에게 키스하고 당신을 가슴에 안고, 애무하고, 사랑하고, 간절히 원하고, 당신 없이는 잠들 수 없어요. 신께서 당신을 축복하시기를.

영원히 오직 당신만의 것인
와이퍼

알렉산드라에게 보내는 니콜라이의 답신도 그녀의 편지와 마찬가지로, 잘못된 방향으로 발현된 오만함과 사사로운 감상벽이 뒤섞여 있다. 이전의 편지에서 그는 그녀와 다시 사랑을 나누기를 꿈꾼다. 그 행위를 "보이시Boysy"라 칭하며. 알렉산드라는 편지에서 그것을 "레이디"라고 부른다. 그가 사촌 블라디미르Vladimir Alexandrovich의 아내 미헨Miechen(마리야 파블로브나Maria Pavlovna 대공비)을 끔찍이 혐오하는 것을 보면, 로마노프 왕가 사람들과 니콜라이 사이에 불화의 씨앗이 자라고 있는 것이 드러난다.

<u>1916년 6월 16일</u>

<u>니콜라이가 알렉산드라에게</u>

내 사랑 와이퍼,

오늘 전령이 조금 늦게 왔는데, 아마 군대가 북쪽에서 남쪽으로 새롭게 움직이기 때문일 것이오. 알렉세이Alexei Nikolaevich(니콜라이와 알렉산드라의 아들 차레비치Tsarevich)가 연대에서 받은 전보를 당신에게 보냈소. 레치츠키Platon Lechitsky가 보내온 또 다른 좋은 소식에 신께 감사드리오! 어제 그의 군대가 장교 221명과 병사 1만 200명을 포로로 잡았소. 그래서 우리 밭과 공장에서 일할 새로운 노동력이 많이 생겼다오. 미헨이 내게 왜 농노해방령을 승인하지 않았느냐고 묻는 냉정한 편지를 보냈소. 나는 그것을 알렉세예프Alekseyev를 통해 소비에트연방 베르흐에 보냈지. 당신이 일린Ilin(러시아 적십자사 대표)에게 한번 살펴보라 하고, 그들의 의견을 내게 전해주어도 될 것이오. 그녀는 정말 견딜 수 없이 짜증 나는 사람이오. 시간만 있다면 아주 신랄한 답장을 보낼 텐데. 점심 먹고 방으로 올라가던 중 당신의 사랑스러운 520번째 편지를 발견했소…. 당신의 달콤한 키스가 얼마나 그리운지! 그래요, 사랑하는 당신, 당신은 정말 키스하는 법을 아는 사람이지! 오, 얼마나 짓궂게 하던지! 당신과 사랑을 나누던 그때가 기억나는군. 날씨가 매우 덥고, 이제 외딴 구름에서 비가 몇 방울 떨어지기 시작했소. 알렉세이가 맨다리로 뛰어다니는 동안 강 상류에 몸을 담그고 싶소. 농부의 작은 아이들이 우리 앞에서 어떻게 온갖 게임을 하는지 알렉세이가 당신에게 들려준 적 있소? 아, 나의 소중한 당신, 이만 끝맺어야겠소. 신께서 당신과 딸들을 축복하시기를.

애정을 담아 수많은 키스를 보내며,

당신의 니키

Decency

품위

마리아 테레지아가
마리 앙투아네트에게

어떤 아이도 엄마에게 혼나는 것, 특히 예의와 도덕이라는 주제로 꾸지람 듣는 것을 좋아하지 않는다. 이 편지에서 마리아 테레지아Maria Theresia 여제는 프랑스 왕비인 딸 마리 앙투아네트를 꾸짖는다. 외교관이나 장관들에게 고압적인 태도로 무례하게 굴고, 둔하고 나약한 남편 루이 16세를 무시한 채 추파를 던지는 아첨꾼들과 어울렸기 때문이다. 어머니는 58세, 딸은 19세다. 마리아 테레지아는 23세에 광대한 제국을 물려받은 이래, 그 자리를 유지하기 위해 쉴 새 없이 전쟁을 헤쳐왔다. 그리고 16년이 지난 1756년, 예쁜 딸을 프랑스 왕과 결혼시킴으로써 외교적 성취를 이루었다. 그런 어머니가 딸에게서 재앙을 예견하는 위험한 무언가를 본 것만은 확실하다. 마리아 테레지아는 1780년에 사망해 그토록 두려워한 "불행"은 보지 못했다. 프랑스혁명과 딸의 처형 말이다.

사랑하는 딸에게

정말 끔찍할 정도로 속상한 그 편지를 차마 못 본 척할 수가 없구나. 네가 (장관) 로젠베르크Rosenberg에게 보낸 편지 말이다. 그 말투라니! 그 경솔함이라니! 앙투아네트 공주의 선하고 관대한 마음은 어디로 사라진 게냐? 이제는 오직 조롱과 박해에 대한 호기심과 천박한 악의, 기쁨만 보이는구나. 퐁파두르Pompadour나 뒤바리Dubarry에게나 어울리는, 결코 왕비, 위대한 공주, 로렌과 오스트리아의 좋은 집안에서 자란 공주가 품어서는 안 될 호기심 말이다. 나는 네가 너무 쉽게 손에 넣은 성공과 너를 둘러싼 아첨꾼들에 대한 생각으로 그 긴 겨울을 떨며 보냈는데, 너는 쾌락과 터무니없는 과시의 삶에 스스로를 내던졌구나. 왕이 심성이 착해 자신은 즐겁지 않음에도 네게 맞춰주거나 네가 하고 싶은 대로 하게 해주는 것을 알면서도 그를 빼놓고 쾌락에서 다시 쾌락을 좇는 네 행동 때문에 전에도 마음속 두려움을 담아 편지를 썼는데, 이제 로젠베르크에게 보낸 네 편지를 보고 그런 내 두려움에 다 이유가 있었다는 것을 알겠구나….

지금 네게 주어진 행운은 모두 너무 쉽게 변해버릴 수 있단다. 그리고 너 자신이 저지른 잘못 때문에 극심한 불행에 빠질 수도 있다. 심각한 문제라면 무엇이든 피해버리는 네 끔찍한 방탕이 불러올 결과지. 최근 읽은 책이 있느냐? 가장 중대한 국가적 문제에 대해, 장관들의 결정에 대해 소신 있게 의견을 밝혔느냐? 수도원장은 무엇을 하는 사람이냐? 자비란 무엇이냐? 너는 이런 주제가 비열한 아첨꾼처럼 네 행복을 바라며 네 약점을 이용하려 하지

않는다고 싫어하는구나. 언젠가 너도 진실을 알아보겠지만 그때
는 너무 늦을 게다. 나는 이제 네게 쓸모없는 사람이니 부디 불행
이 너를 집어삼킬 때까지 내가 살아 있지 않기를, 내 남은 날을 신
께서 빨리 거둬들이시기를 기도한다. 사랑하는 자식을 잃거나 자
식의 불행을 지켜봐야 한다면 견딜 수 없을 테니 말이다. 하지만
나는 죽는 날까지 널 다정하게 사랑할 게다.

마하트마 간디가 히틀러에게

이 편지는 천사 같은 경건함과 악마 같은 사악함의 궁극적 충돌을 보여준다. 1940년 말, 나치 제국의 위세가 최고점에 다다라 유럽이 무릎을 꿇고 독일이 천하무적과도 같을 때, 히틀러는 그와 정반대 지점에 있는 마하트마 간디Mahatma Gandhi에게 편지 한 통을 받는다. 간디는 영국을 인도에서 축출하기 위한 운동에 참여하고 있었다. 그는 인도의 참전에 반대하며 정작 인도에선 그 권리가 보장되지 않는데 그의 나라가 자유를 둘러싼 분쟁에 관여할 순 없다고 주장했다(그럼에도 그의 동포 250만 명은 연합군에 합류했다).

71세의 이 인도 운동가는 1939년에도 히틀러에게 전쟁을 일으켜선 안 된다고 조언하려 노력했고, 이제는 영국 제국주의에 맞선 자신의 투쟁을 상기시킴으로써 나치 독일 총통의 선한 본성에 호소한다. 간디는 아내와 네 아이와 함께 머무는 마하라슈

트라 세바그람에 있는 자신의 아슈람ashram(힌두교도가 수행하며 거주하는 곳—옮긴이)에서 편지를 썼는데, 이 편지는 감탄스러운 만큼 헛되기도 하다. 홀로코스트를 자행하고 러시아를 침략하고 폐허가 된 베를린에서 자살할 때까지도 히틀러는 결코 답장하지 않았다. 간디의 운동은 성공을 거두었고, 영국이 인도(와 파키스탄)의 독립을 인정하도록 이끌었다. 그러나 곧 그는 광적인 힌두교도 총잡이에게 암살당한다.

1940년 12월 24일
친구에게
격의 없이 친구로 부르겠소. 내게는 적이 없소. 지난 33년 동안 살면서 내가 해온 일은 인종이나 피부색, 신념에 관계없이 모든 인류와 친구가 되는 것이었소.
나는 당신이 시간을 갖고, 세계적 우의라는 신념에 따라 행동하는 수많은 사람이 당신의 행동을 어떻게 바라보는지 궁금해했으면 좋겠소. 우리는 모국에 대한 당신의 헌신과 용맹함을 결코 의심치 않으며, 당신이 당신의 적이 말하는 괴물일 것이라고 믿지도 않소. 하지만 당신이 직접 쓴 글과 선언, 친구들과 추종자들을 보면, 특히 세계적 우의를 믿는 나 같은 사람이 판단할 때 당신의 행동 중 대부분은 끔찍할뿐더러 인간의 존엄성에 합당하지 않다는 데에 의심의 여지가 없소. 당신이 체코슬로바키아를 모욕한 것, 폴란드를 겁탈한 것, 덴마크를 집어삼킨 것이 그렇소. 당신이 삶을 바라보는 관점에서는 그런 약탈이 고결한 행동처럼 보인다는 사실을 알고 있지만, 우리는 어린 시절부터 그런 것을 인간성을 실추하는 행동으로 간주하도록 배워왔소. 하여 당신이 성공하기를 바랄 수가 없소.

하지만 우리가 처한 상황이 꽤 독특하오. 우리도 나치즘만큼이나 영국 제국주의에 저항하고 있소. 다른 점이 있다면 정도의 차이일 뿐이오. 인류의 5분의 1은 허점투성이 수단에 의해 영국의 발아래 짓밟혀왔소. 그렇다고 우리의 저항이 영국 사람에게 해를 끼치겠다는 의미는 아니오. 그들의 생각이 바뀌기를 바랄 뿐, 그들을 전장에서 무찌르는 것은 원하지 않소. 우리는 영국의 통치에 비무장으로 저항할 것이오. 그들의 생각을 바꾸든, 바꾸지 못하든 비폭력, 비협력으로 그들의 통치를 무위로 돌리기로 결심했소. 이 방법의 본질 자체가 방어하기 힘들다는 것이오. 어떤 착취자도 자발적으로든, 강압에 의해서든 피해자가 어느 정도 협력하지 않는 이상 그를 완전히 지배할 수 없기 때문이오. 통치자들은 우리 땅과 몸을 가질 수 있을지언정 우리 영혼은 갖지 못할 것이오….

영국의 지배가 우리에게, 그리고 유럽 혈통이 아닌 인종에게 어떤 의미인지 알고 있소. 하지만 결코 독일의 도움을 받아 영국의 지배를 끝내고 싶지는 않소. 우리는 비폭력 운동을 조직화한다면 의심의 여지 없이 세상에서 가장 폭력적인 힘의 조합에도 맞설 수 있다는 것을 알게 되었소. 앞서 말했듯, 비폭력 저항에 패배란 있을 수 없소. 누군가를 죽이거나 해하지 않는, '하거나 죽거나'인 방식이기 때문이오. 자본이나 과학 없이도, 그리고 명백히 당신이 정점을 찍은 파괴의 도움 없이도 쓰일 수 있소. 그것이 누구의 전

유물도 아님을 당신이 보지 못한다는 사실이 내게는 놀라울 뿐이오. 영국이 아니어도 분명 또 다른 세력이 당신의 방식을 개선해 당신이 만든 무기로 당신을 공격할 것이오. 당신은 당신의 국민이 자랑스러워할 만한 어떤 유산도 남기지 않았소. 아무리 정교하게 계획해도 그들은 당신의 만행에 대한 찬가에 자부심을 느낄 수 없소. 따라서 인류의 이름으로 당신에게 부탁하건대, 제발 전쟁을 멈추시오….

당신도 알겠지만 나는 얼마 전 모든 영국인에게 나의 비폭력 저항 방식을 받아들여달라고 호소했소. 영국이 나를 저항 세력이긴 하지만 친구로 알고 있기 때문이오. 그러나 당신과 당신 국민에게 나는 이방인이오. 내가 모든 영국인에게 호소한 것을 당신에게도 할 용기는 없소. 영국인과 같은 힘을 가진 당신에게는 해당되지 않는다는 것이 아니오. 다만 내가 지금 하는 제안은 그보다 단순한데, 이쪽이 훨씬 실용적이고 친숙하기 때문이오.

유럽 사람들이 마음 깊이 평화를 갈망하는 이 시기에 우리는 평화로운 투쟁조차 멈추었소. 개인적으로 당신에게는 아무 의미 없을지 모르지만 평화를 위해 소리 없이 울부짖는 수백만 유럽 사람에게는 분명 큰 의미가 있을 이 시기에 당신에게 평화를 위해 노력해달라고 요청하는 것이 너무 큰 부탁이오? 말 못하는 수백만에게 귀 기울이는 내게는 그들의 울부짖음이 들리오.

나는,
당신의 진정한 친구요.
M. K. 간디

1863년 7월 13일

에이브러햄 링컨이
율리시스 그랜트에게

이 편지에서 에이브러햄 링컨Abraham Lincoln 대통령은 남북전쟁 중 이루어낸 중요한 승리, 즉 미시시피주 빅스버그를 점령한 것에 대해 그랜트Ulysses S. Grant 장군에게 진심으로 축하하고, 놀랍게도 자신이 완전히 잘못 안 것에 대해 사과한다. 탁월한 문장가인 링컨은 정치적으로든 개인적으로든 말을 명료하게 하는 것으로 명성이 높았다. 1862년 8월 22일에 쓴 편지를 보면 갈등 상황에서 그가 생각하는 진짜 우선순위를 언급한다. "나는 연합군을 구할 것이네. 가장 빠른 방법으로 그렇게 할 것이네…. 노예와 유색인종에 대해 그렇게 조치한 이유는 그것이 연합군을 돕는 길이라고 믿었기 때문이네…."

그러나 그는 유머 감각 또한 있었다. 그레이스 베델Grace Bedell이라는 열한 살 소녀가 대통령답게 수염을 더 길러야 한다는 조언을 담은 편지를 보내자, 그는 1860년 10월 19일 이렇게 회신했다. "사랑스러운 작은 소녀에게, 수염에 대해서는, 아직 수염을 길러본 적 없는 내가 이제 기르기 시작하면 사람들이 그것을 어리석은 가식의 일환이라고 생각하지 않을까? 네가 건강히 잘 지내기를 진심으로 바라는 친구, A. 링컨."

하지만 아래 편지는 링컨의 성격을 말해준다는 점에서 전략적으로도 중요하다. 그것은 그가 마침내 개선장군을 찾았다는 것을 의미한다. 링컨은 그랜트를 사령관으로 승진시켰고, 이후 그랜트는 대통령으로 당선되기에 이른다. 이 편지는 또한 링컨의 담대함과 자신의 재능에 대한 자신감을 강조한다. 이러한 겸손은 어떤 집단의 우두머리에게서도 보기 힘들지만, 특히 정치인에게는 더더욱 희귀하다.

친애하는 장군에게

자네와 내가 개인적으로 만난 적이 있는지 기억나지 않는군. 내가 이 편지를 쓰는 이유는 자네가 국가를 위해 해준 헤아릴 길 없는 봉사에 고맙다는 말을 하기 위해서네. 더불어 몇 마디만 더 하겠네. 자네가 처음 빅스버그 인근에 도달했을 때 나는 자네에게 꼭 해야 할 일이 있다고 생각했네. 결국 자네는 그 일을 해냈지. 지류를 건너 군대를 전진시키고, 포병대를 수송선에 실어 움직이고, 빅스버그 아래쪽으로 가는 것 말일세. 그리고 나는 자네가 야주 패스 원정Yazoo Pass expedition이나 그 비슷한 작전의 성공 가능성을 나보다 잘 알고 있으리라는 평범한 기대를 하긴 했지만 이를 제외하고는 전혀 믿음이 없었네. 자네가 아래쪽에 도달해 깁슨

항, 그랜드걸프 그리고 인근 지역을 손에 넣었을 때 나는 자네가 강을 따라 내려가 뱅크스 장군과 합류해야 한다고 생각했네. 그런데 자네가 빅블랙강 북동쪽으로 향하는 것을 보고 혹시 실수한 게 아닐까 했다네. 이제는 자네가 옳았고, 내가 틀렸다고 개인적으로 인정하네.

자네의 진정한 친구

A. 링컨

존 프러퓨모가 해럴드 맥밀런에게

죄가 있으면 은폐가 있고 종종 은폐는 사태를 악화시킨다. 진실을 고백한 이 편지는 한 시대를 종결한다. 1961년 해럴드 맥밀런Harold MacMillan 내각의 육군상 존 프러퓨모John Profumo는 애스터 자작의 시골집 클리브든 수영장에서 수영을 하고 있던 아름다운 모델이자 화류계 여성 크리스틴 킬러Christine Keeler를 보고 반해 불륜 관계를 맺었다. 같은 시기에 크리스틴은 KGB 스파이이자 소비에트 해군 대외연락관인 예브게니 이바노프Yevgeny Ivanov와도 관계를 가졌다. 유부남인 프러퓨모는 총리와 의회에 어떤 '부적절한 행위'도 없었다고 사실을 부정하지만, 진실이 밝혀지자 맥밀런에게 이 편지를 썼다. '프러퓨모 사건'은 보수당 내각뿐 아니라 전통적 사립학교 출신 기득권층에도 치명적 피해를 입혔다. 맥밀런은 은퇴하고, 노동당이 다음 선거에서 승리를 거두고, 프러퓨모는 여생을 자선사업에 헌신한다.

존경하는 총리께

3월 22일 내각에서 특정 혐의가 제기됨에 따라, 제가 개인적으로 증언한 사실을 기억하실 겁니다. 당시 떠돌던 소문에 기반해 저는 증인의 도주를 방조하고 기밀 유출에 가담한 혐의로 기소되었습니다.

이러한 혐의가 너무나 중대해서 저는 소문의 또 다른 주제인 증인과 저의 개인적 관계가 비교적 덜 중요한 사안이라고 생각하고 말았습니다. 저는 그 관계에 어떤 부적절함도 없었다고 증언했습니다. 매우 유감스럽습니다만 이는 사실이 아니며 제가 내각과 동료 의원들, 총리를 잘못된 길로 인도했음을 인정합니다.

제 생각에 제 자문위원들이 그랬듯 오도된 사실을 믿게 될 제 아내와 가족을 보호하기 위해서였다는 것을 부디 이해해주셨으면 합니다.

이 부분을 제외한 다른 혐의는 결코 진실이 아니지만, 이렇게 다른 사람들을 기만함으로써 저는 제가 심각한 잘못을 저질렀으며 이제 총리의 내각에도, 하원에도 남아 있을 수 없다는 사실을 깨달았습니다.

제가 지난 25년 동안 몸담은 당과 내각의 동료 의원들에게, 그리고 제 지역 유권자들에게 수치심을 드려 얼마나 큰 죄책감을 느끼는지 이루 말할 수 없을 정도입니다.

이만 줄이겠습니다.

잭 프러퓨모 드림

_____

재클린 케네디가
니키타 흐루쇼프에게

재클린 케네디Jacqueline Kennedy가 남편 존 F. 케네디John F. Kennedy의 암살 이후 일주일이 지나 백악관에서 마지막 나날을 보내던 중 쓴 이 편지에서는 절망 속 기사도가 느껴진다. 대통령과 그의 적수인 소비에트 총리 니키타 흐루쇼프Nikita Sergeevich Khrushchyov는 정반대의 인물이었다. 케네디는 잘생기고 교양 있고 부유한 바람둥이인 반면, 흐루쇼프는 사마귀투성이의 잔혹한 공산주의자이자 농부였다. 그들은 치열한 협상을 했고 세계적 핵전쟁을 가까스로 피할 수 있었다. CIA에는 러시아가 암살 계획에 한몫했을지 모른다고 우려하는 사람이 많았다. 흐루쇼프 입장에서는 그런 비난을 받을까 봐 걱정했다. 아마 이 편지는 소비에트를 안심시키기 위해 썼을 것이다. 글의 명료함 면에서도, 국가 지도자로서의 위엄 면에서도, 그리고 "큰 사람들"과 "작은 사람들"에 대한 이론 면에서도 대단히 품격 있고 감동적인 편지다.

친애하는 총리님께

제 남편의 장례식에 총리님을 대신해 미코얀Anastas Mikoyan 씨를 보내주신 데 대해 사의를 표합니다. 그분이 국경을 지나 들어오실 때 마음이 정말 안 좋아 보여 저도 매우 감동을 받았습니다.

그날 그분을 통해 총리님께 메시지를 전하려 했는데, 제게는 너무도 힘든 날인 탓에 제가 의도한 대로 메시지를 받으셨는지 모르겠습니다.

그래서 이제, 제가 백악관에서 보내는 마지막 나날 중 하루인 오늘, 백악관에 있는 종이에 쓰는 마지막 편지 중 하나로, 제 메시지를 글로 적어 총리님께 보내드리고자 합니다.

이 편지를 보내는 이유는 제 남편이 평화를 얼마나 중요하게 여겼는지, 그리고 총리님과의 관계가 그의 마음속에서 얼마나 큰 자리를 차지했는지 알기 때문입니다. 제 남편은 총리님께서 하신 말씀을 가끔 연설에 인용하곤 했습니다. "다음 전쟁에서는 살아남은 자들이 죽은 자들을 부러워할 것이다."

두 분은 적이었지만, 총리님께서는 세계가 파괴되어서는 안 된다는 결연한 의지로 동맹을 맺으셨습니다. 두 분은 서로를 존중했고 동등한 위치에서 서로 협력할 수 있었습니다. 분명 존슨 대통령도 총리님과 같은 관계를 맺기 위해 할 수 있는 모든 노력을 다할 것입니다.

제 남편은 전쟁이 '큰 사람들'보다는 '작은 사람들'에 의해 시작될까 봐 걱정했습니다.

큰 사람들은 자기통제와 절제의 필요성을 알고 있는 반면, 작은 사람들은 때때로 두려움과 자존심 때문에 더 많이 움직입니다. 미래에도 작은 사람들이 싸움을 시작하기 전, 큰 사람들이 그들로 하여금 계속 시간을 들여 이야기를 나누게 할 수 있기를 바랄 뿐입니다.

존슨 대통령도 제 남편이 전적으로 믿은 자기통제와 절제의 가치를 분명 이어갈 것입니다. 그리고 그에게는 총리님의 도움이 필요할 것입니다.

제가 이 편지를 보내는 이유는 총리님과 제 남편이 맺은 관계의 중요성을 절실히 알고 있기도 하고, 또한 총리님과 빈에 계신 흐루쇼프 여사님의 친절한 마음 때문이기도 합니다.

여사님께서 장례식 방명록에 서명한 후 모스크바의 미국 대사관을 떠나실 때 눈물을 글썽이는 모습을 보았습니다. 부디 제 감사의 인사를 전해주십시오.

이만 줄입니다.

재클린 케네디 드림

바부르가 아들 후마윤에게

이 편지에는 관용이 잘 드러난다. 1483년 태어난 바부르
Babur는 정복자 티무르Timur의 위대함을 이어받은 후손이자 영
광을 잃은 가문의 왕자였다. 그러나 거의 혼자 힘으로 권력을 되
찾았고 광대한 인도를 정복했으며 '무굴'로 알려진 왕조를 세웠
다. 그는 유명한 회고록 《바부르나마Bāburnāma》에 전투와 폴로
경기, 만찬, 시에 대해 썼는데, 그뿐 아니라 여러 종교가 공존하
는 복잡한 인도 사회를 어떻게 통치해야 할지도 알고 있었다. 이
제 죽음을 눈앞에 둔 45세의 바부르 황제는 아들에게 오늘날 인
도뿐 아니라 더 넓은 이슬람 세계에도 유효한 조언을 남긴다.

오, 아들아! 북인도 왕국은 다양한 종교를 믿는 이들로 가득
하단다. 신께서 우리에게 제국을 허락하셨으니, 지당하고 영광되
고 높은 그분을 찬미하여라. 네 마음속에서 모든 종교적 편협을

씻어내고, 각 사회의 교리에 따른 정의를 베풀어라. 그리고 특히 소를 제물로 바치는 일을 삼가도록 해라. 그렇게 하면 북인도 왕국 사람들의 마음을 사로잡을 수 있을 것이며, 그 왕국 사람들이 왕족의 호의에 감사하며 네게 헌신할 것이다. 그리고 제국의 지배하에 있는 모든 사회의 사원과 예배당에 결코 피해를 입혀서는 안 된다. 군주가 국민과 함께 행복할 수 있도록, 마찬가지로 국민이 군주와 함께 행복할 수 있도록 정의를 베풀어라. 이슬람은 억압이라는 검이 아니라 친절이라는 검에 의해 진보한단다.

시아파와 수니파의 논쟁은 무시하여라. 그 안에 이슬람의 약점이 있다. 서로 다른 종교를 믿는 국민을 4월소처럼 한데 모아라. 정치적 통일체가 다양한 질병에 대항할 면역력을 갖게 될 것이다. 또한 상서로운 합일의 주Sahib Qiran 티무르 황제의 업적을 기억하여라. 정치적 문제에 대한 분별을 얻을 수 있을 것이다. 그리고 우리에게는 충고할 의무밖에 없단다.

에밀 졸라가 펠릭스 포르에게

이 편지는 놀랄 만한 도덕적 분노를 불러온다. 프랑스 대통령 포르Félix Faure에게 보낸 졸라의 편지는 이미 가톨릭 민족주의와 세속적 자유주의라는 두 가지 국가적 전망의 격렬한 분립으로 프랑스를 분열시킨 프랑스 군대의 불의와 반유대주의를 폭로한다. 졸라는 "뒤가 구린 생명체들", 즉 완전히 무고한 사람에게 반역죄로 종신형을 선고해 프랑스령 기아나에 있는 지옥 같은 악마의 섬 감옥에서 여생을 보내게 한 수치스러운 위선자들과 비열한 반유대주의자들을 폭로한다. 심지어 그들은 2년 뒤 실제로 나라를 배신한 독일 스파이의 신원을 밝혀낸다.

1894년 12월, 하필 유대인인 알자스 출신의 젊은 프랑스 대위 알프레드 드레퓌스Alfred Dreyfus가 프랑스 군사 기밀을 독일 정보국에 팔아넘긴 혐의로 유죄 판결을 받았다. 의심스러운 점이 가득한 판결이었다. 그리고 1896년 프랑스 정보국이 페르디낭 에스테라지Ferdinand Esterhazy 소령이 진범임을 밝혀냈음에도, 프랑스 장교들과 정치인들은 에스테라지를 무혐의로 풀어주고 그의 죄를 은폐하도록 공모했다. 뻔뻔한 불의와 만연한 인종차별이 프랑스를 갈라놓던 중, 《나나Nana》와 《제르미날Germinal》을 쓴 소설가 에밀 졸라는 스스로 목소리를 내야겠다고 다짐했다. 그리고 드레퓌스의 누명과 반유대주의 공공 캠페인, 은폐 공작 뒤에 있는 사람들을 폭로하는 편지를 출간했다.

졸라는 명예훼손으로 고소됐고 그 때문에 런던으로 도망쳐야 했지만, 이 편지만큼은 효과가 있었다. 격렬한 항의에 떠밀려 정부는 사건에 대한 조사를 재개할 수밖에 없었다. 1899년, 5년간 옥살이를 한 후 풀려난 드레퓌스는 두 번째 재판을 위해 돌아왔다. 놀랍게도 그는 다시 유죄판결에 10년형을 선고받았다. 그러나 이후 혐의를 벗고 사면되었으며 대위로 복직해 1935년 중령으로서 사망했다. 1902년 졸라는 굴뚝이 막혀 일산화탄소 중독으로 사망했다. 어쩌면 이 편지를 썼기 때문에 살해된 것일 수도 있다. 슬프게도 이 편지를 통해 폭로한 반유대주의는 오늘날에도 유효하다.

대통령께

대통령께서 제게 베풀어주신 따뜻한 환대에 감사드리며, 대통령께서 마땅히 누리시는 특권이 위협받지 않을까 제가 걱정하는 것을, 그리고 그토록 찬란하게 빛나던 대통령의 명예가 가장 수치스럽고 지울 수 없는 오점으로 더럽혀지고 있음을 제가 지적하는 것을 이해해주시기 바랍니다.

대통령께서는 온갖 비열한 중상모략에도 불구하고 모든 이의 마음을 얻으셨습니다. 우리나라와 러시아가 맺은 동맹의 애국적 영광 속에서 밝게 빛나시고 이제 곧 노동, 진실, 자유를 향해 가는 이 위대한 세기를 장식할 보석인 만국박람회의 장엄한 성공을 주재하실 것입니다. 그런데 이 끔찍한 드레퓌스 사건이 얼마나 대통령의 이름을, 제 표현으로는 당신의 치세를 더럽히고 있는지요. 군사법원이 지금 명령에 따라 에스테라지라는 자를 감히 무혐의로 풀어주었습니다. 이것은 모든 진실과 정의를 향한 최고의 모욕입니다. 이제 프랑스의 얼굴은 이 오점으로 먹칠이 됐고, 역사는 대통령 재임 기간에 이러한 사회적 범죄가 저질러졌다고 기록할 것입니다.

그들이 감히 그렇게 나왔으니, 저도 감히 이렇게 하겠습니다. 진실을 말할 것입니다. 제가 모든 진실을 밝히겠다고 서약했기 때문이고, 사건을 맡은 법원이 그렇게 하지 못했기 때문입니다. 제 의무는 소리 내어 말하는 것입니다. 저는 이 졸렬한 사건의 공범이 되고 싶지 않습니다. 만약 그렇게 된다면 제가 마주할 밤들은 저 멀리서 실제로 저지르지도 않은 범죄 때문에 가장 끔찍한 고문을 겪고 있는 무고한 남자의 유령에게 사로잡히고 말 것입니다….

그런데 이제 드레퓌스가 군사법원에 출석합니다. 문을 걸어 잠근 채 완전한 비밀 재판으로 진행했습니다. 적에게 국경을 열어주고 독일 황제를 바로 노트르담으로 인도한 반역자라 해도 이보다 엄중한 비밀과 침묵이 이어질 수는 없었을 것입니다. 대중은 몹시 충격을 받았습니다. 가장 끔찍한 행동과 가공할 만한 기만과 역사를 모욕한 거짓에 대한 소문이 날아다녔습니다. 자연히 대중은 현혹되었습니다. 어떠한 잔혹한 벌도 지나치지 않다고 생각했습니다. 국민은 반역자가 공개적으로 끌어내려지기를, 불명예의 바위 위에서 후회로 몸부림치게 되기를 바랐습니다. 하지만 이런 것이, 이루 말할 수 없는 이런 행동이, 너무 위험해서 유럽을 불구덩이로 몰아넣는 것을 막으려면 문을 꼭 닫고 숨겨두어야 한다던 이런 행위가 과연 진실일까요? 아닙니다! 이것은 뒤 파티 드 클랑Armand du Paty de Clam 소령의 광기 어린 날조에 불과합니다. 인간이 상상할 수 있는 것 중 가장 말도 안 되는 판타지로 만들어낸 은폐 공작입니다. 고발장을 군사법원에 제출한 그대로 주의 깊게 읽기만 하면 이를 확신할 수 있습니다.

얼마나 조잡한 고발장인지요! 누군가가 이 혐의로 유죄판결을 받을 수 있었다는 사실 자체가 극도로 부당합니다. 저는 점잖은 사람들에게 이것을 읽어보게 하고, 저 악마의 섬에서 말도 안 되는 형벌을 가하고 있는 것을 생각하면 그들의 마음에 조금의 분함이나 혐오의 외침도 생기지 않는지 묻고 싶습니다. 드레퓌스는 여러 나라 말을 할 줄 알았습니다. 유죄! 어떤 부끄러운 문서도 가지고 다니지 않았습니다. 유죄! 때때로 모국을 방문했습니다. 유죄! 열심히 일하고, 많은 배움을 얻기 위해 노력했습니다. 유죄! 혼란스러워하지 않았습니다. 유죄! 혼란스러워졌습니다. 유죄! 얼마나 유치한 말로 쓰인, 얼마나 황당한 고발입니까!

대통령님, 이것들이 바로 오판을 저질렀음을 설명하는 사실입니다. 드레퓌스의 성격, 부유함, 동기 부재라는 증거와 결백하다는 진술을 합치면, 그가 바로 뒤 파티 드 클랑 소령의 충격적 상상력, 그를 둘러싼 종교적 집단, 우리 시대의 재앙인 "더러운 유대인"에 대한 집착이 낳은 피해자임을 보여줍니다.

그리고 이제 우리는 에스테라지 사건을 마주했습니다. 3년이 흘렀지만 양심적인 많은 사람이 힘들어하고, 불안해하고, 조사를 거쳐 드레퓌스는 무죄라는 확신을 얻었습니다…

제가 보여드렸듯, 드레퓌스 사건은 국방부 내부 사건이었습니다. 육군참모본부의 한 장교가 동료 장교들에게 고발당해 참모총장의 압박하에 형을 선고받았습니다. 다시 한번 말씀드리지만, 육군참모본부 전체가 유죄판결을 받지 않고서는 그의 무죄를 밝혀낼 수 없었습니다. 그렇기 때문에 국방부는 언론 캠페인, 공식적 의사소통, 영향력 행사 등 상상할 수 있는 모든 방법으로 에스테라지의 죄를 덮어주고 드레퓌스에게 다시 한번 유죄를 선고했습니다… 우리는 한 불행한 남자이자 "더러운 유대인"이 인간 제물이 된 드레퓌스 사건이 비춘 끔찍한 빛에 질겁했습니다. 아, 이런 멍청함과 어리석음, 이런 얼토당토않은 공상 소설, 이런 타락한 치안 전술, 이런 심문자와 폭군 같은 행태라니요! 몇몇 지위 높은 이들의 옹졸한 변덕에, 국가는 그들의 신발 아래 짓밟혔고 진실과 정의를 찾아 울부짖는 국민의 목소리는 국가 안보를 핑계로 질식되었습니다…

관대한 프랑스가 모든 자유롭고 정의로운 나라의 선두에 서기를 바라는 사람들이, 전 세계에 이 오판을 속여 팔려는 뻔뻔한 음모자들에 의해 나라에 혼란을 조장한다는 비난을 받는 것은 범죄입니다. 부도덕하고 사악한 음모에 이용하고자 여론을 어처구니없는 수준까지 비틀기 위해 국민에게 거짓을 말하는 것은 범죄입니다. 끔찍한 반유대주의에 호소함으로써 편협과 반동의 열정을 부추기고 온순하고 겸손한 이들의 정신에 독을 주입하는 것은 범죄입니다. 반유대주의를 제어하지 않는다면 자유와 인권을 수호하는 프랑스를 파괴할 것입니다. 증오를 일으키기 위해 애국심을 착취하는 것은 범죄입니다. 그리고 마지막으로, 다가오는 진실과 정의의 시대를 맞기 위해 과학계 전체가 각고의 노력을 기울이고 있는 이때 총검을 현대의 신으로 받아들이는 것은 범죄입니다.

우리가 진실과 정의를 얼마나 열렬하게 기다려왔습니까! 그것이 짓밟히고, 인정받지 못하고, 무시당하는 모습을 보는 것이 얼마나 끔찍한지요!

대통령님, 바로 이것이 사건의 진상입니다. 이 무서운 진실이 대통령의 임기에 지워지지 않는 오점을 남길 것입니다. 저는 대통령께서 헌법과 측근에 묶여 이 사건에 대해 어떤 힘도 쓸 수 없다는 사실을 알고 있습니다. 그럼에도 대통령께는 인간으로서 의무가 있습니다. 아마 대통령께서도 이를 곧 깨닫고 이행하고자 하실 것입니다. 저는 정의의 승리를 조금도 의심하지 않습니다. 강한 확신을 갖고 다시 한번 말씀드립니다. 진실은 여전히 진군 중입니다. 그리고 무엇도 이를 막지 못할 것입니다….

저는 뒤 파티 드 클랑 소령을 고발합니다. 그는 이 오판을 만들어낸 악마와도 같은 인물로 지난 3년 동안 터무니없고 사악한 온갖 모략을 꾸몄습니다.

저는 메르시에Auguste Mercier 장군을 고발합니다. 정신적으로
나약한 탓일지라도 그는 금세기 최악의 불공정을 낳은 범행에 공
모했습니다.

저는 빌로Jean-Baptiste Billot 장군을 고발합니다. 그는 드레퓌스
의 무고함을 입증하는 명백한 증거를 손에 쥐고도 이를 은폐했습
니다. 또한 정치적 방편으로서, 위태로워진 작전참모의 체면을 지
키기 위한 방편으로서 스스로 인류와 정의에 반하는 이 범죄를
저질렀습니다…

제게는 오직 하나의 열정밖에 없습니다. 너무나 많은 고통을
겪었고 마땅히 행복을 누릴 자격이 있는 인류의 이름으로, 어둠
속에 숨어 있던 이들을 환한 빛으로 밝히는 것입니다. 저의 불같
은 저항은 영혼의 울부짖음일 뿐입니다. 그들이 감히 저를 법정에
세워 벌건 대낮에 청문회가 열리기를! 저는 이것을 기다리고 있습
니다.

대통령께 심심한 경의를 표하며

1898년 1월 13일

에밀 졸라

로렌초 데 메디치가
조반니 데 메디치에게

열여섯 살 소년이라면 아버지에게 방탕한 생활을 멀리하고 일에 집중하라는 이런 편지를 받게 마련이다. 그중에서도 이 편지는 특별한데, 아들 조반니Giovanni de' Medici가 이제 막 가톨릭교회 역사상 가장 어린 추기경이 되었기 때문이다. 음식과 여자 모두 과하게 밝히는 그의 성향은 이미 주변에 알려져 있었다. 게다가 그의 아버지는 메디치가의 수장이자 막대한 자산을 가진 은행가, 무자비한 정치인, 열렬한 르네상스 예술 후원자이기도 한 로렌초 데 메디치Lorenzo de' Medici다. 로렌초는 1469년부터 공화정 도시국가 피렌체를 효율적으로 통치해오고 있다. 이제 로렌초는 나이가 들었고 쇠퇴의 길로 접어들었지만, 아들 조반니를 추기경 자리에 올려 진홍색 예복을 입히겠다는 야심을 막 성취한 참이다. 이로써 메디치가가 교회와 로마로 권력을 다각화하고 있음을 드러낸 것이다. 그렇게 소년은 전체 인구가 겨우 5만인데 매춘부가 7,000명이나 살고 있어 마땅히 "죄악의 소굴"로 불릴 만한 도시, 로마로 떠나게 되었다. "식사를 간소히 하고 운동을 많이 해라", "유혹에 맞서라" 같은 분별 있는 충고로 가득한 이 멋진 편지에서 볼 수 있듯, 로렌초는 다정한 아버지다. 그러나 로마는 이제 더욱 호색적인 도시로 변해갈 것이다. 보르자가가 권력을 잡을 것이기 때문이다.

조반니가 로마로 떠난 직후, 훌륭한 아버지 로렌초는 사망하고 메디치가는 일시적으로 피렌체의 통제권을 잃는다. 쾌활하고 쾌락주의적이며 비만인 메디치가의 추기경은 로마의 생활을 즐기다가 1513년 마침내 교황 레오 10세Leo X로 선출되기에 이른다. 레오 10세는 타락한 인물의 전형과도 같았고, 부패한 교회에 맞선 마르틴 루터Martin Luther의 저항에 영감을 주었다. 교황에 선출된 후 그는 이렇게 말했다고 한다. "신께서 우리에게 교황권을 주셨으니 즐겨봅시다." 그리고 철두철미하게 매 순간을 즐기다가 1521년 사망했다.

네게 강조하고 싶은 첫 번째는 신께 감사해야 한다는 것이다. 네가 지금의 권위를 얻은 이유가 '너의' 장점이나 지혜가 아니라 '신의' 호의 덕분임을 언제나 기억해라. 신성하고, 모범적이고, 소박한 삶으로 신에 대한 감사함을 보여라…. 작년에 누가 시키지 않았는데도 네가 종종 자진해서 고해성사를 하고 영성체를 받는 것을 보고 매우 안심했단다. 그것을 정례화하는 것이 신의 은총 속에 남는 최선의 길이다. 나도 너무나 잘 알지만 죄악의 소굴이라 할 수 있는 로마에 살다 보면 이런 조언을 따르기 힘들 것이다. 그곳에는 너를 타락시키고 나쁜 길로 이끌려는 사람이 많으며 네가 젊은 나이에 추기경 자리에 오른 것이 많은 시기를 불러일으킬 것이기 때문이다…. 그러므로 더욱더 굳건하게 유혹에 맞서야 한다…. 더불어 위선으로 평판을 얻으려 하지 말고 대화할 때 거짓으로 과도하게 엄격하거나 근엄한 척하지 마라. 너도 나이가 들면 이 모든 말을 더 잘 이해할 수 있을 게다…. 너도 이미 네가 추기경으로서 다른 이들에게 보여야 할 모범이 얼마나 중요한지 알고 있겠지. 또한 만약 모든 추기경이 주어진 역할에 충실하면 세상이 훨씬 살기 좋아지리라는 것도 알고 있을 게다. 추기경들이 그리 되면 좋은 교황이 태어날 것이고, 결과적으로 세상은 더 평화로워질 테니 말이다….

너는 지금의 추기경회에서뿐 아니라 과거의 어느 때에 비해서도 역대 가장 어린 추기경이다. 그러니 다른 추기경들과 함께 추기경회에 있을 때 절대 잘난 체하지 말고 겸손해야 한다…. 규칙적인 생활을 하도록 노력해라…. 실크와 보석은 네 위치에 있는 이들에게는 적절하지 않다. 차라리 골동품이나 아름다운 책을 수집하는 편이 나을 게다. 또한 큰 가정보다는 교양 있고 질서정연한 가정을 유지해라. 다른 이들에게 초대받기보다는 너의 집에 다른 이들을 초대해라. 그러나 너무 자주 초대해서는 안 된다. 식사를 간소히 하고 운동을 많이 해라…. 남들에게 고민을 지나치게 털어놓으니 차라리 아예 털어놓지 마라. 이 모든 규칙 중에서도 나는 네가 이것을 가장 엄격히 준수했으면 한다. '아침에 일찍 일어나라.' 네 건강을 위해서뿐 아니라 그날의 모든 일을 정리하고 신속하게 처리하기 위해서이기도 하단다….

추기경회에서 발언하는 것에 대해서는, 지금은 네가 아직 어리니 어떤 제의가 들어오면 교황께 문의하는 것이 최선이라고 생각한다. 네 생각과 함께 네가 아직 어리고 경험이 부족하다는 점도 말씀드려라. 아마 사람들이 수많은 사소한 일을 네게 가져와 교황께 잘 말해달라고 부탁할 게다. 처음에는 가급적 해주지 말고, 그런 일로 쓸데없이 그분을 걱정시키지 마라. 교황은 본성적으로 당신을 가장 덜 귀찮게 하는 이들에게 가장 관심을 기울이게 마련이기 때문이다….

그럼 이만 줄인다.

Liberation

해방

에멀라인 팽크허스트가
여성사회정치연맹에

에멀라인 팽크허스트Emmeline Pankhurst는 여성의 참정권을 쟁취하려면 창문을 깨부수거나 방화를 하는 등 공격적 선전을 벌여야 한다고 주장한다. 에멀라인의 딸 아델라Adela와 실비아Sylvia를 포함해 여성사회정치연맹Women's Social and Political Union(WSPU)에 반대하며 떠난 많은 이들은 그녀의 주장에 질겁했다. 다른 저명한 활동가들은 WSPU 극단주의자들이 "하원에서 참정권 운동의 성공을 가로막는 주요 장애물"이라고 주장하기도 했다. 하지만 에멀라인의 방식은 먹혔다. 여성의 참정권이 국가 의제의 중심에 놓이게 된 것이다.

맨체스터에서 태어나 여성 참정권 운동을 지지하는 훨씬 나이 많은 변호사와 결혼해 다섯 아이를 낳은 에멀라인은 매우 효율적인 운동가였다. '서프러제트suffragette'로 알려진 그녀와 그녀의 딸들, 그녀의 지지자들은 폭력 시위와 경찰에 대한 공격을 주도했고, 투옥되어 단식투쟁을 이어가다 여러 번 강제로 음식을 삼켜야 했으며 얻어맞기도 했다. 에멀라인의 저항을 멈추게 한 것은 오직 제1차 세계대전뿐인데, 역설적으로 이 전쟁 때문에 세상은 더 이상 여성 참정권을 부인할 수 없게 되었다. 1918년에는 주택을 보유한 30세 이상 여성에게 투표권이 주어졌다. 이것이 확대되어 1928년에는 21세 이상 모든 여성에게 투표권이 주어졌다. 에멀라인이 사망하기 바로 직전이었다.

W.C. 킹스웨이, 링컨스 인 하우스
관계자 외 기밀문서

동료들이여,
총리가 보통선거법에 여성을 포함시킨 개정안을 1월 20일부터 일주일 이내에 논의하고 표결에 부칠 것이라고 발표했습니다. 며칠 후면 마침내 이 개정안의 운명이 결정된다는 뜻입니다.
우리 WSPU는 처음부터 총리가 소위 '약속'한다고 해서 그것만 믿고 휴전을 선언하지는 않겠다고 거절해왔습니다. 또한 문제의 '개정안'에만 의존하지도 않겠다고 거부해왔는데, 왜냐하면 정부가 개정안 통과에 대한 책임을 지려고 하지 않았기 때문입니다. 그러나 정부의 모의에도 불구하고 비공식적 개정안이 통과될지도 모른다는 희망을 버리지 않는 몇몇 여성 참정권론자가 있습니다. 심지어 WSPU 회원 중에도 그런 이들이 있을지 모르겠군요. 이 여성 참정권론자들은 개정안의 운명이 공개될 때까지는 그들과 손잡고 공격적 행동을 하지 말아달라는 유혹을 받습니다.

그러나 WSPU의 모든 회원은 개정안 통과에 실패했을 때 우리의 공격적 행동이 이전의 그 어느 때보다도 강력한 도덕적 의무가 될 것이며, 정치적으로 더욱 필요해질 것임을 알고 있습니다. 반드시 그 상황에 대처할 수 있도록 미리 준비해야 합니다!

공격성에는 정도가 있습니다. 어떤 여성은 다른 사람들보다 공격적 행동을 할 수 있고, 이 부분에 대해서는 여성 개개인이 자신의 의무를 판단해야 합니다. 그러나 어떤 방식으로든 공격적 행동을 하는 것이 도덕적 의무입니다. 이것은 모든 여성이 양심과 자기 존중감에, 자신만큼 운이 좋지 않은 다른 여성들에게, 이후에 올 모든 사람에게 갚아야 할 의무입니다.

만약 어떤 여성이든 정부와 하원이 여성과 특정 인종에게 해를 가하는데 공격적으로 저항하지 않는다면, 그녀는 그 범죄에 공동 책임이 있습니다. 그런 상황에 굴복하는 것 자체가 범죄입니다.

저는 개정안 부결이란 패배를 통해 오직 평화롭고 참을성 있는 방식에만 의존한다면 실패할 수밖에 없다는 사실이, 그리고 공격적 행동은 필수불가결한 요소라는 사실이 수천에 이르는 여성에게 입증될 것임을 알고 있습니다.

앞서 말했듯, 위기가 닥치기 전에 그것을 마주할 준비를 해야 합니다. 그러므로 여러분이 제게 (편지로, 그것이 불가능하다면 직접 말로) 우리의 대의가 배신당한 데 대한 분노를 실천적으로 드러내는 데 각자의 몫을 짊어질 준비가 되었다고 말해주십시오.

여러분의 충실한 친구, E. 팽크허스트

로자 파크스가 제시카 밋퍼드에게

미국 시민권 운동의 어머니 로자 파크스Rosa Parks는 앨라배마 주 몽고메리 지역 버스에서 백인과 흑인의 분리를 명령한 인종 차별법에 맞서 싸울 때 43세 정도였으며 이미 남편과 같은 활동 가였다. 인종차별법은 20세기 초 남부 전역에서 도입한 악명 높은 '짐 크로Jim Crow' 법의 일부인데, 노예제가 이미 40년 전에 폐지되었음에도 흑인에 대한 억압을 강화한 내용이었다. 파크스는 몇몇 인종차별주의자의 잔혹 행위, 유색인종에 대한 집단 강간과 살인에 대한 조사를 도왔다. 앨라배마에서는 이런 짓을 저질러도 대부분 처벌 없이 넘어가곤 했다.

1955년 12월 파크스는 버스의 '백인' 구역이 만석일 때 백인 승객에게 '유색인' 구역 자리를 양보하지 않았다. 그녀는 체포되었고, 이 사건은 이후 인종 분리 정책에 맞서 1956년 11월 승소한 법적 이의 제기에 활용되었다. 아직 사건이 진행 중이고 결과가 나오지 않았을 때, 파크스는 제시카 밋퍼드Jessica Mitford로 더 잘 알려진 '트루해프트 부인Mrs Treuhaft'에게 편지를 쓴다. 제시카 밋퍼드는 영국 귀족 레디스데일 경의 여섯 딸 중 가장 급진적인 인물이었다. 딸 중 하나는 공작 부인이 되었고, 둘은 나치 지지자였고, 하나는 소설가였으며 제시카는 공산주의자가 되었다. 당시 제시카는 캘리포니아에 사는 시민권 변호사 로버트 트루해프트Robert Treuhaft와 결혼한 상태였다. 편지 속 이야기는 아직 끝나지 않았다. 이 편지는 미국 남북전쟁을 시작으로 1960년대 마틴 루터 킹Martin Luther King의 업적을 거쳐 오늘날 '흑인의 목숨도 소중하다Black Lives Matter' 같은 흑인 민권 운동까지 이어지는, 인종차별 반대 투쟁의 긴 역사 속 한 단계를 보여줄 뿐이다.

트루해프트 부인께

부인의 소식을 다시 듣게 되어 기쁩니다. 기부금과 다른 기부자들 목록을 보내주신 데에 대해 감사드립니다.

저희는 여기서 힘든 시간을 보내고 있지만 결코 낙담하지 않습니다. 압박이 심해졌지만 이를 통해 다음 공격을 준비할 힘이 모이는 것 같습니다.

저의 첫 번째 사건에 대한 공판이 2월 22일 순회 법원에서 열렸는데, 저는 유죄에 징역 70일형을 선고받았습니다. 주 대법원에 항소장을 제출했습니다.

저는 곧바로 버스 시위대 주동자들과 함께 다시 체포되었습니다.

아직 우편을 통해 구체적인 도움을 부탁하지 않았는데도 나라 전역에서 아주 넉넉한 기부금을 받았습니다.

지방자치단체는 저희가 많은 대중의 관심을 받는 것을 아주 불편하게 생각합니다. 외부 간섭을 대단히 싫어하니까요. 그래서 제가 직접적으로 도움을 호소하는 방법을 몽고메리개선협회 Montgomery Improvement Association와 상의해야 할 것 같습니다.

현재 연방 법원에 제출한 네 개 사건 중 클로뎃 콜빈Claudette Colvin 사건도 포함되어 있습니다.

곧 다시 연락드리겠습니다.

당신의 진실한 벗,

로자 L. 파크스

넬슨 만델라가 위니 만델라에게

위니Winnie Mandela에게 쓴 넬슨 만델라Nelson Mandela의 옥중 편지는 삶의 방식에 대한 교훈을 담고 있다. 1918년 템부Tembu 왕족으로 태어난 넬슨은 아프리카민족회의African National Congress(ANC)에 가입했고, 1950년대에는 요하네스버그에서 변호사로서 아파르트헤이트Apartheid(남아프리카공화국에 있었던 인종 격리 정책-옮긴이)에 맞서 무장투쟁을 했다. 그리고 7년 후에 버스 정류장에서 22세의 젊은 여성 위니 마디키젤라Winnie Madikizela를 만났는데, 아내와 이혼하고 위니와 결혼했다. 넬슨은 1964년 리보니아 재판에서 테러 행위로 종신형을 선고받는다.

넬슨의 감동적인 옥중 편지는 자기 수양 면에서 그의 놀라운 재능과 겸손함, 타고난 품위를 보여준다. 편지에서 위니에게 설명하듯, 그는 27년을 갇혀 지낸 감옥에 대해 이렇게 생각한다. "자기 자신을 아는 법을 배우는 데, 그리고 자기 마음과 감정의 길을 현실적이고 규칙적으로 탐구하기에 이상적인 공간이오. 한 개인으로서 자신이 얼마나 발전했는지 판단할 때 우리는 사회적 지위, 영향력, 인기, 부, 교육 수준 같은 외부 요인에 집중하는 경향이 있소. 물론 이런 것도 중요하며… 많은 사람이 이 모든 것을 성취하고자 온 힘을 다해 노력한다고 해도 당연히 이해할 수 있소. 그러나 인간으로서 누군가의 발전을 평가할 때는 내적 요인이 훨씬 결정적이오. 정직함, 성실함, 소박함, 겸손함, 순수한 아량, 자만심의 부재, 기꺼이 다른 이를 섬기려는 마음처럼 모든 영혼이 쉽게 얻을 수 있는 자질이 한 사람의 영적 삶을 구축하는 기반이 되는 법이오. 이런 발전은 진지하게 스스로를 성찰하고 나 자신, 나의 약점과 실수 등을 제대로 알아야 이룰 수 있소. 적어도, 다른 이유가 없다면 감옥은 자신의 모든 행동을 매일 반추하고, 나쁜 점을 극복하고, 내면의 좋은 자질을 발전시킬 수 있는 기회를 준다오. 잠자리에 들기 전 하루 15분 정도 정기적으로 명상을 한다면 이런 측면에서 훌륭한 결실을 얻을 수 있을 것이오. 어쩌면 처음에는 자기 삶의 부정적 측면을 정확히 짚어내기 어려울 수 있지만, 열 번째 시도에서는 풍성한 보상을 받을지도 모르니. 성인聖人은 끊임없이 노력하는 죄인이라는 사실을 잊지 마시오."

넬슨이 오랜 시련을 겪는 동안 위니는 소웨토에서 그의 도움 없이 잔인한 폭력배를 모은 '만델라 유나이티드 풋볼 팀Mandela United Football Team'이라는 보안부대를 통해 힘을 키우려 애썼다. 넬슨은 1990년에 석방되어 대통령으로 선출되었고, 유혈 사태

없이 백인 정권에서 다인종 민주주의로 정권 이양을 이끌었다. 이것은 20세기 가장 위대한 업적 중 하나다.

넬슨은 1992년 위니와 이혼하고, 모잠비크 마셸Samora Machel 대통령의 사별한 아내 그라사Graça와 결혼했다. 그는 2013년에, 위니는 그로부터 5년 뒤에 사망했다. 넬슨의 호사족 이름 '달리분가Dalibunga'로 서명한 이 편지는 그가 쓴 최고의 편지로 꼽힌다.

부인,

당신이 심하게 아팠다는 것을 알고 정말 깜짝 놀랐소. 기절하는 증상으로 힘들어하고 있다는 건 전혀 몰랐다오. 당신의 심장 상태와 늑막염 발작에 대해서는 알고 있었지만 말이오.

미국 심리학자 노먼 빈센트 필Norman Vincent Peale이 쓴 《긍정적 사고의 힘The Power of Positive Thinking》과 《긍정적 사고의 놀라운 결과The (Amazing) Results of Positive Thinking》를 읽고 얻은 것이 정말 많다오.

그는 어떤 사람이 장애 자체보다는 장애를 대하는 자신의 태도 때문에 고통받는다는 논점을 기본으로 하고 있소. "나는 이 질병을 극복하고 행복하게 살 것이다"라고 말하는 사람은 이미 반쯤 승리한 것이라고 하더군.

당신의 재능 중 내가 가장 높이 사는 것은 용기와 결단력이오. 그것이 당신을 다른 이들보다 앞서가게 하고, 결국 성공의 기쁨을 누리게 해줄 것이오. 이것을 잊지 말고 늘 마음에 새겨두기 바라오.

당신은 (가족사진 속에서) 왠지 슬프고 멍해 보이며 건강이 안 좋아 보이지만 여전히 사랑스럽소. (그 사진은) 내가 당신에 대해 아는 모든 것, 바람 잘 날 없던 10년의 결혼 생활에도 사그라들지 않은 아름다움과 매력을 표현하고 있소. 그 사진을 보고, 당신이 말로는 결코 표현할 수 없는 특별한 메시지를 사진에 담아 전달했다는 생각이 들었소. 확실히 느꼈으니 안심하시오. 사진 덕분에 내 마음이 온갖 따뜻한 감정으로 가득 차고 암울한 주변 상황이 덜 힘들게 느껴진다오. 사진을 보고 나니 당신과 즐겁고 평화로운 우리 집을 향한 그리움이 더 사무치오.

믈로프Mhlope, 마지막으로 얘기하고 싶은 것이 있소. 만약 그동안 내가 보낸 편지들에 열정이 없다고 느꼈다면, 그 이유는 내가 한 여성에게 진 빚을 늘리고 싶지 않았기 때문이라는 것을 알아주었으면 하오. 그녀는 헤아릴 수 없는 어려움을 겪었고 경험이 부족한데도 훌륭히 가정을 유지했을 뿐만 아니라, 수감되어 있는 배우자의 어떤 요구와 바람도 처리해주었소. 그렇기에 나는 당신의 사랑과 애정의 대상이 되기 위해 더욱 겸손해진다오. 희망은 모든 것을 잃었을 때조차 강력한 무기라는 점을 기억하시오. 내 삶의 모든 순간에 당신을 생각하고 있소. 당신에게는 아무 일도 일어나지 않을 것이오. 당신은 분명 건강을 회복하고 다시 일어날 것이오.

백만 번의 키스와 아주아주 많은 사랑을 보내며,

달리분가

아브람 간니발이 표트르 대제에게

최초의 흑인 장군이자 현대식 공학자는 아브람 간니발Abram Petrovich Gannibal이라는 러시아계 아프리카인이다. 그는 소년일 때 서아프리카에서 노예 상인에게 붙잡혀 이스탄불에서 팔렸으며, 그곳에서 표트르 대제의 중개상에게 팔렸다. 표트르 대제가 그를 러시아로 데려갔고, 그는 그곳에서 세례를 받았다. "황제 폐하에 의해 세례를 받았고 폐하께서 내 대부가 되어주기로 결정하셨다." 이후 소년은 아브람 페트로비치(페테르의 아들이라는 뜻) 간니발로 알려졌는데, 간니발이라는 이름을 붙인 건 당시 많은 흑인 남성이 카르타고 장군의 이름을 따서(사실 한니발은 페니키아 사람이었지만) 그렇게 불렸기 때문이다. 간니발은 종종 표트르 대제를 모시는 무관으로 일했는데, 차르가 소년의 재능을 알아보고 파리에서 공학, 포격, 수학을 공부할 수 있게 해주었다. 그런데 그곳에서 돈이 떨어지고 말았다. 편지를 통해 간니발은 표트르 대제에게 호소하는데, 이후 차르가 재상에게 명해 그를 구해 준다. "황야의 아브람이 파리에서 편지에 쓰기를, 프랑스 금화 200의 빚을 청산해야 러시아로 돌아올 수 있다고 하오… 돈과 여비를 보내주고 아브람에게 페테르부르크로 가라고 해주시오." 간니발은 예카테리나 대제 치하까지 장군으로 있었으며 시인 푸시킨Aleksandr Pushkin의 증조부이기도 하다.

폐하께서 5년 전 제게 나쁜 습관에 빠지면 감옥에 가게 될 테니 조심하라고 경고한 것을 기억하십니까? 대신 제가 러시아의 영광을 위해 학문에 정진한다면 절대 저를 저버리지 않겠다고 말씀하셨습니다. 폐하께 실망을 드리지는 않았습니다만, 저희는 지금 모두 빚을 지고 있습니다. 저희의 행실이 불량했기 때문이 아니라 단지 지폐 때문에 끔찍한 피해를 입었기 때문입니다. 무신 푸시킨Aleksei Musin Pushkin 백작이 전해드렸겠지만 그분이 자비를 베풀지 않았다면 저는 아마 굶어 죽고 말았을 것입니다.

시몬 볼리바르와 마누엘라 사엔스,
제임스 손이 주고받은 편지

남아메리카 해방자의 삼각관계에 얽힌 두 통의 이별 편지를 살펴보자. 엘 리베르타도르El Libertador(해방자)로 알려진 시몬 볼리바르Simón Bolívar는 이렇게 선언했다. "나는 폭풍의 천재다." 그는 스페인과 정신없이 전쟁을 치른 몇 년 만에 광대한 남아메리카 대륙의 절반에 해당하는 콜롬비아, 베네수엘라, 파나마, 에콰도르, 페루, 볼리비아 등의 근대 국가를 해방시켰다. 이런 볼리바르의 정복과 견줄 만한 업적을 이룬 이는 오직 나폴레옹 보나파르트밖에 없었다. 하지만 동시에 볼리바르는 열정적인 댄서이자 연인이었으며, 그가 도시를 해방시킬 때면 종종 그곳의 헌신적인 어린 소녀들이 열렬한 환호를 보내곤 했다. 그는 섹스와 연애가 자신의 천재성을 자극한다고 주장했다. "시끌벅적한 무도회에서 한껏 유흥을 즐길 때 가장 집중이 잘되었다." 이 폭풍의 천재는 마침내 제대로 된 상대를 만나는데, 바로 마누엘라 사엔스Manuela Sáenz다.

1819년 그란콜롬비아의 대통령이 된 후 볼리바르는 에콰도르를 정복하기 위해 안데스를 가로질러 진격했다. 그리고 에콰도르에서 당시 22세인 마누엘라를 만났다. 스페인 귀족과 혼혈인 어머니 사이에서 태어난 사생아 마누엘라는 수녀원 학교에 다니다가 어느 장교의 유혹에 넘어갔다. 이후 집안의 뜻으로 나이 많은 영국 상인 제임스 손James Thorne과 결혼했다. 대담하고 용감하며 지적이고 관능적인 마누엘라는 볼리바르의 지지자이자 연인이 되었다. 그러나 볼리바르는 어떤 구속도 두려워했다. 마치 진지한 관계를 맺으면 숨이 막혀 "내게 시간을 줘"라고 말하는 사람들처럼 말이다. 그는 마누엘라의 열정을 가라앉히려 하며, 그녀를 남편에게 돌려보낸다.

1822년 7월 3일
시몬 볼리바르가 마누엘라 사엔스에게
세상에서 가장 아름다운 마누엘라, 당신이 원하는 사랑의 요구에 나도 답해주고 싶어. 물론 당신의 요구는 당연해. 하지만 나는 당신에게 솔직해야 하잖아. 당신은 나를 위해 너무 많은 것을 해주었으니까…. 이제 당신도 알 때가 된 것 같아. 내가 아주 오래전에, 한 여인과 오직 어릴 때만 가능한 사랑을 했다는 것을 말이야. 당신을 존중하기 때문에 이야기하지 않았어. 나는 이런 것에 대해 깊이 생각하고 있고, 당신에게도 똑같이 할 수 있는 시간을 주고 싶어. 왜냐하면 당신의 말을 들으니 그렇게 하고 싶어지더군. 그리고 틀림없이 그 시간은 내가 당신을 사랑하는 시간이 되고, 우리가 서로를 사랑하는 시간이 될 테니까. 내게는 이것에 익숙해질 시간이 필요해. 군대 생활이 결코 견디기 쉽지 않을뿐더러 거기서 영원히 떠나기도 쉽지 않으니까. 나는 죽음의 문턱에서 여러 번 도망쳤고, 이제 죽음의 개들이 매 순간 나를 따라오고 있어…. 나 자신에게, 또 당신에게 확신을 갖도록 해줘…. 나는 거짓말할 수 없어. 절대 거짓말하지 않아! 당신을 향한 나의 열정은 불타오르고 있어. 당신도 그걸 알고 있겠지. 내게 시간을 줘.

그리고 그에 대한 마누엘라의 반응은 이렇다. 그녀는 남편에게 이 놀라운 편지를 쓰고, 복사본을 볼리바르에게 주어 다시는 지겨운 결혼 생활로 돌아가지 않을 것임을 확실히 보여준다. 그녀의 운명은 볼리바르와 함께한다. 그리고 이후 그녀는 그를 따라 보고타로 간다.

1823년

마누엘라 사엔스가 제임스 손에게

아니, 아니, 아니, 여보! 천 번째 말하지만, 아니에요! 당신은 훌륭하고 진정 특별한 사람이에요. 그것만은 절대 부정하지 않을 거예요. 다만 내게 당신이 더 나은 남자가 아니라는 점이 유감스러울 뿐이에요. 내가 당신을 떠나는 것이 볼리바르를 더 존중하는 길이기도 하고요. 내가 당신이 소위 명예라고 부르는 것으로 볼리바르와 묶일 수 없다는 사실은 잘 알고 있어요. 그가 내 남편이 아니라 연인이기 때문에 내가 조금이라도 덜 명예로울 거라고 생각하나요? 아! 나는 사람들이 우리를 고문하기 위해 만든 사회적 전통에 따라 살지 않아요. 그러니 사랑하는 영국인이여, 나를 놓아주세요. 우리는 하늘나라에서 다시 결혼하겠지만 이 땅에서는 아니에요…. 이 땅에서, 당신은 지루한 사람이에요. 저 위 하늘에서는 모든 것이 너무나 영국적이죠. 당신 같은 사람들을 위해 단조로운 삶이 발명되었으니까요. 당신처럼 기쁨 없이 사랑을 나누고, 우아함 없이 대화하고, 천천히 걷고, 위엄 있게 인사하고, 묵직하게 움직이고, 웃음기 없이 농담하는 사람들 말이에요…. 하지만 나의 장난기는 이 정도로 충분해요. 영국 여인으로서 보일 수 있는 모든 진지함, 진실함, 명료함을 담아 이제 말하겠어요. 나는 당신에게 절대 돌아가지 않아요. 당신은 개신교도고, 나는 이교도예요. 이것만으로도 충분한 장애물이 되겠죠. 게다가 나는 다른 남자와 사랑에 빠졌어요. 이게 더 크고 강력한 이유예요. 내 마음이 얼마나 분명한지 이제 아시겠어요?

당신의 소중한 친구, 마누엘라

마누엘라는 볼리바르 옆에서 함께 싸우고, 그의 서류 작업을 돕고, 부상자를 돌보면서 대령으로 승진하기에 이른다. 마누엘라는 모든 것에서 완전히 해방되었다. 그녀는 근사한 남성 제복을 입고 흑인 하인뿐 아니라 여성 연인들과도 관계를 가졌으며 모든 전통을 거부했다.

1828년 암살자들이 보고타의 대통령 궁에 있는 볼리바르의 침실까지 침입했다. 마누엘라는 그들과 맞서 싸웠고 거의 맞아 죽을 뻔했지만 겨우 엘 리베르타도르를 탈출시켰다. 이후 그는 그녀를 '리베르타도라 데 리베르타도르Libertadora de Libertador', 즉 해방자를 해방시킨 여인이라고 불렀다. 볼리바르는 권좌에서 물러나 1830년 47세에 결핵으로 사망했다. 마누엘라는 박해받았고 1856년 극심한 가난 속에서 사망했다. 2007년 에콰도르 장군으로 사후 승진했고, 2010년에는 베네수엘라에서 그녀의 국장이 거행되었다.

Fate

운명

오스카 와일드가 로버트 로스에게

오스카 와일드Oscar Wilde 자신은 아직 모르고 있었을지라도, 이 편지는 그가 겪을 파멸의 시작이 된다. 오스카는 《진지함의 중요성The Importance of Being Earnest》, 《도리언 그레이의 초상The Picture of Dorian Gray》을 썼으며 《행복한 왕자The Happy Prince》처럼 아이와 어른 모두를 위한 이야기를 남겼다. 또한 재치 있고 성공한 인물로도 유명했다. 미국에 도착했을 때 세관에게 "제 천재성 말고는 신고할 것이 없습니다"라고 말했고, 그의 강연 투어는 매진되어 그에게 막대한 재산을 안겨주었다.

더블린에서 외과 의사의 아들로 태어난 오스카는 결혼해 자녀도 두었지만, 동시에 자신이 동성애자임을 숨기지 않았다. 당시 동성애는 불법이었다. 그는 예기치 못한 만남을 좇는 모험을 "검은 표범들과의 향연feasting with panthers"이라고 부르며 즐겼지만, 동시에 앨프리드 '보시' 더글러스Alfred 'Bosie' Douglas 경이라는 버릇없는 귀족과 사랑에 빠져 있었다. 더글러스의 아버지 퀸스베리 후작은 권투 선수에 편협한 악당으로 아주 지독한 인물이었다. 이 편지를 쓴 날, 퀸스베리는 오스카가 다니는 클럽에 카드 한 장을 두고 갔다. 맞춤법도 틀린 채 "남색가somdomite"(원래 철자는 sodomite — 옮긴이)라고 비난하는 도전장이었다. 이 편지에서 오스카는 퀸스베리에게 당한 모욕을 유저遺著 관리자이자 때때로 연인이기도 한 절친한 친구 로비 로스Robbie(Robert) Ross에게 이야기한다. 로비는 오스카에게 제발 미끼를 물지 말라고 간청했다. 다른 모든 사람도 그에게 똑같이 충고했지만, 오스카는 퀸스베리를 명예훼손으로 고소하겠다고 고집했다. 결국 퀸스베리가 가차 없이 오스카의 성적 취향을 폭로하면서 그는 재판을 받고 교도소에서 강제 노역을 하게 된다. 그리고 이 일은 그를 파멸의 길로 이끈다.

피커딜리, 애번데일 호텔

사랑하는 보비에게

지난번 자네를 만난 이후 내게 어떤 사건이 터졌네. 보시의 아버지가 내 클럽에 끔찍한 단어를 쓴 카드를 두고 갔더군. 형사 고발을 할 수밖에 없겠어.

내 모든 삶이 이 남자 때문에 끝장난 것 같네. 상아탑이 사악한 것의 공격을 받고 있어. 내 삶은 모래 위에 무너져 내렸네. 도무지 어떻게 해야 할지 모르겠어. 오늘 밤 11시 30분에 와줄 수 있다면 그리해주게. 나는 항상 자네의 사랑과 친절을 부당하게 이용해먹으면서 자네의 삶을 망치고 있군. 보시에게는 내일 와달라고 부탁했네.

자네의 충실한 친구

오스카

알렉산더 해밀턴과
에런 버가 주고받은 편지

이 편지들은 미국 건국의 아버지 중 가장 눈부신 지성이 가장 야비한 자로 인해 파멸하는 과정을 보여준다. 뮤지컬 〈해밀턴Hamilton〉이 힙합 음악을 넣어 이 이야기를 재구성하기도 했는데, 이제 진짜 그 편지들을 보게 될 것이다. 알렉산더 해밀턴Alexander Hamilton은 카리브해의 섬에서 사생아로 태어난 영재로 미국으로 건너가 조지 워싱턴의 보좌관이자 미국 헌법의 고안자, 육군 장군뿐 아니라 최초의 재무부 장관이 되었다. 그는 천재들이 보이는 불안정성을 모두 가지고 있었지만, 복잡한 명예 코드에 집착하는 시대에 스스로 개발해 몸에 밴 까탈스러움 또한 있었다.

에런 버Aaron Burr도 독립전쟁 참전 용사였는데, 해밀턴과 마찬가지로 야심만만했지만 특별히 능력이 출중하지는 않았다. 특히 1800년 대통령 선거에서 해밀턴이 자신에게 맞서 오랜 숙적 토머스 제퍼슨을 지지하고 소위 친구라던 자신의 경력 기반을 약화하는 데 도움을 주자, 해밀턴을 향한 질투심에 이를 갈았다. 버는 부통령에 당선되었음에도 제퍼슨 대통령에게 무시와 따돌림을 당했다. 해밀턴은 그가 속한 연방주의 정당의 몰락 이후 권력을 잃었다. 버는 (둘 다 변호사이므로) 명예와 법을 과장되게 들먹이며 1804년 뉴욕 주지사 선거에서 해밀턴이 자신을 모독했다고 비난한다. 아래 편지를 읽다 보면 두 사람의 지나치게 정중한 말 속에서 폭력이라는 최후의 수단이 (결투의 형태로) 다가오는 것을 느낄 수 있다. 또한 이 약속이 각자의 입회인인 윌리엄 P. 밴 네스William P. Van Ness와 너대니얼 펜들턴Nathaniel Pendleton에 의해 정해지는 것을 볼 수 있다.

1804년 7월 11일, 뉴저지에서 결투가 벌어졌다. 해밀턴은 공중으로 총을 비껴 쏘겠다고 주장했다. 그러나 버는 해밀턴을 향해 쏘았다. 해밀턴이 죽고 버는 살인죄로 기소되었으나 법정에 서지는 않았다. 그는 1836년까지 살았는데 아마 미국 초기 역사상 가장 경멸받은 남자일 것이다.

버가 해밀턴에게
1804년 6월 18일, 뉴욕
해밀턴 선생님께
선생님께서 자세히 읽어보시도록 쿠퍼Charles Cooper 박사가 서명한 편지를 보내드립니다. 선생님께서 보시듯 이 편지를 쓴 건 꽤 오래전 일입니다만 저는 이에 대해 최근에야 알게 되었습니다. 선생님께서 특별히 주목해주시기를 바라는 편지 속 구절이 있는

데, 친절하게도 이 편지를 전해드리기로 한 밴 네스 씨가 그 부분을 알려드릴 것입니다. 선생님께서 쿠퍼 박사의 주장을 정당화하는 어떤 표현을 쓰는 것에 대해서도 지체 없이, 완벽을 기해 인정하거나 부정할 필요가 있다는 점을 아셨으면 합니다.

A. 버 삼가 드림

해밀턴이 버에게

1804년 6월 20일, 뉴욕

버 선생님께

18일에 보내주신 편지에 대해 충분히 숙고해보았습니다. 이에 대해 생각할수록, 제가 부적절한 행동을 드러내지 않고서는 선생님께서 필요하다고 여기는 것으로 보이는 공개적 인정 또는 부정을 할 수 없겠다고 더욱 확신하게 됩니다. 밴 네스 씨가 알려준 구절은 이러했습니다. "해밀턴 장군이 버 씨에 대해 언급한 훨씬 더 경멸스러운 의견을 자네에게 상세히 알려주겠네." 이 발언의 의미를 파악하려면 여기서 언급한 의견이 무엇인지 알아야 했기에 해당 편지의 이전 부분을 찾아볼 수밖에 없었습니다. 제 생각에는 이 문구를 의미하는 것 같더군요. "해밀턴 장군과 켄트 판사가 실제로 이렇게 발언했네. 버 씨는 위험한 인물로 보이며 정권을 맡기에는 신뢰할 수 없는 인물이라고 말일세." 쿠퍼 박사의 말투에서 알 수 있듯, 그는 제 입에서 나왔다고 말한 그 의견을 경멸스럽다고 여기는 것이 분명합니다. 또한 제가 훨씬 더 경멸스러운 다른 표현도 했다고 단언했습니다. 그러나 그 표현이 누구를 향해 한 것인지, 언제 어디서 한 것인지는 언급하지 않았습니다. '훨씬 더 경멸스러운'이라는 말이 의미하는 정도는 명백히 상황에 따라 무한히 달라질 수 있습니다. 어떻게 제가 그 말이 의도한 정도를 판단할 수 있겠습니까. 또는 어떻게 제가 그렇게 모호한 언어에 정확한 의미를 붙일 수 있겠습니까.

신사들 사이에선 굳이 경멸스럽다는 말과 훨씬 더 경멸스럽다는 말을 구별하는 고통을 치를 필요가 없습니다. 그러므로 선생님께서 특히 제 입에서 나왔다고 여기는 그 의견에 대해 저를 심문하지 않으신다면, 저는 선생님께서 그 의견이 정치적 경쟁자로서 서로에 대해 할 수 있는 정당한 비판의 선을 넘지 않았다고 보신다는, 나아가 쿠퍼 박사가 생각하기에 그 의견에 담긴 의미가 타당하지 않다고 보신다는 결론을 내릴 수밖에 없습니다. 그렇다면 제가 선생님에 대해 어떤 특정 의견보다 훨씬 더 경멸스러운 의견을 언급했다고 인정한들, 선생님께서는 여기서 정확히 어떤 추론을 해서 앞으로 행보를 결정하는 데 참고하실 수 있겠습니까. 과연 이 의견도 선생님께서 정치적 경쟁자 사이에 정당하다고 여기는 선을 넘었다고 어떻게 확신하실 수 있겠습니까.

그러나 선생님께서 요구하신 내용으로 인해 제가 당연히 처하게 될 난처한 상황에 대해서는 더 이상 언급하지 않겠습니다. 더 충분한 설명을 드리는 편이 제 입장에선 가장 쉽겠습니다만 이 경우에는 그럴 수 없음을 이해해주시기 바랍니다.

다시 말씀드리지만, 저는 적절한 예의를 갖추면서 동시에 선생님께서 바라시는 인정이나 부정을 할 수 없습니다. 더불어 지난

15년 동안 수많은 경쟁을 거치면서 제가 정치적 경쟁자를 향해 어떤 말을 했든, 그것을 가지고 다른 사람들이 추론한 결과의 타당성에 대해 추궁을 받는 것은 제 원칙상 납득할 수 없습니다. 만약 다른 반대 의견이 없다면, 어떤 시점에서든 제 표현을 말한 당시 의도와 다른 의미로 받아들였거나 나중에 다른 의미로 떠올린 모든 사람은 퍼붓는 비방으로 인해 제 성실함과 세심함은 상처를 입을 것입니다.

제가 어떤 신사에 대해 언급했다고 고발된 정확하고 분명한 의견이 있다면 저는 그에 대해 지체 없이, 명쾌하게 인정하거나 부정할 준비가 되어 있습니다. 이 이상을 제게 기대하실 수는 없습니다. 특히 제가 선생님께서 채택한 것처럼 모호한 근거를 바탕으로 해명을 하리라고 합리적으로 기대하실 수는 없습니다. 좀 더 깊이 생각해보면 선생님께서도 사건을 저와 같은 시각으로 보시게 될 것이라고 믿습니다. 그렇지 않다면 저는 이 상황이 유감스러울 수밖에 없으며 그에 따른 결과를 감내해야 할 것입니다.

선생님의 편지를 수신하기 전까지 저는 쿠퍼 박사가 쓴 문서를 검토한 적이 없습니다.

A. 해밀턴 삼가 드림

버가 해밀턴에게
1804년 6월 21일, 뉴욕
해밀턴 선생님께
선생님께서 20일에 보내신 편지 오늘 받았습니다. 심사숙고

했습니다만 유감스럽게도 저는 편지에서 선생님께서 가치를 둔다고 주장하신 성실함과 세심함을 전혀 찾아볼 수 없었습니다.

정치적 경쟁 관계라고 해도 결코 신사로서 지켜야 할 예의범절과 예법에서 면제되지는 않습니다. 저는 그런 특권을 요구하지 않고 다른 사람이 누리도록 하지도 않습니다.

인간의 상식으로 보면 쿠퍼 박사가 언급한 말에는 모욕이라는 개념이 따라붙습니다. 그리고 선생님의 승인 아래 그런 말이 공개적으로 제게 쓰였습니다. 문제는 그가 단어의 의미를 이해했는지 또는 그 단어를 문맥과 문법에 맞게 사용했는지가 아니라, 선생님께서 직접적으로든 아니면 제 명예를 훼손하는 표현이나 의견을 입 밖에 내서든 그 단어의 사용을 허가하셨는지입니다. '언제'라는 시간은 선생님의 머릿속에 있을 뿐 제게는 중요하지 않습니다. 선생님의 비방이 이제 막 드러나 제가 주목하게 되었고, 그 영향이 현재 뚜렷하기 때문입니다.

선생님의 편지를 읽고 나니 명확한 답변이 필요한 이유가 더 생겼습니다.

A. 버 삼가 드림

해밀턴이 버에게

1804년 6월 22일, 뉴욕

버 선생님께

선생님께서 너무나도 위압적인 어조로 쓰신 첫 편지는 제 의견에 대한 전례 없고 인정하기 어려운 요구를 담고 있었습니다.

저는 회신을 통해, 제가 겪고 있는 난처함을 알려드리며 선생님께 비난의 여지가 덜한 길을 택하실 기회를 드렸습니다. 선생님께서는 그 길을 선택하지 않으셨지만, 제게 오늘 도착한 이 무례하고 부적절한 표현이 담긴 편지로 인해 선생님께서 요구하신 바의 핵심인 해명이 더 어려워졌습니다.

만약 선생님께서 말씀하신 '명확한 답변'이 첫 편지에서 요구하신 직접적 인정 또는 부정을 의미한다면 저는 이미 드린 답변 말고는 더 이상 드릴 것이 없습니다. 만약 보다 폭넓은 해석을 인정해 다른 의미도 있다면, 그 부분은 선생님께서 설명해주셔야 합니다.

A. 해밀턴 삼가 드림

밴 네스가 펜들턴에게

1804년 6월 26일

펜들턴 씨께

어제 제게 전해주신 편지와, 버 대령님의 의견에 대해 차후 주고받은 내용을 보면 해밀턴 장군 측에서는 만족스러운 합의를 하러 오실 생각이 없는 것이 분명해 보입니다. 버 대령님께서 호소하는 피해와 기대하는 배상이 이달 21일 자 편지에 너무나도 명확하게 표현되어 있어서 대령님 측에서는 더 이상 설명할 필요를 느끼지 않습니다. 장군께 문의한 내용을 특정 시간대나 상황으로 제한한다면 반드시 어려움이 생길 것입니다. 특정 대화에서 부적절한 단어를 사용하지 않았다고 부정한다면 다른 대화에서는 사용한 것을 강력히 암시하게 될 것입니다. 명예를 훼손하는 표현과 의견을 언제 어디서 발설했는지는 분명 해밀턴 장군 본인이 가장 잘 알고 계실 것이고, 그렇기에 버 대령님 역시 오직 장군께 묻는 것이 적절하다고 생각하십니다.

버 대령님의 명예를 훼손한 소문이 해밀턴 장군이나 장군께서 말한 무언가에서 비롯했다고 보는 타당한 추론을 완전히 배제하기 위해서는, 그에 대한 부정이든 인정이든 누구나 받아들일 수 있게 일반적이어야 합니다. 버 대령님께서는 이달 21일에 보낸 편지에서 이런 요청에 명확히 답해주시기를 요구했습니다. 그런데 이를 거절하셨으니 이제 해밀턴 장군께서 이달 20일에 보낸 편지에 암묵적으로 표현하신 대안을 실행할 수밖에 없습니다. 해밀턴 장군께서 22일에 보낸 편지에서 제기하신 쟁점을 고려하면 (저희는) 그 대안을 선택할 수밖에 없습니다. (펜들턴 씨를) 직접 뵙고 이에 대해 상의할 수 있는 자리가 즉시 필요해 보입니다.

버 대령님께서는 해밀턴 장군의 마지막 편지 또는 이후 저희가 받은 어떤 연락을 고려하더라도 여전히 이 대안이 필요하다고 생각하십니다. 저는 펜들턴 씨께서 가능한 시간에 바로 메시지를 전달하라는 지시를 다시 한번 받았습니다. 그러니 제가 몇 시에 펜들턴 씨를 기다리고 있으면 될지 알려주시면 대단히 감사하겠습니다.

W. P. 밴 네스 삼가 드림

익명의 인물이 몬티글 경에게

상상할 수 있는 가장 허무주의적이고 극악무도한 방식으로 영국 역사의 흐름을 바꿔놓으려는 계획이 있었다. 로버트 케이츠비Robert Catesby가 이끄는 앵글로가톨릭 테러리스트 조직은 엘리자베스 1세의 길고 긴 프로테스탄트 통치 기간 수년에 걸쳐 투쟁했는데, 마침내 새로운 왕 제임스 1세에게 인내심을 잃고 영국 국회의사당 아래에 화약을 심어 왕과 왕비, 왕자, 귀족과 신사를 포함한 왕국의 모든 상류층을 없애버리기로 공모한다. 성공했다면 9·11 테러보다 훨씬 끔찍하고 효과적이었을 범죄다. 소규모 조직이라 발각되지 않을 가능성이 높고 아마 쉽게 목적을 이루었을 것이다. 한 조직원이 익명으로 몬티글 경에게 경고하는 편지를 보내지만 않았다면 말이다. 몬티글 경은 엘리자베스 여왕에게 맞선 에섹스 경의 반란에 가담한 죄로 최근 겨우 참수형을 모면한 참이었다. 그는 서둘러 당시 총리인 솔즈베리 백작 로버트 세실Robert Cecil에게 편지를 전달하고, 세실이 이를 왕에게 보여준다. 세실 덕분에 거만한 군주는 "끔찍한 폭발"이라는 핵심 단어를 짚어내고 조사를 지시해 결국 음모에 가담한 폭발물 전문가 가이 포크스Guy Fawkes가 지키고 있던 화약 저장고를 찾아냈다. 음모가 발각되면서 테러리스트들은 처형되었고, 아직도 영국에서는 매년 11월 5일 '가이 포크스의 날'에 모닥불을 피워 그들의 실패를 기념한다.

몬티글 경, 당신 친구 중 몇몇을 아끼는 마음으로 당신의 안위를 걱정하고 있소. 생명을 소중히 여긴다면, 어떤 변명을 만들어내서라도 의회에 참석하지 말기를 권하오. 신과 인간이 합심해 이 시대의 악을 벌할 것이기 때문이오. 이 경고를 가벼이 생각하지 말고 당신의 나라로 돌아가 안전한 장소에서 사건을 기대하시오. 어떤 동요가 일어나리라는 표시도 보이지 않겠지만, 의사당에 있는 이들은 끔찍한 폭발을 맞이하게 될 것이오. 또한 누가 자신들을 해쳤는지도 알지 못할 것이오. 이 조언은 당신에게 도움이 될 뿐, 어떠한 해도 끼치지 않으니 나쁘게 생각할 것 없소. 편지를 태운다면 위험하지 않을 것이오. 부디 신께서 당신이 이 편지를 유용하게 사용하도록 은총을 내려주시기를 바라며, 그분의 신성한 보호에 당신을 맡기겠소.

바부르가 후마윤에게

암살을 시도한 대상이 죽을 때도 있고, 살아남을 때도 있다. 그러나 이들이 자신의 경험과 복수심을 상세히 기록한 편지를 남기는 일은 드물다. 인도 무굴제국의 첫 황제이자 정복자, 시인, 회고록 집필자, 사랑꾼인 바부르가 그런 보기 드문 인물 중 하나다. 1526년 그는 인도를 침략해 델리를 정복하고 로디 왕조의 술탄 이브라힘Ibrahim Lodi을 전투에서 죽인다. 하지만 이브라힘의 어머니 부와Buwa는 죽이지 않고 왕궁에 살게 해준다. 언제나처럼 바부르는 인도 음식을 먹어보기로 하고 인도 요리사를 네 명 두었는데, 이를 들은 부와가 수석 요리사를 설득해 새 황제를 독살하게 한다. 웬일인지 바부르는 살아남는다. 바부르의 몰락을 모의한 적들은 반대로 자신의 몰락을 맞게 되었다. 편지에서 설명하듯, 바부르는 암살자 네 명을 끔찍한 방식으로 처형한다. 카불에서 아프가니스탄 지역을 통치하는 아들 후마윤Humayun에게 보낸 이 특별한 편지에서 그는 자신만의 미사여구와 생동감 넘치는 문체로 그 사건의 전말을 회상한다.

라비 16일(12월 21일) 금요일, 이상한 사건이 일어났단다…. 이브라힘의 어미, 불쌍한 부와는 내가 힌두스탄 요리사들이 만드는 음식을 먹고 있다는 말을 들었단다. 서너 달 전부터 그리하기 시작했는데, 내가 힌두스탄 음식을 한 번도 먹어본 적이 없으니 이브라힘의 요리사들을 데려오라고 했기 때문이란다. 50~60명의 요리사 중 네 명을 들였다. 이를 들은 부와는 이타와로 사람을 보내 종이에 싼 독 1톨라(약 12그램 — 옮긴이)를 손에 넣었고, 그것을 늙은 하녀를 통해 아마드 차시니기르에게 전달했단다(힌두스탄에선 '맛보는 이'를 차시니기르라 하고, 앞서 말한 1톨라는 2미트칼보다 약간 많은 양이란다). 아마드는 우리 주방의 힌두스탄 요리사에게 독을 주며, 어떻게든 내 음식에 그것을 넣으면 파르가나(읍과 면 몇 개를 합한 정도의 행정구역 — 옮긴이) 네 곳을 주겠다고 약속했다. 부와는 아마드 차시니기르에게 독을 준 늙은 하녀 말고도, 그가 정말 독을 내 음식에 넣는지 안 넣는지 확인하기 위해 한 명을 더 보냈단다. 그는 독을 냄비에 넣는 대신 접시에 뿌렸지. 사실 꽤 잘한 일인데, 왜냐하면 내가 요리사들에게 힌두스탄인을 감독하고 우리 음식을 요리하는 냄비에서 직접 맛을 보게 하라고 철저히 지시를 내려두었기 때문이란다. 그러나 음식을 접시에 담을 때 형편없는 우리 요리사들이 부주의했지. 요리사는 도자기 접시에 얇은 빵을 한 조각 올리고, 종이에 싸인 독을 반 가까이 집어 빵에 뿌린 뒤 그 위에 오일로 버무린 고기를 올렸단다. 만약 그가 독을 고기 위에 뿌리거나 냄비에 넣었더라면 아주 나쁜 일이 벌어졌겠지. 그는 허둥거리며 나머지 독을 오븐에 던져 넣었단다.

금요일 저녁 늦게, 음식이 식탁에 올라왔지. 나는 토끼고기 스튜를 많이 먹고 사프란으로 양념한 고기도 꽤 먹었단다. 또 독이 든 힌두스탄 음식을 위에서 한두 조각 집어 먹었는데, 아까 버무린 그 고기지. 특별히 이상한 맛이 나지는 않았다. 말린 고기도 한두 조각 먹었단다. 그리고 속이 울렁거렸지. 전날 말린 고기를 먹었을 때 상한 것 같다고 느꼈으므로 그 때문일 거라고 생각했단다. 한 번 더 속이 뒤틀렸다. 식탁에 앉아 있는 동안 두세 번 구역질이 났고 토할 것 같더구나. 마침내 나 자신에게 이렇게 말했다. "이제 그만." 자리에서 일어나 화장실로 향했는데, 가는 길에 거의 게워낼 뻔했단다. 화장실에 가자마자 죄다 토해버렸다. 나는 식사 후 게워낸 적이 없고 심지어 술을 마시고도 그래본 적이 없단다. 마음속에 의심이 싹텄지. 게워낸 음식물을 개에게 주고 지켜보면서 요리사를 가둬두라고 명령했다. 다음 날 아침, 첫 당직이 끝날 무렵에 보니 개가 힘이 없고 배도 부풀어 올랐더구나. 움직이게 하려고 계속 돌을 던져봐도 일어나지 못했다. 오후까지 그렇게 누워 있다가 일어났고 죽지는 않았단다. 같은 음식을 먹은 시동 한두 명도 다음 날 아침에 엄청나게 게워냈단다. 한 명은 심하게 앓긴 했지만 결국 둘 다 완전히 회복했지. "재난이 닥쳤지만, 잘 끝났으니 결국 잘되었다." 신께서 내게 새 삶을 주셨단다. 죽음의 문턱에서 살아 돌아왔지. 새로 태어난 거란다. "부상을 입었고,

죽었고, 다시 살아났으니 삶의 가치를 깨달았다." 술탄무하맛 바크시Sultan-Muhammad Bakhshï에게 요리사를 면밀히 감시하라고 명령했다. 그를 고문하자 앞서 말한 상세한 경위를 털어놓더구나.

월요일이 되자 귀족, 고위층, 통치자, 장관들에게 왕궁에 모이라고 명령했단다. 남자 두 명과 여자 두 명이 심문을 위해 끌려나왔지. 그들이 이 사건의 경위를 있는 그대로 상세히 자백했다. 나는 맛보는 자를 능지처참에 처하고 요리사는 산 채로 껍질을 벗기라고 명령했단다. 여자 두 명 중 하나는 코끼리 발에 던져주고 나머지 하나는 총살했지. 마지막으로 부와를 체포했단다. 그녀는 자신이 저지른 죄의 대가를 치를 것이다.

토요일에는 우유 한 잔을 마셨단다. 일요일에도 우유 한 잔을 마셨지. 림노스섬의 흙 약간과 아편을 우유에 넣어 마셨다(고대에는 그리스 림노스섬의 흙을 먹으면 병이 낫는다는 믿음이 있었다. 그리스 신화에 따르면 제우스에게 걸어차인 헤파이스토스의 다리를 림노스섬의 땅이 치유했다고 한다─옮긴이). 우유가 정말로 속을 뒤집어놓았지. 토요일, 치료를 시작한 첫날, 타버린 쓸개즙 같은 시커먼 것이 변으로 나왔단다. 이제 모든 것이 괜찮아졌으니 신께 감사할 일이지. 이렇게 삶이 소중한지 이전에는 미처 알지 못했다. 어떤 시에 이런 구절이 있지. "죽음의 시점에 다다른 이는 삶에 감사하게 된다." 이 끔찍한 사건에 대해 생각할 때마다 화가 치민단다. 내가 새 삶을 살 수 있는 기회를 얻은 것은 오직 신의 은총 덕분이다. 어떻게 이 감사함을 이루 말로 표현할 수 있을까.

내게 일어난 일을 상세히 묘사했는데, 이 이야기가 너를 너무 놀라게 하지는 않았으면 좋겠구나. 적절한 말로 표현할 길이 없을 만큼 끔찍한 사건이긴 했지만 내가 살아서 또 다른 날을 맞이할 수 있음에 신께 감사하고, 잘 끝났으니 잘된 일이겠지. 걱정하지 마라.

니카타 흐루쇼프가
존 F. 케네디에게

여기 편지 두 통이 있다. 하나는 거의 세계를 핵폭탄에 의한 멸망 직전까지 몰아가고, 하나는 그 위기에서 세계를 구해낸다. 미국 정찰기가 공산당의 통치를 받는 쿠바섬에서 소련의 핵미사일을 포착했을 때, 케네디 대통령은 그 어떤 총사령관도 맞닥뜨린 적이 없을 중대한 위기에 직면한다. 미국은 그 핵미사일이 계속 자국의 도시를 위협하도록 내버려둘 수 없지만, 핵미사일을 제거하려는 어떤 시도라도 한다면 자칫 세계의 종말을 불러올 전쟁에 불을 붙일 수도 있었다. 이 젊은 대통령은 쿠바섬에 봉쇄령을 내려 이후 도착하는 소련 배를 모두 돌려보낸다. 소련 총리 니키타 흐루쇼프는 전쟁 위협이 담긴 공격적인 편지를 보낸다. 위기의 그늘이 짙어지면서 이틀이 지나고, 좀 더 화해의 분위기에 가까운 두 번째 편지가 도착한다. 케네디는 그 두 편지가 의미하는 바를 놓고 고뇌하다가 결국 공격적인 편지를 무시하고 좀 더 유화적인 편지에만 답장을 하기로 결심한다. 거래는 성사되었다. 흐루쇼프는 핵미사일을 철수하고, 케네디는 쿠바에 절대 침입하지 않고 더불어 터키에 있는 미국 미사일을 비밀리에 제거하기로 한 것이다. 다른 이유 없이도 그 결단은 케네디의 명성을 뒷받침한다. 쿠바에서는 핵 재앙의 위험을 기꺼이 무릅써온 마르크스주의 지도자 피델 카스트로Fidel Castro가 흐루쇼프의 배신을 영영 용서하지 않았다. 흐루쇼프는 어떻게 되었을까? 그의 변덕스러운 무모함에 분개한 동료들이 몇 달 뒤 그를 자리에서 몰아내버렸다.

1962년 10월 24일, 모스크바
친애하는 대통령께
10월 23일에 보내신 편지를 받았소. 심사숙고한 결과 이제 답변을 보내오.

대통령께서 행동을 통해 우리에게 보인 최후통첩의 상황을 반대로 우리가 보였다고 상상해보시오. 그에 대해 어떻게 반응하시겠소? 내 생각에 대통령께서는 아마 우리 측에서 그런 단계를 밟았다는 사실에 분개했을 것이오. 그리고 우리도 그 상황을 이해했을 것이오. 대통령께서는 이런 상황을 만듦으로써 우리에게 도전장을 던졌소. 누가 대통령께 그렇게 하라고 한 것이오? 대체 무슨 권리로 그렇게 한 것이오? 대통령께서는 격리를 선언한 것이 아니라 최후통첩을 한 것이고, 만약 우리가 대통령의 요구에 굴복하지 않는다면 무력을 사용하겠다고 협박하고 있소. 지금 어떤 말을 하고 있는지 다시 한번 생각해보시오! 심지어 내가 그것에 동의하도록 설득하고 싶어 하다니! 아니, 나는 그것에 동의할 수 없소. 대통령께서도 마음속으로는 내가 옳다는 사실을 인정할 거라고 생각하오. 대통령께서도 내 입장에 놓였다면 아마 나처럼 행동했을 것이오…. 그리고 다시 한번 말하지만, 우리의 답은 아니라는 것이오…. 소련 정부는 공해상과 국제 공역 이용의 자유를 침해하는 행위를 공격 행위로 간주하며, 이로써 인류는 세계 핵미사일 전쟁의 구렁으로 빠질 것이오. 그러므로 소련 정부는 쿠바행 소련 선박의 선장들에게 그 섬을 봉쇄한 미국 해군의 명령에 따르라고 지시할 수 없소. 우리가 소련 선원들에게 내릴 지시 사항은 공해상에서 통용되는 운항 규정을 엄격히 따르고 거기서 한 발짝도 물러서지 말라는 것밖에 없소. 그리고 만약 미국 측에서 이러한 규정을 어긴다면, 그 경우 어떤 책임을 지게 될지 깨달아야 할 것이오. 우리는 당연히 공해에서 미국 선박이 벌이는 해적 행위를 그저 방관하고만 있지는 않을 것이며 우리의 권리를 보호하기 위해 필요하고 적절하다고 여기는 방식을 택할 수밖에 없소. 우리는 그렇게 하기 위해 필요한 모든 것을 갖추고 있소.

N. 흐루쇼프 삼가 드림

1962년 10월 26일 오후 7시, 모스크바

친애하는 대통령께

10월 25일에 보내신 편지를 받았소. 대통령의 편지를 읽고, 지금까지 진전된 상황에 대해 상당 부분 이해하고 책임감도 느끼고 있다는 느낌을 받았소. 이 점을 높이 사는 바요…. 대통령께서 정말 세계의 복지를 걱정한다면 나를 제대로 이해하실 거라고 생각하오. 세계에는 평화가 필요하오…. 전쟁은 우리의 적이며 모든 이에게 재앙이오…. 나는 대통령께서도 세계적 합의가 어떻게 이루어질지, 전쟁이 무엇을 불러올지 걱정하고 있다는 것을 알고 있소. 전쟁을 벌인다고 해서 대체 무엇을 얻을 수 있겠소? 대통령께서는 우리를 전쟁으로 위협하고 있소…. 소련 정부와 소련 국민을 대변해 확실히 말씀드리지만, 쿠바에 설치한 공격용 무기에 대한 대통령의 결정에는 근거가 없소…. 대통령께서 우리가 쿠바에 설치한 수단 중 어떤 것이라도 공격적이라고 생각하신다면 실수요. 그러나 지금은 언쟁을 벌일 때가 아니오. 내가 대통령께 이 사실을 납득시키지 못할 것이 분명하니 말이오…. 대통령께서는 정말 쿠바가 미국을 공격할 수 있다고, 또한 우리가 쿠바와 손잡고 쿠바 영토에서 대통령을 공격할 수 있다고 믿으시오? 진심으로 그렇게 생각하시는 거요? 어떻게 그것이 가능하겠소? 우리 입장에서는 도무지 이해가 되지 않소…. 만약 대통령께서 정말 국민의 평화와 복지를 염려한다면, 그리고 그것이 대통령의 책임이라면, 나는 국가평의회 의장으로서 나의 국민을 염려하고 있소. 게다가 세계 평화는 우리 공동의 관심사요. 만약 현 상황에서 전쟁이 발발한다면 그것은 단지 상호 간 주장이 달라 벌어진 전쟁일 뿐 아니라 전 세계에 영향을 끼치는 잔인하고 파괴적인 전쟁일 것이오…. 만약 미국 대통령과 정부가 미국은 쿠바에 대한 공격에 가담하지 않을 것이고, 그렇게 함으로써 다른 국가의 참여도 막을 수 있다는 확신을 준다면, 만약 대통령께서 함대를 불러들인다면 그 즉시 모든 상황이 바뀔 것이오…. 그때는 또한 파괴라는 문제에 대해서도, 대통령께서 공격적이라고 여긴 그 무기뿐 아니라 다른 모든 무기도 다르게 보일 것이오….

그러므로 정치인다운 지혜를 발휘하도록 합시다. 내 제안은 다음과 같소. 우리 측에서는 소련의 쿠바행 선박들이 어떤 무기도 신고 있지 않다고 분명히 밝힐 것이오. 대통령께서는 미국이 무력으로 쿠바를 침공하지 않고, 쿠바 침공을 감행할 가능성이 있는 어떤 세력도 지지하지 않겠다고 선언하실 것이오. 그러면 쿠바에 우리 군사 전문가들이 있을 필요가 없어질 것이오…. 만약 대통령께서 전쟁을 촉발하기 위한 첫 단계로 이번 일을 행한 것이라면, 그때는 우리도 대통령의 도전을 받아들일 수밖에 없소. 그러나 대통령께 자기통제력이 남아 있고 앞으로 어떤 일이 펼쳐질지 분별 있게 생각해보신다면, 전쟁을 매듭지은 줄의 양 끝을 우리가 당겨서는 안 될 것이오. 우리가 세게 당길수록 매듭은 더 단단해질 것이기 때문이오. 그리고 매듭이 너무 꽉 조여 처음에 묶은 자조차 풀 수 없는 순간이 올 수도 있소. 그때는 매듭을 잘라야 하고, 그것이 의미하는 바는 굳이 내가 설명해드릴 필요도 없을 것이오. 대통령께서도 우리 각국이 얼마나 끔찍한 힘을 발휘할 수 있는지 너무나도 잘 이해하고 계실 테니 말이오. 따라서 매듭을 계속 당겨 세계를 원자핵 전쟁이라는 재앙으로 몰아갈 의도가 없다면 줄 끝을 당기던 힘을 빼고 매듭을 푸는 조치를 취합시다…. 대통령께서 내 생각에 동의한다면, 모든 이를 괴롭히는 이 긴장된 상황에 종지부를 찍을 수 있소. 긴장을 완화하고 전쟁의 위협을 제거하고자 하는 진실한 소망을 담아 내 생각을 적었소.

N. 흐루쇼프 삼가 드림

알렉산드르 푸시킨이
야코프 판헤이케런에게

이 편지는 러시아의 숭고한 시인 푸시킨Aleksandr Pushkin을 비극적 죽음으로 이끌었다. 표트르 대제의 흑인 보좌관 아브람 간니발의 증손자 푸시킨은 특유의 충격적이고 열정적이며 아름다운 시를 쓰면서 차르와 갈등을 빚었다. 알렉산드르 1세가 페테르부르크에서 러시아 남부로 추방하는 벌을 내렸지만 푸시킨은 그곳에서도 자유주의자들과 어울렸고, 차르 직속 총독의 부인을 유혹하는 등 숱한 연애 행각을 벌이다 마침내 니콜라이 1세Nikolai I에게 고향으로 돌아와도 좋다는 허락을 받는다. 요란한 빈 수레 같던 이 새로운 차르는 푸시킨의 작품을 자신이 직접 검열하겠다고 제안한다.

당시 푸시킨은 《예브게니 오네긴Eugene Onegin》이라는 걸작 운문소설을 쓰고 있었고 나탈리야Nataliya Goncharova와 결혼한 상태였다. 사교계의 꽃이던 나탈리야에게 차르와(이때는 푸시킨도 참을 수밖에 없었지만) 러시아 근위병으로 복무 중인 천박한 프랑스인 멋쟁이 샤를 당테Charles d'Anthès 남작이 추파를 보낸다. 당테는 입양아였고, (아마도) 그의 생활비 일체를 대주는 네덜란드 대사 판헤이케런Jacob van Heeckerenn의 동성 연인이었다. 이미 질투로 괴로워하던 37세의 푸시킨은 "바람난 아내를 둔 남편들이 결성한 가장 평화로운 기사단의 최고 사령관과 기사들"에서 악의적 투서까지 받는다. 자존심 강한 그는 즉시 (그리고 아마도 부당하게) 당테가 아내와 바람을 피우고 있다고 의심한다. 결투를 막으려는 차르의 노력에도 불구하고 푸시킨은 반드시 대가를 치르게 하겠다고 작정하고는 판헤이케런에게 신랄하고 무례한 편지를 보낸다. 그가 "추접한 노파처럼… 아들의 포주"로 행동했다고 판헤이케런을 비난하면서 두 사람의 결투는 피할 수 없게 되었다. 아들 당테는 양아버지의 명예를 지켜야 했다. 뒤이어 결투가 벌어졌고, 러시아에서 가장 사랑받는 시인이 당테의 총에 맞아 사망한다. 당테는 러시아를 떠날 수밖에 없었지만 이후 프랑스에서 의원의 자리까지 오른다.

남작!

지금 무슨 일이 일어났는지 정리해드리겠소. 당신 아들의 행각은 이미 오랫동안 알고 있었고 내가 모르는 체할 수 없는 문제였소. 나는 그저 스스로 적절하다는 판단이 설 때 끼어들 권리가 있는 관찰자의 역할에 만족했소. 그런데 다른 어떤 순간에 겪더라도 매우 불쾌했을 만한 사건이 내게 벌어졌소. 그 사건으로 인해 나는 기쁘게도 그 어려움에서 벗어나게 되었소. 누군가 내게 익명의 편지를 보냈소. 나머지는 알고 있을 것이오. 나는 당신 아들이 그런 한심한 역할을 하게 만들었소. 아내는 그 비겁함과 노예근성에 깜짝 놀라 웃지 않고는 견딜 수 없는 것 같더군. 그녀가 그 위대하고 숭고한 열정에 대해 느낀 모든 감정이 고요하고 합당한 경멸 속으로 증발해버렸소.

남작, 인정할 수밖에 없을 것이오. 당신의 역할은 점잖음과는 거리가 멀었소. 군주의 대리인인 당신이 아버지로서는 아들의 포주였더군. 분명 그는 당신의 지시에 따라 그 모든 (심지어 서투르기까지 한) 행동을 했을 것이오. 그가 늘어놓은 안쓰러운 유머와 스스로 쓴 것처럼 가장한 헛소리도 아마 당신이 불러준 것이겠지. 마치 추접한 노파처럼, 당신은 양자(또는 소위 양자라고 불리는 자)의 사랑을 내 아내에게 이야기하기 위해 곳곳에서 그녀를 감시했소. 그리고 그가 매독으로 앓아누워 집에 갇혀 있으면 당신은 그가 그녀를 향한 사랑 때문에 죽어가고 있다고 말했을 거요. 내 아들을 돌려달라고 웅얼거렸겠지.

잘 알아두시오, 남작. 이후 내 가족이 당신 가족과 최소한의 관계를 맺는 일조차 허락할 수 없소. 이 조건하에서만 그 더러운 불륜을 뒤쫓지 않고 우리 법정과 당신의 법정에서 당신의 명예에 먹칠하지 않는 데 동의하겠소. 나는 그럴 힘도, 의도도 있소. 당신이 아버지 입장에서 하는 훈계를 내 아내가 다시 듣는 일이 없기를 바라오. 당신 아들이 보인 경멸스러운 행위 이후, 그가 내 아내에게 군대에서나 할 법한 농담을 늘어놓는 것은 물론이고 감히 말을 거는 것조차 허락할 수 없소. 겁쟁이와 건달에 불과한 주제에 헌신적인 척, 부적절한 열정을 지닌 척하는 것도 마찬가지요. 어쩔 수 없이 내가 당신에게 직접 말하는데, 만약 새로운 스캔들을 피하고 싶다면 그 모든 행동을 그만두어야 할 것이오. 나는 결코 물러서지 않을 테니까.

남작께
알렉산드르 푸시킨 삼가 드림

Power

권력

이오시프 스탈린이
발레리 메즐라우크에게

스탈린은 교수대 유머를 가장 좋아했다. 공산당 중앙위원회 정치국에서 스탈린은 재정부 인민위원 니콜라이 브류하노프Nikolai Bryukhanov의 죄에 대한 적절한 처벌을 제안하는 쪽지를 돌린다. 브류하노프는 그가 정치적으로 믿을 수 없다고 생각하는 인물이다. 스탈린의 동지이자 경제계획 책임자이며 뛰어난 만화가이기도 한 발레리 메즐라우크Valery Mezhlauk는 이 처벌 과정을 그림으로 그렸다. 아마도 모두를 웃기려고 그렸을 것이다. 브류하노프는 해임되었고, 그와 메즐라우크 모두 후일 스탈린에 의해 처형되었다.

모든 새로운 죄, 현존하는 죄 그리고 미래의 죄를 물어 매달아버리세,
고환을 묶어서, 그리고 만약 그게 튼튼해서

터지지 않는다면, 그를 용서하고 올바로 생각하세,
그러나 터진다면, 그를 던져버리세,
강물에.

1940년 5월 20일

처칠이 루스벨트에게

이 편지는 최고조에 이른 제2차 세계대전의 위기 앞에서 도움을 호소한다. 처칠은 총리가 된 지 겨우 열흘밖에 되지 않았다. 프랑스가 무릎을 꿇었고, 영국은 히틀러의 침공을 기다리며 나치 유럽에 홀로 맞서고 있다. 그리고 미국은 여전히 중립이다. 처칠은 미국 대통령 루스벨트에게 나라를 지키는 데 도움이 될 전투함 쉰 척을 팔라고 요청하지만, 악명 높은 협상가인 런던 주재 미국 대사 조지프 케네디Joseph Kennedy가 영국은 곧 무너질 것이라는 이유로 이에 반대했다는 이야기를 듣는다. 이에 처칠은 영국의 결단을 담아 가장 도발적인 편지를 쓴다.

우리의 목적은 무슨 일이 일어나든, 이 섬에서 끝까지 싸우는 것입니다. 그리고 요청한 도움을 받을 수 있다면 우리는 개개인의 실력 면에서 뛰어나므로 공중전에서 그들을 바짝 뒤쫓을 수 있습니다. 만약 반대의 결과를 얻는다면 현 정부 구성원은 그 과정에서 무너질 가능성이 높습니다만, 생각할 수 있는 어떤 상황에서도 우리는 항복하지 않을 것입니다. 만약 현 정부 구성원이 쓰러지고 그 폐허에 다른 이들이 나타난다면, 대통령께 남은 협상 카드는 오직 함대밖에 없다는 사실을 아셔야 합니다. 만약 미국에 의해 이 나라가 그런 운명에 처한다면, 살아남은 거주자들을 위해 가능한 한 최고의 조건을 조성해준다고 해서 그 책임감 있는 이들을 비난할 권리는 누구에게도 없을 것입니다. 대통령님, 이 악몽을 기탄없이 털어놓는 것을 부디 양해해주십시오. 저는 극도의 절망과 절박함 속에서 독일의 뜻에 굴복해야 할지도 모르는 제 후임자들을 책임질 수 없을 것입니다. 그러나 현재로서는 이런 생각을 늘어놓을 필요가 없겠지요. 다시 한번 대통령님의 선의에 감사드립니다.

리처드 1세와
살라딘이 주고받은 편지

12세기 후반 신성한 땅의 분할을 통해 평화 협상을 시도한 편지다. 쿠르드족 출신으로 당시 시리아와 이집트를 통치한 이슬람 술탄 살라딘Saladin은 예루살렘의 십자군 왕국을 정복하고 신성한 도시를 되찾았다. 그러나 강력한 가톨릭 전사인 잉글랜드의 '사자왕' 리처드 1세Richard I가 이끄는 새로운 십자군이 정착한 아크레를 되찾는 데에는 실패했다. 전투를 치르면서 교착상태에 부딪힌 이들은 이제 이스라엘의 현재 상태를 공동으로 유지하자는 제안을 하게 된다.

이 협상의 절정은 어디였을까? 리처드 1세는 여동생 조앤Joan과 살라딘의 형제 사파딘Safadin을 결혼시켜 함께 예루살렘에서 살라딘의 통치 아래 이슬람·가톨릭 왕국을 다스리게 하자고 제안한다. 놀랍게도, 살라딘은 리처드의 도전장을 받아들이며 이에 원칙적으로 동의한다. 아나나 다를까, 조앤은 아무리 예루살렘의 왕가라 해도 이슬람교도와는 결혼할 수 없다며 거부했다. 리처드와 살라딘의 편지에는 매우 현대적인 무언가가 있다. 오늘날 평화 협상 과정에서, 이번에는 이스라엘과 팔레스타인 사이에서 예루살렘은 여전히 가장 골치 아픈 문제로 남아 있기 때문이다. 예상한 대로 이들의 계획은 실패했다. 중동 지역에 평화를 불러오려 한 다른 많은 계획과 마찬가지로.

리처드가 살라딘에게

수많은 양측 병사를 잃었고 국토가 폐허로 변했으며 모든 일이 걷잡을 수 없게 되었소. 이것으로 충분하다고 생각지 않소? 우리가 아는 한, 불화의 원인은 단 세 가지요. 예루살렘, 성십자가, 영토 말이오. 예루살렘의 경우 우리가 숭배하는 곳이며 최후까지 싸우는 한이 있더라도 결코 그곳을 포기하는 것에는 동의하지 않을 것이오. 영토와 관련해 우리가 바라는 바는 오직 요르단 서쪽 땅을 양도받는 것뿐이오. 십자가의 경우, 술탄께는 그것이 나뭇조각에 불과할지라도 우리에게 그 가치는 가히 헤아릴 수조차 없소. 술탄께서 우리가 원하는 것을 내주고, 이 고단한 투쟁에 종지부를 찍읍시다.

살라딘이 리처드에게

예루살렘은 당신들만큼이나 우리에게도 신성한 땅이오. 게다가 그곳은 우리 선지자가 밟은 여정의 배경이 되는 곳이자 우리 국민이 최후의 날에 모여야 하는 곳이니 더욱 신성하다고 할 수 있소. 우리가 그곳에서 물러나야 한다거나 그 문제에 순응할 수 있다고는 생각지 마시오. 그리고 영토에 대해서는, 애초에 그 땅은 우리 소유로 당신이 침공한 것이오. 또한 당시 그곳 이슬람교도들이 무력하지만 않았더라면 (당신이 그곳을 정복하지 못했을 것이오.) 이 전쟁이 이어지는 한 신께서는 당신이 그곳에 비석을 세우도록 허락하시지 않을 것이오. 십자가의 경우, 그것을 쥐고 있음으로써 우리가 우위에 있으니 이슬람에 어떤 이익이 주어지지 않는 한 순순히 내주지 않을 것이오.

아서 제임스 밸푸어가
로스차일드 경에게

이 편지는 중동 지역의 판세를 완전히 바꿔놓았다. 기원후 70년 티투스Titus Flavius Vespasianus 황제가 유대교회당을 파괴한 이 래 유대인은 줄곧 시온을 숭배했고 예루살렘으로 돌아갈 날을 꿈꿔왔다. 19세기 후반 (유대인 60만 명이 살던) 러시아에서 벌어진 잔인한 박해와 프랑스에서 오스트리아까지 확장된 반유대인 공격은 현대 시온주의 운동에 영감을 주었다. 제1차 세계대전 이전에도 유대인의 역사와 역경을 안타까워한 영국 지도층 정치인은 많았다. 그런데 전쟁이라는 상황이 이를 가능케 했다. 1917년 영국 군대는 4세기 동안 오스만제국 술탄의 통치를 받아온 팔레스타인을 침공할 태세를 갖추었다. 하지만 영국은 절박하기도 했는데, 러시아와 미국을 둘 다 전쟁에 묶어두기 위해 수년 동안 서부전선에서 피 튀기는 교착상태가 이어졌기 때문이다. 두 국가 모두 유대인 인구가 많은 곳이었다.

외무부 장관 밸푸어Arthur James Balfour는 이미 신성한 땅에 거주하고 있는 아랍인의 권리를 해치지 않으면서 그곳에 유대인의 고향을 만들어주겠다고 약속하는 편지(밸푸어 선언)를 쓴다. 이 선언은 유대인 공동체의 지도자 중 하나이자 시온주의자 영연방 대표인 제2대 로스차일드 남작 월터 로스차일드Walter Rothschild에게 보내는 공개서한의 형식을 띤다. 1948년, 이스라엘 정부가 탄생했다.

로스차일드 경께

국왕 폐하의 정부를 대변해, 유대인 시온주의자의 염원을 담아 내각에 제출하고 승인된 다음의 지지 선언을 경께 전달하게 되어 기쁩니다.

"국왕 폐하의 정부는 팔레스타인에 유대인을 위한 고향을 세우는 것에 긍정적이며, 이 목표를 성취할 수 있도록 최선의 노력을 기울일 것이다. 또한 팔레스타인의 기존 비유대인 공동체의 시민적·종교적 권리 또는 다른 어떤 나라의 유대인이 누리는 권리와 정치적 지위를 침해할 만한 행위도 없을 것임을 명확히 한다."

시온주의자 영연방에 이 선언을 알려주시면 감사하겠습니다.

아서 제임스 밸푸어 드림

조지 부시가 빌 클린턴에게

이 편지는 비열한 이 시대에 아량 있는 정치인이란 어떤 사람인지 정의한다. 조지 부시George H. W. Bush는 현대 미국 대통령 중 가장 자질이 뛰어난 인물로 미국 상류층 신사의 표본이기도 하다. 그는 제2차 세계대전 당시 격추된 적이 있는 조종사이자 전쟁 영웅인데, 석유 사업을 통해 막대한 부를 쌓았으며 하원의원으로 선출되었다. 이후 유엔 대사로 근무했고 중국 주재 연락 사무소 소장과 CIA 국장을 역임하기도 했다. 그는 로널드 레이건Ronald Reagan의 부통령에 이어 마흔한 번째 대통령으로 당선되었다. 뛰어난 정치가도, 카리스마 넘치는 예지자도 아닌 그는 국가의 충실한 종이라기에는 어딘지 밋밋한 인물이었다.

부시는 소련의 몰락에 할 말을 잃을 만큼 놀랐으며 러시아나 우크라이나처럼 새로 독립한 국가의 현실을 받아들이는 데에도 비교적 느린 편이었다. 그러나 이라크 독재자 사담 후세인Saddam Hussein의 쿠웨이트 침공에 즉시 다국적군을 꾸려 대응했고, 그 결과 이라크를 해방시켰으며 독재자의 권력이 유지되는 동안 발을 묶었다. 아칸소주의 젊은 주지사 빌 클린턴Bill Clinton의 자신만만한 이미지와 비교할 때 그는 치열한 선거운동에서 다소 구식이고 뒤떨어져 보였다.

그런데 이제 사랑하는 대통령직을 내려놓을 때가 왔다. 그는 자리에 앉아 매력적이고 호방한 편지를 쓰고, 그것을 라이벌 클린턴을 위해 집무실 책상 위에 올려둔다. 우리는 이 고리타분한 전쟁 세대 지도자의 마지막 모습에서 충실한 공공 정신, 품위, 상대에 대한 존중의 최고 수준을 엿볼 수 있다. 이 편지는 자유민주주의 국가에서 어떻게 권력이 이양되어야 하는지 확실히 보여준다.

친애하는 빌,

나는 방금 이 집무실로 걸어 들어오면서 4년 전과 똑같은 경탄과 경의를 느꼈습니다. 당신도 마찬가지로 그런 감정을 느끼겠지요.

이곳에서 큰 기쁨을 얻길 바랍니다. 외로움을 느꼈다는 대통령도 몇몇 있지만 나는 그런 경험이 전혀 없습니다.

앞으로 고된 시기도 있을 겁니다. 부당하다고 생각되는 비판 때문에 힘들어지는 순간도 오겠지요. 나는 그다지 좋은 조언을 할 만한 사람은 아닙니다만, 그런 비판 때문에 좌절하거나 경로를 바꾸지는 마십시오.

이 쪽지를 읽을 때면 당신은 이 나라의 대통령이 되어 있겠지요. 부디 잘 지내기를 바라고 가족들도 건강하기를 기원합니다.

당신의 성공이 이제 우리나라의 성공입니다. 성원을 보냅니다.

행운을 빌며,

조지

니콜로 마키아벨리가
프란체스코 베토리에게

이탈리아 정치인 니콜로 마키아벨리Niccolò Machiavelli는 비딱한 시선으로 인간 본성을 관찰한 인물이기도 하다. 그는 1498년부터 1512년까지 피렌체공화국의 제2서기국 서기장으로서 직업적 권력의 정점에 올랐다. 그러나 그다음 해에 일어난 쿠데타 이후 인기를 잃고 체포되어 고문당하다가 마침내 영지로 풀려났다. 그곳에서 마키아벨리는 휴식을 취하고, 산책을 하고, 시를 읽었다. 그리고 그의 가장 유명한 작품 《군주론Il Principe》을 썼는데, 동시대인 체사레 보르자Cesare Borgia의 성공과 몰락을 모델로 삼아 비도덕적 현실주의로 정치인들의 행태를 분석했다. "두려움보다 사랑의 대상이 되는 것이 나을까, 사랑보다 두려움의 대상이 되는 것이 나을까? 둘 다 되고자 해야 한다. 한 사람이 동시에 두 가지 대상이 되는 게 어렵기 때문은 아니다. 사랑의 대상이 되는 것보다 두려움의 대상이 되는 것이 훨씬 안전하다." 마키아벨리는 종종 로마 주재 피렌체 대사인 친구 프란체스코 베토리Francesco Vettori에게 편지를 보냈는데, 언제나 정치적 내용을 담은 것은 아니다. 1514년 1월 5일에 쓴 편지를 보면 이성애든 동성애든 다양한 사랑의 기쁨을 겪어보라고 추천한다. 그다지 마키아벨리답지 않은 관용을 매력적으로 보여주는 부분이다. "낮에 현명하다 여긴 사람이 밤에 정신이 나간다고는 결코 생각되지 않을 것이네. 또한 존경할 만하다는 호평을 받는 사람은, 그럴 만한 이유가 있다면, 마음을 가볍게 하고 행복한 삶을 누리기 위해 어떤 행동을 하든 비난이 아니라 경의를 받을 것이네. 다들 그를 멍청한 놈이나 호색가라고 부르기보다는 다양한 것에 흥미를 보이는 사람, 무던하고 착한 사람이라고 말할 것이네."

그리고 몇 달 뒤에 쓴 이 편지를 통해 마키아벨리는 50세의 나이에 사랑에 빠지는 것에 대한 아름다운 글을 남긴다.

친구여, 너무나 우아하고 섬세한 생명체를 마주했네…. 그녀가 마땅히 받아야 할 모든 칭송과 사랑을 보냈다네. 비너스가 황금으로 짠 그물이 꽃 위로 펼쳐지니 너무나 기분 좋고 편안해서 어떤 악랄한 심장도 무너지고 말았을 것이네…. 사랑이 나를 사로잡기 위해 평범한 방법을 이용했을 것이라고는 생각하지 말게. 왜냐하면 사랑은 그런 방법으로는 충분하지 않음을 알고 있으므로, 내가 전혀 모르고 또 그렇기 때문에 스스로 방어할 수도 없는 비범한 방법을 사용했기 때문일세. 이미 근 50년 동안 어떤 태양도 나를 해하지 못했고 거친 길도 나를 지치게 하지 못했으며 어두운 밤이 나를 겁먹게 하지도 못했음을 생각해보면 이해가 될 걸세. 모든 것이 내게는 평온해 보이고 그녀의 모든 바람에 나는 적응하네…. 부드럽고 아름다운 그녀의 얼굴을 바라보며, 그리고 내 모든 고민의 기억을 옆으로 밀어두며, 나는 너무나 큰 사랑을 느끼고 세상의 어떤 것을 준다 해도 그로부터 풀려나기를 바라지 않을 것이네. 그때는 중요하고 심각한 일에 대한 생각을 버릴 수 있다네…. 그런 것이 모두 부드러운 대화로 바뀌니, 비너스께 그에 대해 감사할 뿐이네. 그러니 만약 어떤 것이든 그 여인에 대해 쓸 일이 생기면 편지하게…. 그럼 이만 줄이겠네.

헨리 7세가 "좋은 친구들"에게

이 편지는 마치 정신 나간 모험 같다. 1485년 8월 7일, 헨리 튜더Henry Tudor와 프랑스 용병 2,000명으로 이루어진 작은 군대가 리처드 3세Richard III에게서 잉글랜드 왕국을 탈환하기 위해 웨일스에 상륙했다. 헨리는 에드워드 3세Edward III의 넷째 아들 존 오브 곤트John of Gaunt의 증손녀인 어머니 마거릿 뷰포트Margaret Beaufort를 통해 왕위를 주장했다. 그는 또한 헨리 5세Henry V의 미망인과 결혼한 보잘것없는 웨일스 군인 오언 튜더Owen Tudor의 후손이기도 했다. 이 관계가 얼마나 미약한 것이든 더 유력한 왕위 주장자들이 사망한 상황이고, 리처드 3세가 조카들에게 왕위를 빼앗았다는 사실은 누구나 알고 있었다. 어린 두 왕자는 1483년 여름에 추방됐고 리처드의 명령으로 살해당했다. 유아 살해와 국왕 시해라는 오명은 악취를 풍겼다.

1년 전, 헨리 튜더는 이미 침입을 시도했다가 실패한 터였다.

이제 그는 거물 귀족 중 자신을 따를 만한 이들에게 공개서한을 쓴다. 그야말로 완벽한 시기였다. 정치적 편지가 이렇게 성공을 거둔 경우는 거의 없다. 헨리가 잉글랜드로 진군하면서 그를 지지하는 고위층 인물은 점점 늘어났다.

8월 22일 보즈워스 평원에서 벌어진 전투에서 수많은 거물, 특히 스탠리 가문이 헨리 측으로 넘어간다. 리처드는 패배하고 전쟁터에서 사망했다. 자기 궁정에 입고 갈 변변한 옷 한 벌 없던, 무일푼의 반半웨일스인 왕위 주장자가 튜더 왕조를 세운다.

올바르고 믿을 수 있는, 고매하며 명예로운 좋은 친구들이여, 그리고 동지들이여, 그대들에게 안부를 전하오. 정당한 권리 주장과 직계 왕위 계승을 이룰 수 있도록 나를 도우려는 그대들의 선한 의도와 경의를 이해하고, 또한 현재 부당하게 그대들을 통치하고 있는 살인자이자 그릇된 독재자의 정당한 축출을 위해, 그대들이 어떤 장교들과 지도자들을 모으고 어떤 세력을 마련할 것인지 확실한 선전을 한 데 대해 어떠한 가톨릭교도의 가슴도 이처럼 기쁨으로 가득할 수는 없을 것임을 알리는 바이오. 나의 친구들이 준비하고 있는 군대와 함께 바다를 건너갈 수 있도록 준비하기 바라오. 또한 만약 내가 바라는 만큼 빠르고 싱공적으로 일이 진행된다면, 그대들의 바람에 따라 나는 앞으로 있을 정당한 싸움에서 그대들의 위대한 자비와 사랑을 기억하고 그에 온전히 보답하기 위해 가장 선두에 설 것이오.

우리의 서명 아래, HR

존 애덤스가 토머스 제퍼슨에게

어떤 제도에서든 권력의 이양은 시험이다. 비록 그것이 순조롭게 진행되더라도 이따금 매우 민망한 상황이 벌어진다. 존 애덤스John Adams는 미국의 두 번째 대통령인데, 당시 행정부는 말 그대로 엉망진창이었다. 그는 또한 백악관에 거주한 첫 대통령이다. 오랜 전우 토머스 제퍼슨을 부통령으로 두었으나 두 사람의 관계는 역사가 길고 가까운 동시에 민감하기도 했다. 1800년 선거에서 애덤스의 정당이 완패하자, 그는 새로 선출된 제퍼슨 대통령에 맞서 부질없이 정부 공약을 깎아내리려 하고 제퍼슨은 그의 배신을 맹렬히 비난한다. 그래서 애덤스의 편지를 보면, 냉담하게도 민주주의의 신성한 제단을 넘겨주는 것보다는 몇 마리의 말이 적당한지에 더 신경 쓴다. 이후에도 애덤스는 오랫동안 토라져 있었고, 제퍼슨 정부는 두 번의 임기를 성공적으로 마쳤다. 1811년이 되어서야 두 사람은 다시 친구가 되었다.

제퍼슨 귀하

말과 마차를 구매하는 귀하의 수고와 지출을 아껴드리기 위해, 전혀 그러실 필요 없겠지만, 백악관 마구간에 말 일곱 마리와 마구가 포함된 마차 두 대를 미국 자산으로서 두고 간다는 점을 귀하께 알려드립니다. 귀하께서 타기에는 부족할지도 모르겠습니다만 이 말들을 대통령 가족의 종마로 들이신다면 꽤 많은 비용을 아끼는 데 도움이 될 것입니다.

귀하께 큰 존경을 보내며 삼가 드림

말버러 공작과 앤 여왕,
말버러 공작 부인 세라가 주고받은 편지

권력, 승리, 사랑으로 이루어진 삼각관계가 이 개인적 편지에 모두 기록되어 있다. 제임스 2세James II의 딸 앤Anne은 자신감도, 사회성도 부족한 신교도 여왕이었다. 유럽을 지배하려는 루이 14세Louis XIV의 시도를 좌절시킬 가능성이 희박한 군주이기도 했다. 앤은 병마와 비만으로 심한 고통을 받았는데, 컴벌랜드 공작 조지George Valdmar Carl Axel와 결혼한 후 임신이 열일곱 번이나 실패로 돌아가면서 상태가 더욱 악화되었다.

삼각관계의 두 번째 인물은 존 처칠John Churchill 장군이다. 1685년 제임스 2세가 왕위를 이어받으면서 처음에 그는 왕을 도왔지만, 제임스의 가톨릭 절대주의보다는 신교 휘그당에 더 공감했다. 1688년 오랑주의 윌리엄William Henry(제임스 2세의 다른 딸 메리와 결혼했다)이 잉글랜드에 도착하자 처칠은 명예혁명을 지지한다. 그리고 말버러 백작의 지위로 보상받는다.

말버러 백작은 의지가 강한 열다섯 살의 세라 제닝스Sarah Jennings를 궁정에서 만나 사랑에 빠져 결혼했는데, 당시 왕위 계승자가 된 앤과 세라는 곧 절친한 친구가 되었다. 앤은 세라에게 정서적으로 의지했고 너무나도 열정적인 편지를 쓰곤 했는데, 이로 인해 나중에 세라가 앤을 동성애자라고 고발하기도 했다. 앤은 편지에 이렇게 썼다. "내 소중한 사람과 함께할 수 있는 순간이 잠깐이라도 생겼으면 좋겠어. 말로 표현할 수 없을 만큼 갈망하는 포옹 한 번을 할 수 있는 시간 말이야." 두 사람은 비밀을 지키기 위해 편지에서 서로를 '몰리 부인'과 '프리먼 부인'으로 불렀다.

1702년 앤이 왕위를 계승할 당시 영국은 프랑스와 전쟁 중이었고, 총사령관이 된 말버러는 연승 행진을 이어간다. 가장 위대한 승리로 손꼽히는 블레넘 전투를 치른 후, 말버러는 앤 여왕에게 직접 편지를 쓰는 대신 세라에게 쓰고 여왕에게 전해달라고 하여 세라의 영향력을 굳건히 한다. 말버러는 공작 작위와 함께 블레넘 궁전을 하사받았다. 그러나 결국 몰리 부인과 프리먼 부인은 사이가 틀어지고, 이것이 말버러가의 몰락과 전쟁의 종설에 일조한다.

많은 말을 할 시간은 없지만, 여왕 폐하의 군대가 영광스러운 승리를 거두었음을 그분께 전해드리는 중책을 당신에게 안기오. 탈라르Tallard(프랑스의 원수)와 다른 두 장군이 내 마차에 탔고, 나는 남은 무리를 뒤쫓고 있소. 이 편지를 가져간 내 부관 파크Parke

대령이 여왕 폐하께 지금까지 있었던 일을 상세히 보고할 것이오.
나도 하루나 이틀 안에 전반적 내용을 담은 편지를 써서 보고할
것이오.

도널드 트럼프가 김정은에게

도널드 트럼프Donald J. Trump 대통령의 세상을 바꾸는 방식을 잘 보여주는 편지다. 트럼프는 뉴욕 부동산 사업과 미국 리얼리티 TV 프로그램에서 얻은 경험을 바탕으로 훈련받기만 했다면 스스로 세계적 협상가가 되었으리라고 생각하는데, 자신의 개인적 외교력이 정상회담에서 전통적 정치인은 꿈도 꿀 수 없는 거래를 성사시킬 수 있다고 믿는다.

2018년 초, 트럼프는 만약 북한의 젊은 독재자 김정은과 만날 수만 있다면 김 왕조가 70년간 이어온 통치 기반을 보호하기 위해 만든 핵무기라는 위험한 문제를 해결할 수 있다고 확신한다. 북한 협상가가 적대적 태도를 보이자 그는 김 왕조의 엄격한 스탈린주의적 격식에 호소할 수 있는 형식인 전통적 외교 서신에 눈을 돌린다. 그러나 편지의 어조는 이 정부에서 보인 전형적인 모습과 같았다. 과장된 허풍, 극적인 위협, 구슬픈 감성주의로 가득 차 매우 트럼프다운 편지다. 아마 미국 대통령이 편지로 이렇게 뻔뻔하게 핵무기의 위력을 자랑하고 세계의 종말을 불러올 힘을 풀어놓겠다고 위협한 사례는 처음일 것이다. 편지의 효과는 있었다. 김정은이 공식적인 화해 서신으로 화답한 것이다.

6월 12일 싱가포르에서 극적인 정상회담이 열렸으나 한국의 진정한 비핵화를 이루어내기는 더 어려울 것이다. 그럼에도 두 정상이 주고받은 편지는 세계정세에서 낯선 시기를 대표적으로 보여준다.

2018년 5월 24일, 워싱턴DC 백악관

조선민주주의인민공화국 국무위원회 김정은 위원장께

양쪽 진영에서 오랫동안 기다려온 정상회담과 관련한 최근 협상과 논의에서 보여주신 위원장의 시간과 인내, 노력에 대단한 존경과 감사를 드립니다… 위원장과 거기서 만나는 순간을 매우 기대하고 있었습니다. 슬프게도, 위원장께서 최근 담화문을 통해 보인 큰 분노와 공개적 적개심에 근거해 볼 때, 나는 오랫동안 계획해온 회담을 지금 이 시점에 하는 것은 적절하지 않다고 생각했습니다… 위원장께서는 북한의 핵 능력을 이야기하지만, 미국의 것은 워낙 막강하고 강력해서 내가 이것을 결코 쓸 일이 없기만을 신께 바랄 뿐입니다… 위원장께서 무엇보다 중요한 이 회담과 관련해 마음을 바꾼다면 내게 기탄없이 전화나 편지를 주십시오. 세계는, 특히 북한은 항구적 평화와 번영, 부를 누릴 수 있는 좋은 기회를 잃었습니다. 이 잃어버린 기회는 역사에 진정 슬픈 순간으로 기록될 것입니다.

각하의 진실한 벗,
미합중국 대통령 도널드 J. 트럼프

Downfall

몰락

압둘라만 3세가 아들들에게

압둘라만 3세Abd al-Rahman III는 스페인의 무슬림 왕국 알안달루스Al-Andalus의 아랍 통치자 중 가장 위대한 인물이다. 그는 우마이야Umayya 왕조의 왕자 압둘라만 1세Abd al-Rahman I의 후손이다. 압둘라만 1세는 적군인 아바스 왕조의 통치하에 있던 바그다드에서 탈출, 변장하고 아프리카를 가로질러 스페인에 자신의 왕국을 세웠다. 그의 사망 이후 왕국이 쇠퇴하다가 912년 압둘라만 3세가 왕위를 계승했다. 뛰어난 장군이자 무자비한 정치인인 그는 무슬림과 기독교도 모두를 제패하고 이베리아반도를 지배하기 위해 수십 년에 걸친 전쟁길에 올랐으며, 929년에는 전 세계를 향한 이 편지에서 바그다드의 아바스 왕조를 가짜라고 저주하며 스스로를 '대교주'라는 뜻의 칼리프로 칭하기에 이른다. "우리는 우리의 권리를 이행하기에, 우리의 행운을 완성하기에, 신의 고귀함이 내려주신 옷을 입기에 가장 자격 있는 사람들이다. 신께서 우리에게 보이신 은총으로, 신께서 우리에게 주신 명성으로, 신께서 우리를 권력에 올리심으로… 우리는 대교주로서 마땅히 갈채를 받아야 한다고 결정했다…. 우리를 제외하고 이 이름으로 자기 자신을 부르는 자는 누구나 부당하게 이름을 가로챈 것이며 무단으로 침범한 것이다…"

961년, 70세의 칼리프는 그의 시대에 가장 영광스러운 군주로서 세상을 떠날 때, 후계자들을 위해 남긴 것으로 추정되는 이 편지를 쓴다. 그는 가장 강력한 통치자로서 겸손함을 제대로 보여준다. 50년에 걸친 승리의 세월, 그중 행복한 날은 단 14일에 불과했다고.

이제 나는 승리 또는 평화 속에서 나의 국민에게는 사랑의 대상이, 적에게는 두려움의 대상이, 동맹에는 존중의 대상이 되어 50년 넘게 통치해왔다. 부와 명예, 권력과 쾌락이 나의 부름을 기다렸고 이 세상의 어떤 축복도 나의 행복에 부족하지 않았던 것 같다. 이런 상황에서 나는 내가 누린 순수하고 진정 행복한 나날을 부지런히 세어보았다. 모두 합쳐 14일이었다. 오, 이런! 너희는 현세를 믿지 마라!

시몬 바르 코크바가 예슈아에게

기원후 130년, 로마 황제 하드리아누스Hadrianus는 70년에 티투스 황제가 교회당과 도시를 파괴한 이래 폐허로 남아 있는 예루살렘을 방문했다. 그리고 그곳에 자신의 이름을 붙이고 지성소(유대교 성전에서 계약의 궤를 두던 가장 신성한 장소—옮긴이)가 있던 부지에 유피테르 신전을 크게 지어 이교도의 도시로 재건하기로 결심한다. 기원후 132년, 스스로 이스라엘 왕자라고 칭하는 신비한 지도자가 강력한 반군을 이끌어 두 개의 로마 군단을 빠르게 파괴했다. 이 사건은 이름이 시몬 벤 코시바Simon Ben Kosiba로 추정되는 왕자의 지휘하에 벌어진 새로운 유대인 반란의 시작인데, 추종자들은 그를 '별의 아들'이라는 뜻의 시몬 바르 코크바Simon Bar Kokhba로 칭송했다.

하드리아누스는 이스라엘의 새 국가를 짓밟기 위해 서둘러 군사력을 강화했으나 이후 3년 동안 힘든 전투를 치러야 했다.

마침내 135년, 시몬은 베타르에 있던 요새에서 포위되어 죽음을 맞았다. 유대인에 대한 하드리아누스의 복수는 거의 학살에 가까웠다. 당시 50만 명이 살육됐다는 자료도 있다. 예루살렘은 하드리아누스의 가족 이름을 따라 아엘리아카피톨리나라는 새로운 이름으로 불리게 되었고, 이교도의 도시가 되었다. 고대 유대는 다시 팔레스티나라는 이름을 얻었다. 1960년, 놀랍게도 유대 동굴에서 시몬이 쓴 편지 열다섯 통이 발견되었고, 아래 편지가 그중 하나다. 고고학자들은 심하게 훼손되어 해독하기도 어려운 '파괴하다'라는 단어의 의미를 놓고 논쟁을 벌인다. 한때는 시몬이 예슈아Yeshua Ben Galgula에게 갈릴리 사람들을 보호하라는 의미로 그 단어를 사용했다고 여겨졌지만, 이제는 갈릴리 사람들을 해치라고 말한 것으로 해석된다. 열다섯 통의 편지는 아마 왕자가 점점 규모가 작아지는 군대의 통제권을 유지하려 애쓰던, 반란의 마지막 나날부터 쓰기 시작한 것으로 보인다. 마지막 유대 국가(1948년까지는)의 몰락이 머지않았다.

시몬 벤 코시바가 예슈아 벤 갈굴라와 요새에 있는 사람들에게, 평화가 함께하기를. 하늘이 내 증인이시니, 네가 함께 있는 갈릴리인을 마지막 한 명까지 멸하지 않으면, 내가 벤 아풀Ben Aphul(아풀의 아들)에게 한 것과 같이 네 발에 족쇄를 채우리라.

암무라피가 알라시야 왕에게

기원전 1190년경, 해상의 약탈자 무리가 시리아의 풍요로
운 도시 우가리트를 공격했다. 이 도시는 남쪽으로 이집트, 북
쪽으로 히타이트라는 후기 청동기시대의 다른 세력과 긴밀한 관
계를 맺고 있었다. 약탈자들이 공격해오자 우가리트 왕 암무라
피Ammurapi는 이웃인 알라시야인(키프로스섬 사람)에게 도움을 호
소한다. 약탈자들의 정체는 아직도 밝혀지지 않았으며 그저 '바
다 사람들'이라고만 알려져 있다. 이 편지에서 암무라피는 왕국
이 무너지기 시작한다고 말한다. 3,000년이 지난 지금 읽어도,
그가 느끼는 절박함이 편지에 뚜렷이 보인다. 그도 그럴 것이,
당시 바다 사람들의 손에 수많은 제국이 파괴되었다.

아버지시여, 보십시오. 적의 배들이 (여기에) 왔습니다. 나의
도시들이 불탔고, 그들은 내 나라에서 사악한 짓을 행했습니다.

아버지께서는 정녕 나의 모든 군대와 전차들이 하티의 땅에 있다는 것을, 그리고 내 배들이 모두 루카의 땅에 있다는 것을 모르신단 말입니까. 따라서 이 나라는 홀로 버려졌습니다. 부디 아버지께서 아시기를. 이곳에 온 적의 배 일곱 척이 우리에게 엄청난 피해를 입혔습니다.

아우랑제브가 아들 무함마드 아잠 샤에게

막강한 권력을 무자비하게 휘두르던 자가 죽음이 눈앞에 이르러서야 겸손함을 보이며 쓴 편지다. "세계의 정복자" 아우랑제브Aurangzeb는 위대한 인도의 마지막 무굴 황제로, 타지마할을 지은 샤자한Shāh Jahān의 셋째 아들로 태어났다. 그는 권력투쟁 끝에 경쟁자인 모든 형제를 잔인하게 처형했고 아버지를 모욕했으며 다종교·다인종 제국에 이슬람 체제를 폭력적으로 도입해 위험하게도 국력을 약화시켰다. 힌두교도와 시크교도의 반란을 진압한 후, 죽음을 앞두고 아우랑제브는 후회와 의구심으로 가득 차서 아들 무함마드 아잠 샤Muhammad Azam Shāh에게 편지를 쓴다.

네게 건강이 함께하기를! 내 마음은 네 곁에 있단다. 나는 이제 늙었다. 말할 수 없이 쇠약해졌고 사지에 아무런 힘이 없구나. 나는 이 세상에 이방인으로 왔고 이방인으로 떠난다. 내가 누구인지, 무엇인지, 무엇을 할 운명인지 전혀 모르겠다. 권좌에 오른 뒤에는 오직 슬픔만이 남았다. 나는 제국의 수호자도, 보호자도 아니었단다. 소중한 시간이 허망하게 흘러갔지. 나 자신이라는 집 안에 후원자가 있지만(아마 양심을 의미하는 것으로 보인다) 어두침침한 내 눈에는 그의 영광스러운 빛이 보이지 않았다. 삶은 영원하지 않단다. 세상을 떠난 자는 흔적 없이 사라지고 미래에 대한 희망도 모두 잃었다. 나는 열기를 잃었으며 피부와 뼈를 제외하고는 나 자신의 무엇도 남아 있지 않구나. 내 아들(카움 부크시Kaum Buksh)은 비자푸르를 향해 떠났지만, 아직 가까이 있구나. 그리고 내 아들, 너는 아직 더 가까이 있구나. 존경할 만한 샤우 아울룸Shaw Aulum은 훨씬 멀리 있단다. 또한 내 손자(아짐 우샤운Azeem Ooshawn)는 신의 명령에 따라, 힌두스탄 근처에 도착했지. 무력하고 겁에 질린 군대와 추종자들은 마치 나처럼 고통으로 가득 차, 수은처럼 쉬지 않고 움직인다. 그들은 주인에게서 떨어져, 자신에게 주인이 있는지 없는지도 알지 못한다.

나는 이 세상에 아무것도 가져오지 않았고, 그리고 인간으로서 병약해진 것 말고는 아무것도 하지 못했다. 나는 구원받지 못할까 두렵고, 어떤 고문으로 징벌을 받게 될지 두렵다. 신의 자비와 너그러움에 대한 강력한 믿음이 있긴 하지만, 내가 행한 것을 생각하면 두려움이 떠나지 않는다. 그러나 내가 세상을 떠나고 나면, 반성할 것도 남아 있지 않을 것이다. 어떤 어려움이 있더라도, 나는 파도에 배를 띄웠다. 신의 섭리가 군대를 지켜주시겠지만, 그러나 겉으로 보이는 것에 대해서는 내 아들들이 반드시 노력해야 한다. 손자(비다르 바크트Bidar Bakht)에게 내 마지막 기도를 전해주어라. 그 아이를 볼 수는 없지만 꼭 그렇게 하고 싶구나. 베굼Begum(그의 딸)이 괴로워하는 것 같지만, 신께서 유일한 마음의 심판자시다. 여자들의 어리석은 생각은 실망만 낳을 뿐이란다. 그럼 잘 있어라! 부디! 잘 있어라!

시몬 볼리바르가 호세 플로레스에게

모든 정치 경력은 실패로 끝나기 마련이지만, 이 편지는 정치적 허탈감을 드러낸다. 시몬 볼리바르는 스페인의 지배에서 남아메리카의 절반을 해방시켰고 그란콜롬비아의 대통령이자 페루의 독재자, 그리고 수많은 다른 존재였다. 그러나 그의 권력과 그가 창조한 국가가 무너지면서 그의 경력은 비극으로 끝난다. 볼리바르는 1830년 1월 20일 은퇴한다. 가장 가까운 동료인 호세 데 수크레José de Sucre 장군이 암살당한 이후, 볼리바르는 절망에 빠진다. 그는 죽어가면서 에콰도르 대통령 플로레스Juan José Flores에게 편지를 쓴다. "수크레의 죽음에 대해 복수해주시오…. 그리고 달아날 수 있을 때 달아나시오." 볼리바르는 남아메리카의 미래에 대한 이 비판적인 평가서를 보내고 나서 얼마 지나지 않아 결핵으로 사망했다. 그의 나이 겨우 45세였다.

과거를 통해 미래를 예측하시오. 내가 20년 동안 통치했다는 것은 대통령께서도 아실 것이고, 이 경험에서 나는 오직 확실한 결론 몇 가지밖에 이끌어내지 못했소…. 1. 아메리카는 통제할 수 없다. 2. 혁명을 일으키는 사람이 바다를 경작할 것이다. 3. 어떤 사람이 아메리카에서 할 수 있는 일이라고는 떠나는 것뿐이다. 4. 각종 피부색, 각종 인종에서 태어난 똑같은 폭군들의 손에 국가가 넘어가고 나면 분명 상상할 수 없는 혼란에 빠질 것이다. 5. 한 번이라도 온갖 범죄가 우리를 집어삼키고 극심한 폭력에 몰아넣으면 누구도, 심지어 유럽인조차 우리를 통제하에 두려 할 것이다. 6. 마지막으로, 만약 인류가 원시 상태로 되돌아갈 수 있다면, 그 최후의 시간은 이곳 아메리카에서 맞게 될 것이다.

Goodbye

작별

레너드 코언이 메리앤 일렌에게

작별 인사는 편지 쓰기에서 볼 수 있는 예술 중 하나다. 가사뿐 아니라 음악적 재능 면에서도 레너드 코언Leonard Cohen은 1960년대부터 21세기 초까지 어떤 싱어송라이터도 견줄 수 없는 거장이었다. 코언은 원래 스스로 시인으로 여겼지만, 그가 남긴 최고의 걸작은 〈수전Suzanne〉이나 〈낸시Nancy〉, 〈머시 자매Sisters of Mercy〉 같은 가사와 노래고, 그중에는 그의 뮤즈가 된 여성과의 연애를 바탕으로 한 것이 많다. 하지만 그에게 가장 강렬한 영감을 준 사람은 젊은 노르웨이 여성 메리앤 일렌Marianne Ihlen이다. 메리앤은 1960년부터 그리스 이드라섬에서 코언과 함께 실았으며 〈전선 위의 새Bird on the Wire〉, 특히 〈안녕, 메리앤So Long, Marianne〉 같은 훌륭한 노래에 영감을 주었다.

1960년대 후반, 두 사람이 헤어지고 나서 메리앤은 결혼했고 오슬로로 이사했다. 오랜 시간이 흐른 2016년, 그녀는 백혈병

진단을 받았다. 병세가 빠르게 악화되었고 의사들도 살날이 얼마 남지 않았다고 했다. 7월 1일 메리앤은 친한 친구 얀 크리스티안 몰레스타드Jan Christian Mollestad에게 자신의 상황을 레너드 코언에게 전해달라고 부탁했다. 코언은 당시 82세의 나이에 아직도 노래를 부르고 글을 쓰고 있었지만 역시 건강이 좋지 않았다. 그날 밤 얀은 코언에게 편지를 보내 메리앤이 살날이 며칠 남지 않았다고 알리고, "이 편지가 제때에 도착해 당신이 그녀에게 연락하실 수 있었으면 좋겠습니다. 제가 참견한다고 생각하지는 마세요. 저는 그저 당신을 향한 메리앤의 깊은 사랑을 전할 뿐입니다"라고 끝을 맺는다. 얀은 코언에게 회신이 올 거라는 기대는 하지 않았지만, 뜬눈으로 밤을 지새운 후 새벽녘에 이 아름다운 편지를 받는다. 얀은 메리앤에게 편지를 읽어주었고, "레너드가 보낸 이 일곱 문장(영원한 사랑의 상징)은 메리앤에게 전에 볼 수 없던 평화를 주었다." 그녀는 편지를 받은 다음 날 혼수상태에 빠졌고, 그 후 이틀 만에 사망했다. 레너드 코언은 그해 11월에 사망했다. 아마 코언과 메리앤은 "마지막 가는 길"에서 만났을지도 모른다.

　사랑하는 메리앤,

　나는 당신의 바로 뒤에, 당신의 손을 잡을 수 있을 만큼 가까이 있어요. 이 늙은 육신은, 당신의 육신도 그러하듯, 생의 끈을 놓았고 며칠 내로 퇴거 명령이 들이닥칠 거예요.

　나는 당신의 사랑과 아름다움을 잊은 적이 없어요. 하지만 당신도 알고 있겠지요. 더 이상 말할 필요가 없을 거예요.

안전히 여행하기를, 오랜 친구여,

마지막 가는 길에서 만납시다.

영원한 사랑과 감사를 보내며,

레너드

앙리에트가 자코모 카사노바에게

이것은 전형적인 이별 편지다. "나는 열광적으로 여성들을 사랑했다"라고 말한 모험가 자코모 카사노바Giacomo Casanova는 수많은 여성과 연애한 것으로 유명하다. 그러나 그는 또한 사서, 스파이, 오컬트주의자, 거머리, 사기꾼, 몽상가였으며 그뿐 아니라 멋진 편지와 회고록을 쓴 인물이기도 하다. 자매와 함께한 첫 성적 모험을 시작으로 카사노바는 바람둥이의 길을 걸었지만, 그가 사귄 연인이 132명에 달한다는 사실이 보여주는 것만큼 무정한 사람은 아니었으며 지적인 여성을 사랑했다. 그는 "즐거움의 3분의 2는 대화에서 온다"라고 말했다.

카사노바에게 이 편지를 보낸 사람은 그가 진심으로 사랑했을지도 모르는 유일한 여성이다. 앙리에트Henriette는 필명이며 그는 이 여성을 1749년 초에 파르마에서 만났다. 앙리에트는 자유로운 영혼이었고 눈부신 달변가였으며 취향이 고상하기 이를 데 없었다. "한 여자가 한 남자를 하루 24시간 행복하게 해줄 수 없다고 믿는 사람이 있다면, 그는 아직 앙리에트를 만나보지 못한 것이다." 그녀는 아마 불행한 결혼 생활에 갇힌 프로방스 귀족 여인이었을 것이다. 하지만 관계를 끝낸 것은 카사노바가 아니라 앙리에트였고, 그녀는 마지막 선물로 500루이와 함께 창문에 다이아몬드로 긁은 메시지를 남겼다. "당신은 앙리에트도 잊을 거예요."

앙리에트의 편지는 너무나도 매력적이다. "절대 서로를 잊지 않겠다고 맹세해요." 어떤 사람은 그녀가 따분한 남편에게 돌아갔을 것으로 추측한다. 이런 이야기에서 종종 볼 수 있듯, 편지를 쓴 이는 또 다른 부적절한 연애를 결코 하지 않겠다고 맹세하면서도 마음을 다친 카사노바에게 다른 앙리에트가 많이 나타나기를 바란다. "당신은 다시 사랑하게 될 거예요." 그러나 그는 결코 같은 일이 일어나지 않을 것을 알고 있다. 일생에 앙리에트는 단 한 명뿐이니까.

두 사람은 실제로 다시 만났다. 1769년, 앙리에트가 쉰한 살 때였다. 카사노바는 처음에 그녀를 알아보지 못했는데, 그녀는 그때를 이렇게 기록했다. "통통해지니 내 생김새가 바뀌었다." 앙리에트의 정체는 아직도 알려지지 않았다.

가장 아끼고 사랑하는 친구인 당신을 저버릴 수밖에 없는 저지만, 제 슬픔에 대한 생각으로 당신의 슬픔이 커지게 하지 마세요. 우리가 행복한 꿈을 꾸었다 여기고, 운명에 불평하지 않을 만큼 현명해지도록 해요. 이토록 아름다운 꿈이 이토록 오래 지속된 적은 없으니까요! 서로에게 3개월 동안 가장 완벽한 기쁨을 준 우리 마음을 자랑스러워하기로 해요. 이토록 크게 자랑할 수 있는 사람은 거의 없어요! 절대 서로를 잊지 않겠다고, 그리고 우리 사랑의 행복한 순간을 종종 기억하겠다고 맹세해요. 우리 영혼에서 그것이 다시 생생해질 수 있도록. 영혼은 비록 나뉠지라도 마치 우리 심장이 맞부딪쳐 뛰는 것처럼 강렬히 그 순간을 누릴 거예요. 저에 대해 어떤 것도 알아보지 말고, 만약 어떤 계기로 저에 대해 알게 된다면 영원히 잊지 말아주세요. 제 삶의 남은 시간 주위의 일을 잘 해결해서, 소중한 친구인 당신이 곁에 없어도 나름 행복하게 지낸다는 소식을 들으면 당신도 분명 기쁠 거예요. 저는 당신이 누구인지 모르지만, 저보다 더 당신을 잘 아는 사람은 이 세상에 없을 거라고 확신해요. 저는 앞으로 살아가는 동안 다른 연인을 만나지 않겠지만, 당신이 그런 저를 따르기를 바라지는 않아요. 오히려 저는 당신이 다시 사랑하기를 바라고, 착한 요정이 당신의 앞길에 또 다른 앙리에트를 보내줄 거라고 믿어요.

안녕… 안녕히.

———————————   **윈스턴 처칠이 아내 클레먼타인에게**

1914년, 온 세상이 제1차 세계대전을 향해 위태롭게 달려
갈 때, 41세의 윈스턴 처칠은 세계 최고 해군력을 보유한 함대를
책임지는 해군 장관으로서 내각에서 일하고 있었다. 처칠도 유
럽의 다른 모든 사람처럼 앞을 제대로 보지 못한 채 열기에 들
떠 비틀비틀 전쟁을 향해 가는 상황을 보며 공포에 떨고 있었다.
1914년 7월, 그는 아내 클레먼타인Clementine Churchill에게 이렇게
편지를 쓴다. "나는 이 섬에 사는 우리에게 전 세계 기독교도의
마음을 휩쓴 광기의 물결에 대한 심각한 수준의 책임이 있다고
느끼지 않소. 누구도 결과를 예측할 수 없소. 그 냉정한 왕과 황
제들이 힘을 합해 나라를 지옥에서 구함으로써 왕권에 새 생명
을 불어넣을 수 없는지 궁금했지만, 우리는 모두 일종의 흐리멍
덩하고 마비된 황홀경 속에 표류하고 있는 듯하오." 프랑스와 러
시아에 대한 독일의 초기 공격이 그들을 전쟁에서 물러서게 하

는 데 실패하자 전쟁은 무자비한 참호전으로 변해갔다. 처칠은 이 전쟁을 창의적인 방법으로 해결하려고 노력했는데, 바로 독일의 동맹국 중 가장 약한 고리인 오스만제국을 공격해 러시아에 대한 압박을 완화하고 바라건대 이스탄불을 얻는 것이었다. 합리적 아이디어였으나 실행 과정에 문제가 많아 결국 처참한 갈리폴리 전투로 이어졌다. 처칠은 해군성에서 쫓겨났고 강등됐다. 1915년 11월 사임한 뒤 중령으로 참호에서 복무하다 1917년 7월 다시 정부로 돌아갔다.

그가 입대를 앞두고 "내가 죽으면" 열어보라며 클레먼타인에게 이 편지를 쓴 시기는 정치적으로 모든 것이 불확실할 때였다. 자신의 후계자로 아들 랜돌프Randolph를 언급하면서 처칠은 정치적 실용주의, 대담한 자신감, 낭만적 사랑, 기사도, 심지어 영적인 열린 마음까지 뒤섞인 태도로 클레먼타인을 대한다. 특히 "만약 또 다른 세상이 존재한다면 그곳에서도 당신을 찾아보겠소"라는 약속이 이를 잘 보여준다.

내가 죽으면 읽어보시오.

내 모든 서류, 특히 해군성 행정 업무와 관련된 것을 당신이 받을 수 있을지 걱정스럽소. 당신을 나의 유일한 유저 관리자로 지정해두었소…. 서두를 이유는 없지만, 언젠가 나는 진실이 알려지기를 바라오. 랜돌프가 후대에 알릴 것이오. 나 때문에 너무 슬퍼하지는 마시오. 나는 내 권리에 대한 확신이 있는 사람이오. 죽음은 하나의 사건일 뿐, 이 상태에서 우리에게 일어날 수 있는 가장 중요한 일은 아니오. 삶을 통틀어, 특히 내 사랑 당신을 만난 이후 나는 행복했고, 당신은 내게 여인의 마음이 얼마나 고귀할 수 있는지 알려주었소. 만약 또 다른 세상이 존재한다면 그곳에서도 당신을 찾아보겠소. 그때까지 앞날을 바라보고, 자유로워지고, 삶을 즐기고, 아이들을 아끼고, 나를 기억해주시오. 신께서 당신을 축복하시기를. 잘 있어요. W

니콜라이 부하린이 스탈린에게

이 편지는 한 남자가 자신을 처형장으로 내몬 자에게 보내는 헌신과 굴복을 담고 있다. 이 책에 실린 것 중 가장 이상한 편지로 가슴이 미어지는 동시에 섬뜩하고, 소련 대공포 시대의 기이한 살인 광풍을 드러내기도 한다. 1920년대 후반, 스탈린과 니콜라이 부하린Nikolay Bukharin은 가까운 친구이자 소비에트 연맹을 함께 통치한 정치적 동지였다. 두 사람의 부인도 친구였고 가족들 역시 서로의 집을 스스럼없이 드나들었다. 부하린은 레닌이 "당의 총아"로 묘사한 지성인이었다. 그러나 1929년 스탈린은 부하린이 적과 손을 잡고도 아내 나데즈다Nadezhda Staline 와 계속 가까이 지내자 그에게 등을 돌렸다. 나데즈다 스탈린은 1932년 스스로 목숨을 끊었다. 부하린은 역시 이름이 나데즈다인 첫 번째 부인과 이혼하고 다른 당 지도자의 10대 딸 아나Anna Mikhailovna Larina와 재혼했다.

스탈린은 1930년대에 옛 친구인 부하린을 가지고 놀며 그의 파멸을 은밀히 계획했다. 그리고 1936년 볼셰비키 지도자의 숙청 바람을 일으켰다. 그가 약 100만 명의 체포와 고문, 처형을 주도하면서 공포정치는 더욱 심해졌고, 마침내 부하린은 체포되어 저지르지도 않은 범죄를 자백하라는 강요를 받았다. 무자비한 스탈린의 손에 총살될 운명임을 깨닫고, 부하린은 감옥에서 스탈린에게 최후의 편지를 쓴다. 그러나 무엇보다 마르크스·레닌주의의 사명에 목숨까지 바친 볼셰비키의 일원으로서, 그는 스탈린(그의 친구 코바Koba)과 공산당에 대한 헌신을 드러내고 잔인한 숙청의 원대한 계획에 감탄한다. 절박함과 열렬한 감정이 담긴 이 편지는 사랑과 굴욕이 혼재돼 있다는 점과 부하린이 저지르지도 않은 죄를 고백하며 당을 위해 죽을 준비가 되어 있다고 밝히는 점에서 매우 놀랍다. 스탈린은 부하린의 죽음을 바랐다. 부하린은 1938년 3월 15일 공개재판에 이어 처형당했다. 스탈린은 죽을 때까지 평생 이 편지를 책상 서랍에 보관했다고 한다.

일급비밀

개인적 서신

I. V. 스탈린의 허가 없이는 누구도 이 편지를 '읽지' 말 것.

이오시프 비사리오노비치에게

이것이 아마 내가 죽기 전 자네에게 쓰는 마지막 편지가 될 것 같군. 그렇기 때문에, 비록 내가 죄인의 처지이나, 딱딱한 공적 용어 없이 이 편지를 쓰도록 허락해달라고 자네에게 부탁하는 것이네. 이 편지는 오직 자네에게만 쓰는 것이니 더욱 그러하네. 이 편지가 존재할지 그러지 못할지는 온전히 자네의 손에 달려 있다는 그 사실 때문이지.

이제 나는 내가 써온 극본의 마지막 페이지에 다다랐고, 아마 내 인생 자체도 마찬가지겠지. 펜과 종이를 집어 들어야 할지 고민하며 무척 괴로웠네. 이 편지를 쓰면서 불안뿐 아니라 내 마음을 휘젓는 천 가지 감정 때문에 몸이 떨리고 나 자신을 통제하기 어렵군. 하지만 내게 시간이 거의 남지 않았기 때문에 나는 너무 늦기 전에, 내 손이 멈추기 전에, 내 눈이 감기기 전에, 내 두뇌가 어떻게든 기능하는 동안 미리 자네의 곁을 '떠나고' 싶네.

어떠한 오해도 피하기 위해, 자네에게 '세상 전반(사회)'이 관련되어 있는 처음부터 이야기하겠네. a) 나는 내가 쓴(자백한) 어떤 것도 철회할 의사가 없네. b) 바로 '이' 맥락에서(또는 이것과 관련해) 나는 내 사건이 지금 향하고 있는 방향에서 벗어나게 할 만한 무엇도 자네에게 요구하거나 탄원할 의사가 없네. 그러나 자네에게 '개인적'으로 알려줄 것이 있어 편지를 쓰네. 나는 자네가 꼭 알아야 할 고통에 시달리고 있기에 이 마지막 몇 줄을 쓰지 않고는 이 삶을 떠날 수 없어….

전반적 숙청이라는 '정치적 아이디어에는 원대하고 대담한' 지점이 있네. 그것은 a) 전쟁 이전의 상황과 연결되고, b) 민주주의로 이행과 연결되네. 이 숙청은 1) 죄인, 2) 혐의를 받는 사람,

3) 잠재적 혐의가 있는 사람을 아우른다네. 나 없이는 이 사업이 운영될 수 없었을 거네. 몇몇은 어떤 방식으로 중립화되었고 다른 몇몇은 다른 방식으로, 그리고 남은 몇몇은 또 다른 방식으로 중립화되었네. 모든 경우에 보증이 되는 것은 사람들이 필연적으로 서로에 대해 이야기하고 그러면서 '영원한' 불신을 서로에게 일으킨다는 사실일세…. 이러한 방식으로 리더십은 그 자체를 위한 '완전 보증'을 불러온다네.

부디 내가 마음속으로라도 비난에 가담했다고 생각하지는 말게. 나는 애송이가 아닐세. '위대한' 계획, '위대한' 아이디어, '위대한' 관심사가 모든 것에 우선한다는 사실을 너무나 잘 알고 있고, 무엇보다 나 자신에 대한 질문을 자네가 어깨에 짊어진 첫 번째이자 가장 중요한 보편적·역사적 임무와 동등한 위치에 두는 것이 옹졸한 짓이라는 것은 잘 알고 있네.

마지막으로 나의 소소한 요청으로 넘어가도록 허락해주게.

a) 내게는 다가올 재판을 겪는 것보다 죽는 것이 천배는 더 쉬울 걸세. 어떻게 나 자신을 통제할 수 있을지 모르겠어. 내 본성을 알지 않나. 나는 소비에트연방이나 당의 적이 아니네. (당의 대의를 위해) 힘이 닿는 한 모든 것을 하겠으나, 그런 상황에서 내 힘은 미약하고 영혼 깊은 곳에서 무거운 감정이 끓어오른다네….

b) 만약 내가 사형선고를 받게 되어 있다면, 자네에게 미리 간청하고, 자네가 소중히 여기는 모든 것을 붙잡고 애원하네. 나를 총살하지 말아주게. 대신 독약을 마시게 해주게. (모르핀을 주사해 재우고 다시는 깨어나지 않게 해주게.) 내게는 이 지점이 이루 말

415

할 수 없이 중요하다네. 자선 행위로 내게 그렇게 해달라고 부탁하려면 어떤 말로 설득해야 할지 모르겠군. 어찌 되었든 정치적으로는 그렇게 한다고 해도 별로 문제가 되지 않을 것이며, 게다가 아무도 이에 대해 모를 거네. 내 바람대로 마지막 순간을 보내게 해주게. 나를 불쌍히 여기시게! 확실히 자네도 이해하겠지. 자네는 나를 잘 아니까. 나는 가끔 거리낌 없이 죽음을 직면한다네. 내가 용감하게 그 일을 해낼 수 있다는 사실을 잘 안다는 듯이 말이야. 또 어떤 때에는 똑같은 나인데도 모든 힘을 빼앗긴 채 혼란에 빠지네. 그러니 만약 내가 죽음이라는 판결을 받게 된다면 모르핀 한 컵을 허락해주게. 자네에게 '간절히 부탁'하네….

c) 내 아내와 아들에게 작별을 고할 기회를 주게. 딸에게는 작별 인사를 할 필요가 없네. 그 아이가 측은할 뿐이네. 그 아이에게는 너무 고통스러운 일일 테니. 나댜Nadya(부하린의 첫 번째 부인)와 내 아버지도 매우 고통스럽겠지. 하지만 아뉴타Anyuta는 아직 젊으니 살아남을 걸세. 그녀와 마지막 몇 마디를 나누고 싶네. 재판 '전에' 그녀를 만나게 해주게. 그 이유는 이러하네. 만약 내 가족들이 내가 어떤 '자백'을 했는지 본다면 전혀 예상치 못한 충격에 스스로 목숨을 끊을지도 모르네. 어떻게든 그들을 대비시켜야 하네. 내 생각에는 이것이 사건과 그에 대한 공식적 해석에도 도움이 될 걸세.

d) 만약, 예상과는 반대로, 내가 목숨을 부지하게 된다면, (비록 아내와 먼저 상의를 해봐야겠지만) 요청하고 싶은 것이 있네…. 몇 년 동안 미국으로 추방하는 걸세…. 하지만 자네 마음속에 아주

약간의 의심이라도 있다면, 나를 페초라나 콜리마의 수용소로 추방하게. 25년이라도 말이야….

이오시프 비사리오노비치! 자네는 나를 잃음으로써 자네의 가장 능력 있는 장군을 잃은 것이며 자네에게 진심으로 헌신하는 사람을 잃은 것이네. 하지만 모두 지나간 과거일 뿐이지…. 나는 이 슬픈 삶에서 떠날 마음의 준비를 하고 있으며, 내게는 자네들 모두 그리고 당과 대의를 향한 위대하고 끝 모를 사랑을 제외하고는 무엇도 남아 있지 않네. 나는 인간으로서 할 수 있는 일이든 할 수 없는 일이든 전부 해왔네. 그 모든 것에 대해 자네에게 편지를 썼네. 세심하고 꼼꼼하게 확인했지. 그 모든 것을 미리 해두었네. 왜냐하면 내가 내일이든, 모레든, 그다음 날이든 어떤 상황에 놓이게 될지 전혀 모르니 말이야. 신경쇠약에 걸려, 손가락조차 움직일 수 없는 온몸에서 감각이 없어지는 것만 같네.

하지만 지금, 두통 때문에 괴롭고 눈에는 눈물이 고이지만, 나는 편지를 쓰고 있네. 내 양심은 코바 자네 앞에 깨끗하네. 마지막으로 자네의 용서를 비네(다른 무엇도 아닌, 오직 자네의 마음에만). 그런 이유로 자네를 내 마음속에 품네. 영원히 잘 있기를, 그리고 비참한 이 사람을 기억해주기를.

N. 부하린

1924년 6월

프란츠 카프카가 막스 브로트에게

프란츠 카프카Franz Kafka는 사악한 관료제에 의한 소외, 비밀, 박해에 대한 글을 썼다. 가장 친한 친구 막스 브로트Max Brod에게 보낸 마지막 편지를 보면 카프카가 남긴 모든 작품의 주제가 드러난다. 프라하에서 태어난 카프카는 유대인으로 보험국 직원이었는데, 소설가가 된 후 《심판The Trial》과 《성The Castle》 같은 걸작을 썼다. 또한 강박적인 바람둥이였지만 동시에 문학적으로도, 성적으로도 실패할까 봐 두려워했다. 그래서 자신이 쓴 글의 90퍼센트를 없애버렸다. 카프카는 결핵으로 죽어가면서 브로트에게 자신의 모든 작품을 불태워버리라고 말하는데, 그 작품들이 자신의 문학적 명성을 망칠 거라고 믿었기 때문이다. 브로트는 친구의 요청을 무시하고 1925년부터 1933년까지 쓴 작품을 모아 출간했으며, 이 작품으로 인해 후일 '카프카적Kafkaesque'이라는 용어가 탄생한다.

막스에게

내 마지막 부탁이네. 내가 남기고 가는 모든 것… 노트에 쓴 것이든, 원고로 남은 것이든, 편지로 쓴 것이든, 내 것이든 다른 이의 것이든, 초안이든 누구도 읽지 못하게 남김없이 불태워주게. 다른 사람이나 자네가 가지고 있는 내 모든 글 또는 메모도 마찬가지일세. 자네가 내 이름을 대고 그들에게 부탁하게. 자네가 손에 넣지 못한 편지가 있다면 그것을 가지고 있는 사람의 손에 의해서라도 정확히 불태워져야 하네.

자네의 친구, 프란츠 카프카

월터 롤리가 아내 베스에게

아침이 되면 죽음을 맞을 운명임에도 두려워하지 않고 쾌활한 어조로 편지를 써 내려간 사람들이 있다. 이 편지를 쓴 이가 그중 한 명이다. 1603년 11월 17일 월터 롤리Walter Raleigh는 새로운 왕 제임스 1세에 대한 "주요 음모"에 연루되어 반역죄로 사형 선고를 받았다. 처형 전날 밤 그는 아내 베스에게 편지를 쓴다. 편지에는 재정과 관련한 세부 사항뿐 아니라 아내와 아들을 향한 애정 표현이 담겨 있으며, 영웅적 용기와 견디기 힘든 슬픔을 느끼며 죽음에 대해 어떤 생각을 했는지도 드러난다.

시대의 귀감인 롤리는 엘리자베스 1세가 가장 좋아한 인물이었다. 그는 잘생긴 모험가, 민간 무장선 선장이었으며 북아메리카에 첫 식민지를 개척한 해군제독으로 라틴아메리카의 스페인 식민지를 급습했고 스페인 본토에 대한 공격을 공동 지휘하기도 했다. 행동가일 뿐 아니라 문필가였으며, 인정받는 시인이자 역사가, 화학자였다. 이 편지를 쓴 다음 날 아침, 롤리는 단두대로 끌려갔다가 마지막 순간에 왕의 명으로 형 집행이 유예되었다. 그러나 1616년까지 10년 이상 런던탑에 갇혔다. 이때 세계사를 집필하고 다양한 작품을 남겼다. 롤리는 엘도라도(그가 지금의 베네수엘라 땅에 숨어 있다고 믿은 전설의 황금 도시)를 찾아 떠날 수 있게 풀어달라고 왕을 설득했다. 그의 탐험대는 금을 발견하지 못했는데, 왕의 스페인 협력자들은 이에 분노했고 스페인 대사가 롤리의 목을 요구했다. 롤리는 결국 1618년 처형됐다. 베스는 그의 머리를 방부 처리해 1647년 사망할 때까지 계속 들고 다녔다고 한다.

1603년 12월 8일, 윈체스터

이 마지막 몇 줄을 쓰며, 당신(나의 사랑하는 아내)에게 내 유언을 남기고자 하오. 내가 죽고 나면 부디 당신에게 보내는 내 사랑을 간직해주고, 내가 더 이상 곁에 있지 않아도 내 조언을 기억해주시오. 적어도 내 뜻으로는 당신(사랑하는 베스)에게 슬픔을 안기지 않을 것이오. 슬픔은 내 무덤으로 같이 보내 먼지 속에 묻어버리시오. 그리고 이 삶에서 내가 당신을 더 보는 것이 신의 뜻이 아님을 깨닫고, 참을성 있게 견뎌내기 바라오. 당신은 힐 수 있소.

먼저, 당신이 고생하고 나를 돌봐준 데 대해 내 가슴이 품을 수 있는 만큼, 또는 내 말로 표현할 수 있는 만큼 모든 감사를 보내오. 비록 당신이 바라는 대로 효과가 나타나지는 않았지만, 당신에게 내가 진 빚은 결코 줄지 않소. 하지만 이 세상에서 내가 그

빚을 갚을 길은 없는 것 같소.

둘째, 당신이 살면서 내게 품은 사랑에 간절히 부탁하건대, 너무 여러 날 모습을 감추지 말고, 당신의 비참한 미래와 당신의 가엾은 아이의 권리를 도울 방법을 찾기를 바라오. 나는 먼지에 지나지 않으니 나를 향한 애도는 소용이 없소.

셋째, 내 땅이 선의로 내 아이에게 양도되었다는 것을 이해해 주리라 믿소. 서류는 12개월 전 한여름에 작성했소. 나의 성실한 사촌 브렛이 증언해줄 것이고 돌베리 또한 어느 정도 그 내용을 기억할 것이오. 그리고 내 피로써 나를 잔인하게 죽인 그들의 악의가 해소될 것이라 믿소. 또한 당신과 당신의 것(아이를 말하는 것으로 보인다―옮긴이)을 극빈으로 내몰아 몰락시키려 하지 않을 것이오. 당신을 어떤 친구에게 인도해야 할지 모르겠구려. 재판이 이어지는 동안 내 곁을 지키던 모든 친구가 떠났으니. 그리고 나는 첫날부터 내 죽음이 정해진 것을 명확히 알고 있었소.

신께서는 아시겠지만, 당신에게 더 많은 재산을 남기지 못하고 갑작스러운 죽음을 맞게 된 것이 정말 미안할 따름이오. 신께 맹세컨대, 당신에게 나의 모든 와인 사무실 또는 그것을 팔아 구매할 수 있을 모든 것, 내 물건의 절반, 내 모든 귀금속을 주되 그중 일부만 아들을 위해 남기려 했소. 그러나 신께서, 그리고 모든 것을 통치하는 더 큰 신께서 내 결심을 막아버리셨소. 하지만 만약 당신이 더 이상 가난 걱정 없이 살 수 있다면, 그 외에는 허영에 지나지 않소.

신을 사랑하시오. 그리고 늦기 전에 그분 안에서 안식을 취하시오. 그 안에서 당신은 진실과 영원한 부와 끝없는 평안을 찾을 수 있을 것이오. 그렇지 않으면 당신이 고생하고 온갖 세속적인 생각에 지쳤을 때 결국 슬픔에 겨워 주저앉을 수밖에 없을 것이오. 아들이 아직 어릴 때, 신을 사랑하고 두려워하도록 가르치시오. 신을 향한 두려움이 그 아이의 마음속에 자라게 하시오. 그러면 그분께서 당신에게는 남편이, 우리 아들에게는 아버지가 되어주실 것이고 이는 누구도 앗아갈 수 없을 것이오.

베일리가 내게 200파운드를 빚졌고, 에이드리언 길버트는 600파운드를 빚졌소. 그 밖에 뉴저지에도 내게 빚진 사람이 많소. 와인에 대한 연체금을 받으면 내 빚을 갚을 수 있을 것이오. 그리고 어떻게 하든, 부디 내 영혼을 위해 가난한 모든 이들에게 돈을 주시오. 내가 떠나고 나면 분명 당신을 찾아오는 사람이 많을 텐데, 세상은 내가 매우 돈이 많다고 생각하기 때문이오. 하지만 사람들의 과시와 애정을 주의하시오. 정직하고 가치 있는 사람들을 제외하고는 그것이 오래가지 않으니. 그들의 먹이가 되고 이후에 경멸당하는 것보다 큰 비참함이 이 삶에서 당신에게 닥칠 수는 없소. (맹세컨대) 당신의 재혼을 말리고자 이런 말을 하는 것이 아니오. 세상과 신 모두의 뜻으로, 그것이 당신에게 최선일 것이오.

나는 더 이상 당신의 것이 아니고, 당신도 나의 것이 아니오. 죽음이 우리를 갈라놓았고 신께서 나를 세상에서 떼어놓으셨으며 당신을 내게서 떼어놓으셨소. 당신의 불쌍한 아이를 기억해주시오. 그 아버지를 위해, 당신을 선택하고 가장 행복한 순간에 당신을 사랑한 그를 위해 말이오.

(가능하다면) 내가 목숨을 살려달라고 청하며 상원에 보낸 편지들을 가져가시오. 신께 맹세컨대, 내가 살기를 바란 건 당신과 당신의 것을 위해서였소. 그러나 내가 목숨을 구걸함으로써 나 자신을 천대한 것도 사실이오. (사랑하는 그대여) 당신 아들의 아버지는 진실한 남자이자 죽음과 그 모든 기형적이고 추한 모습을 경멸하는 자임을 알고 있기 때문이오.

더 길게 쓸 수 없겠소. 오직 신만이 아시겠지만 다른 이들이 자는 동안 나는 정말 힘들게 이 시간을 활용하고 있다오. 그리고 세상에서 내 생각을 떼어내야 할 때가 되기도 했소. 삶이 부정당한 내 시신을 데려가주시오. 그리고 셔번에 묻거나 (만약 땅이 이어진다면) 엑시터 대성당에 나의 아버지와 어머니 곁에 묻어주시오. 더 이상 쓸 수가 없구려. 시간과 죽음이 나를 부르고 있소.

영원한 신이시여, 강력하고, 무한하며, 전지전능하고, 그 자체로 선이신 신이시여, 진실한 삶과 진실한 빛을 당신과 당신의 것에 내려주시기를. 제게 자비를 베푸시고, 저를 박해한 자들과 거짓으로 고발한 자들을 용서하게 하시고, 당신의 영광스러운 왕국에서 저희가 서로 만나게 해주시기를 비나이다.

사랑하는 당신, 부디 잘 지내시오. 내 불쌍한 아이에게 축복이 있기를. 나를 위해 기도해주시오. 그리고 나의 선하신 신께서 두 사람을 모두 품에 안으시기를. 이것은 당신의 남편이었지만 그 자리를 빼앗기고 만 남자의 죽어가는 손으로 쓴 편지요.

당신의 것이었지만 이제 나 자신의 것도 아닌,

WR

앨런 튜링이 노먼 루틀리지에게

이것은 동성애가 영국에서 불법이던 시절에 쓴, 가슴이 미어지도록 슬픈 편지다. 앨런 튜링Alan Turing은 컴퓨터과학자, 수학자이자 암호학자였다. 그는 전쟁 중 블레츨리 파크에서 나치의 수수께끼 암호를 풀고, 인공지능을 측정하는 튜링 테스트를 개발하는 데 결정적 역할을 했다.

1952년 튜링은 맨체스터에 살고 있었고, 그곳에서 아널드 머리Arnold Murray라는 젊은 남성과 관계를 맺기 시작했다. 머리가 강도를 당했을 때 튜링은 경찰 조사를 받다가 부주의하게 동성애 성향을 드러내고 말았다. 결국 당시 동성애자를 고발하는 데 이용하던 1885년 개정 형법에 따라 튜링과 머리 모두 '심각한 외설죄'로 기소되기에 이른다. 튜링은 유죄를 인정했고, 화학적 거세와 비슷한 호르몬 치료를 받는다는 전제하에 형 집행이 면제됐다. 이로써 그는 파멸의 길을 걷는다. 튜링이 친구인 수학자 노먼 루틀리지Norman Routledge에게 보낸 이 편지는 그가 느끼는 불안과 비참함의 정도를 보여준다. 1954년 8월 6일, 튜링은 청산가리가 든 사과를 먹고 자살한다. 1967년에 동성애는 합법으로 인정받았으나, 튜링을 비롯해 옛날 법으로 기소된 다른 동성애자들이 '튜링법'에 따라 공식적으로 사면된 것은 불과 2017년의 일이다.

나의 친구 노먼에게
내게 일어날지도 모른다고 늘 생각하던 문제에 결국 직면하고 말았네. 비록 10 대 1 정도의 확률일 거라고 생각했지만. 나는 곧 젊은 남성과 외설 행위를 했다는 혐의에 대해 유죄를 인정할 생각이네. 이 일이 어떻게 밝혀졌는지에 대한 이야기는 길고도 매혹적이라네. 언젠가 그걸로 이야기를 하나 써볼 생각이지만, 지금 자네에게 들려줄 시간은 없군. 의심의 여지 없이 나는 다른 사람으로 다시 태어나겠지만, 어떤 사람이 될지는 잘 모르겠네.
자네도 방송이 재미있었다니 기쁘군. 제퍼슨은 확실히 실망스러웠지만 말이야. 나중에 어떤 이들이 다음과 같은 삼단논법을 사용할까 봐 두려울 뿐이네.

튜링은 기계가 생각할 수 있다고 믿는다.
튜링은 남자와 동침한다.(동침한다는 말에 사용된 단어 lie에 거짓말이란 의미도 있다—옮긴이)
그러므로 기계는 생각하지 않는다.

고통받는 자네의 친구, 앨런

체 게바라가 피델 카스트로에게

쿠바혁명의 두 영웅 중 한 명인 체 게바라Ché Guevara는 잘생긴 아르헨티나 의사로, 라틴아메리카를 가로지르는 오토바이 여행을 하고 나서 피델과 라울 카스트로Raúl Castro에게 합류해 쿠바혁명을 이끌었다. 독재자 풀헨시오 바티스타Fulgencio Batista의 정권을 전복하기 위한 전투를 치르며, 게바라는 카스트로 형제의 곁에서 무모한 용기와 뛰어난 조직력을 갖춘 사령관 역할을 해냈다. 1959년 그들은 수도를 손에 넣었다. 정권을 쥔 게바라는 '전범들'을 처형한 조총 부대를 감독했고, 군대를 훈련시켰으며, 사탕수수가 지배적이던 농업경제를 운영했을 뿐만 아니라 쿠바기 공산주의 소비에트연방과 동맹을 맺도록 인도했다.

게바라는 미국을 향해 소련 미사일을 쿠바섬에 배치하는 데에도 일조했다. 미국은 미사일을 철수하라고 주장했다. 미사일 배치로 미국과의 핵전쟁 위험에 맞닥뜨리자 소련은 미사일을 철

수했다. 게바라와 카스트로는 핵 대재앙의 위험을 무릅쓸 준비
가 되어 있었다. 소련의 배신 그리고 아마 카스트로의 지배에도
환멸을 느낀 게바라는 새로운 모험, 자신의 역할이 필요한 새로
운 혁명을 찾아 나서며 이별 편지를 쓴다.

이후 게바라는 자취를 감추었는데, 처음에는 콩고에서 싸우
다가 자신의 아이들에게 "훌륭한 혁명가로 자라라"라는 편지를
남기고는 볼리비아로 떠났다. 그곳에서 CIA의 조언을 받은 우
익 민병대에 붙잡혀 39세의 나이로 즉결 처형되었다.

피델에게

지금 이 순간 정말 많은 일이 떠오르는군. 마리아 안토니아
Maria Antonia의 집에서 자네를 만난 순간, 자네가 내게 함께 가지 않
겠느냐고 제안한 순간, 그리고 준비 과정에서 느낀 그 긴장감까지
말이야. 언젠가 그들이 와서 만약 우리가 죽으면 누구에게 부고를
전해야 할지 물었을 때, 우리 모두 그 가능성을 현실로 느꼈지. 나
중에는 혁명이 일어나면 사람은 이기거나 죽거나 둘 중 하나라는
말이 사실이라는 것도 알게 되었네(그게 진정한 혁명이라면 말이야).
많은 동료가 승리로 가는 길에 스러지지 않았나.

오늘날에는 어떤 것도 그렇게 인상적으로 보이지 않는데, 왜
냐하면 우리는 더 성숙해졌지만 역사는 걸어온 길을 반복하기 때
문일세. 이제 나는 쿠바 영토에서 벌어진 혁명에 나를 매어두던
의무를 완수한 것 같네. 그래서 자네에게, 동료들에게, 자네의 사
람이었지만 이제 나의 사람이 된 이들에게 작별을 고하네.

나는 공식적으로 당의 지도자 자리를, 장관의 직책을, 사령관의 지위를, 쿠바 시민의 권리를 모두 내려놓겠네. 이제 내겐 쿠바에 대한 어떤 법적 구속도 없네. 유일하게 남은 연결 고리는 다른 부분, 즉 임명되는 직책과 달리 깨질 수 없는 어떤 것이지.

지난날을 돌아보니, 나는 혁명의 승리를 굳히기 위해 충분한 진실성과 헌신을 토대로 일한 것 같네. 유일하게 저지른 심각한 실패는 시에라마에스트라에서 처음 만났을 때 자네를 더 신뢰하지 못한 것, 그리고 리더이자 혁명가로서 자네의 자질을 충분히 빠르게 알아채지 못한 것이네.

나는 눈부신 나날을 살았고, 카리브해 (쿠바 미사일) 위기 속에서 놀랍지만 슬픈 나날을 보내며 자네의 곁에서 우리 국민에게 속한 자부심을 느꼈네. 그때의 자네보다 뛰어난 역량을 보여준 정치가는 거의 없을 거네. 또한 주저 없이 자네를 따라나선 것과 자네의 사고방식, 위험과 원칙을 보고 평가하는 방식에 동질감을 느낀 것이 자랑스럽네.

세계의 다른 나라들이 보잘것없는 나의 도움을 부르고 있네. 쿠바의 수장으로서 자네가 짊어진 책임 때문에 할 수 없는 일을 나는 할 수 있네. 이제 우리가 헤어져야 할 시간이 온 것 같군.

내가 기쁨과 슬픔을 동시에 안고 자네를 떠난다는 사실을 일 아주었으면 하네. 여기에 건국자로서 나의 가장 순수한 희망과 내가 가장 아끼는 사람들을 두고 떠나네. 그리고 나를 아들로 받아준 국민을 남겨두고 떠나네. 이런 사실에 내 영혼의 일부가 떨어져나가는 듯하군. 자네가 내게 가르쳐준 신념을, 우리 국민의 혁명 정신을, 가장 신성한 의무를 이행하는 감정을 품고 새로운 전장으로 떠나네. 어디에서든 제국주의에 맞서 싸울 의무 말이야. 이것이 내 힘의 원천이자 가장 깊은 상처를 낫게 할 치료제를 능가하는 것이네.

다시 한번 말하지만, 나는 쿠바 자체가 만들어낸 것을 제외한 모든 책임에서 쿠바를 해방시키네. 만약 다른 하늘 아래 내 최후의 순간이 온다면 마지막으로 쿠바 국민, 특히 자네 생각을 할 걸세. 나를 가르치고 모범이 되어주어 고맙네. 내 행동의 최종 결과를 얻을 때까지 이를 충실히 따르도록 노력할 것이네….

아내와 아이들에게 물질적인 것을 남기지 않고 떠나지만 미안하지는 않네. 그렇게 되어서 기쁠 뿐이야. 그들을 위해 부탁할 것은 없네. 먹고살고 교육을 받기에 충분한 생활을 정부가 지원해줄 테니까.

자네와 우리 국민에게 할 말이 정말 많았지만, 모두 불필요하게 느껴지는군. 말은 내가 전하고자 하는 것을 정확히 표현하지 못하며, 글로 끄적인다고 해도 의미 없을 것 같네.

로버트 로스가 모어 에이디에게

오스카 와일드가 동성애 혐의로 감옥에서 중노동을 하고 나왔을 때, 이미 그의 경력과 건강은 모두 무너진 상태였다. 19세기 초 그는 대륙을 여행하며 살인자의 교수형을 묘사한 〈레딩 감옥의 노래The Ballad of Reading Gaol〉라는 시를 쓰고 있었다. "모든 사람은 자신이 사랑하는 것을 죽인다." 그리고 그의 유언 집행자인 로버트 로스에게 《심연으로부터De Profundis》라는 작품을 넘겼다. 연인이자 하늘이 내린 벌, 앨프리드 '보시' 더글러스 경 앞으로 쓴 공적인 비난의 편지였다. 보시와 짧은 재회를 한 후, 와일드는 파리로 돌아가 생제르맹 지역에 있는 끔찍한 알자스 호텔에 머물렀다. 그때를 그는 이렇게 회고했다. "나는 내 방 벽지와 죽음의 결투를 벌이고 있다. 이 결투는 둘 중 하나가 죽어야 끝난다." 아래 편지에서는 그를 한동안 괴롭힌 귓병이 치명적인 뇌막염으로 발전했음을 알 수 있다.

로버트 로스는 언제나 와일드의 가장 헌신적인 친구였다. 그가 감옥에서 나왔을 때 인상을 찌푸린 군중 사이에서 오직 로스만이 모자를 벗어 경의를 표했다. 와일드는 《심연으로부터》에서 이렇게 말했다. "인간은 그보다 작은 것으로도 천국에 갈 수 있다." 이제 로스와 다른 충직한 친구 레지 터너Reggie Turner가 와일드의 마지막 순간에 함께한다.

내가 없는 동안 레지가 매일 오스카를 보러 갔고 내게 중요한 단신들을 보냈네. 오스카와 함께 드라이브를 여러 번 다녀왔는데, 그가 훨씬 좋아 보였다더군. 돌아오는 금요일, 어머니를 망통에 모셔다 드릴 때 파리에 가려고 생각했는데, 수요일 저녁 5시 30분에 레지에게 "거의 희망이 없다"는 전보를 받았네. 그래서 급행열차를 타고 다음 날 아침 10시 20분에 파리에 도착했지.

터커 박사는 오스카가 이틀도 살지 못할 것 같다고 했네. 오스카의 표정이 너무 고통스러워 보이더군. 그는 말을 하려고 애썼어. 사람들이 방에 있다는 것을 알고 있었고, 내가 그에게 이해하느냐고 묻자 손을 들었다네. 그러고 나서 나는 신부님을 찾아 돌아다녔고 각고의 노력 끝에 예수고난회의 커스버트 던Cuthbert Dunn 신부님을 찾았네. 그분은 즉시 나와 함께 가서 세례와 병자성사를 집전해주셨네. 오스카는 성체를 모실 수 없었어. 자네도 내가 신부님을 모셔오겠다고 약속한 것을 알지 않나. 그리고 가톨릭 신자가 되겠다는 그를 그렇게 자주 말린 데에 죄책감을 느꼈지만, 내가 그렇게 한 이유를 자네는 알고 있을 거네…. 레지와 나는 그날 밤 호텔 위층에서 잤다네. 자다가 간호사에게 두 번 불려갔는데, 오스카가 진짜로 죽어가는 줄 알았다고 하더군. 아침 5시 30분쯤 갑자기 오스카에게 큰 변화가 찾아왔는데, 얼굴선이 완전히 바뀌어버릴 정도였네. 나는 소위 '숨넘어가는 소리'인 것 같다고 생각했지만 사실 살면서 한 번도 들어본 적 없는 소리였다네. 마치 크랭크가 돌아가는 끔찍한 소리 같기도 했고 마지막까지 멈추지 않았어. 거품과 피가 오스카의 입에서 흘러나와 옆에 선 사람이 계속 닦아주어야 했다네. 12시에 나는 점심거리를 사려고 밖에 나왔고 레지가 병상을 지켰네. 그는 12시 반쯤 나왔지. 1시부터 우리는 방을 떠나지 않았어. 오스카의 목에서 나는 고통스러운 소리가 점점 커져갔네. 레지와 나는 무너지지 않으려고 편지들을 불태웠네. 간호사는 나갔고 호텔 주인이 대신 와 있었네. 1시 45분쯤 되자 오스카의 숨소리가 바뀌더군. 나는 곁으로 가서 그의 손을 잡았는데, 맥박이 요동치기 시작했어. 오스카는 깊은 한숨을 내쉬었는데, 내가 그곳에 도착한 이후 유일하게 들은 자연스러운 호흡이었지. 사지가 그의 의지와 상관없이 펴지는 것 같았고 숨소리가 희미해졌네. 오스카는 정확히 오후 1시 50분에 세상을 떠났다네.

그의 몸을 닦고, 천으로 감고, 불태워야 할 끔찍한 잔여물을 제거한 후, 레지와 나는 호텔 주인과 함께 공식적인 사망신고를 하기 위해 구청으로 향했네.

기쁘게도 우리의 사랑하는 오스카는 감옥에서 나왔을 때처럼 고요하고 품위 있어 보였네. 그의 목에는 자네가 내게 준 축복받은 십자가를 둘렀고 가슴에는 수녀님 한 분이 내게 주신 성 프란치스코 메달이 놓여 있었네. 오스카의 사진은 내 부탁으로 모리스 길버트Maurice Gilbert가 찍었는데 그다지 잘 나오지 않았네. 플래시가 제대로 작동하지 않더군.

알자스 호텔 주인인 뒤푸아리에의 관대함, 인간성, 너그러움을 꼭 언급해야겠네. 내가 파리를 떠나기 직전, 오스카가 190파운드 넘는 돈을 그에게 빚졌다고 말했거든. 병상에 누운 뒤로는 그에 대해 언급한 적이 없지만. 뒤푸아리에는 오스카가 수술을 받을 때도 옆에 있었고 매일 아침 직접 오스카를 돌보았네. 의사가 지시한 사치품이나 필수품을 모두 사비로 사서 대주면서 말이야.

레지 터너는 여러 의미로 최악의 시간을 보냈네. 끝을 알 수 없는 그 끔찍한 불확실함과 간담이 서늘해지는 책임감을 모두 경험했으니까. 오스카를 아낀 이들에게는 마지막 순간에 레지처럼 선하고 배려심 있고 뚝 부러지는 사람이 그의 곁에 있었다는 사실이 큰 위안이 될 걸세.

루크레치아 보르자가
레오 10세에게

이 편지는 출산 후 죽어가는 여인이 사제에게 쓴 것이다. 편지를 쓴 사람은 타락한 교황 알렉산데르 6세Alexander VI(본명 로드리고 보르자Rodrigo Borgia)의 딸이자 무자비한 체사레Cesare Borgia의 여동생으로 태어난 루크레치아 보르자Lucrezia Borgia다. 로드리고는 1492년 교황으로 선출되자마자 그 권한을 이용해 사치와 향락을 즐기기 시작했으며 이전 교황들보다 파렴치한 행동과 유혈 사태를 통해 가문의 번영을 도모했다. 그의 큰아들은 살해당했는데, 아마 자신의 적이라면 누가 되었든 모두 죽이면서 공작의 자리에 오른 둘째 아들 체사레가 사주했을 것이다.

이들의 여동생 루크레치아는 아름다웠지만, 그녀가 가족의 범죄로 더럽혀진 악마 같은 여자라고 생각하는 사람이 많았다. 루크레치아의 남편과 연인 들은 교살되거나 독살되거나 테베레 강에서 시체로 발견되는 등 각양각색의 죽음을 맞았다. 그뿐 아니라 그녀는 아버지 또는 오빠의 아이를 가진 적이 있고, 미래에 에스테 공작이 될 남자와 결혼하도록 강요당했다고 말했다.

아버지와 오빠가 사망하자 루크레치아는 마침내 독약과도 같던 가족에게서 자유로워졌다. 그리고 15년 동안 에스테 공작 부인으로 존중받으며 살았다. 이제 39세가 된 그녀는 딸을 낳았으나 출산 후 감염으로 불행한 운명을 맞으리라는 사실을 깨닫는다. 그리고 교황에게 이 편지를 쓰고 나서 이틀 뒤에 사망한다.

가장 신성한 아버지이자 영광스러운 주인께

경의를 표하며, 성하의 발에 입 맞추고 성하의 신성한 자비에 겸허히 저를 내놓습니다. 두 달 이상 고통에 시달리다 오늘, 14일 이른 아침 신께서 기뻐하시는 대로 딸을 낳았고, 이로써 고통에서 벗어나 평안을 찾기를 바랐으나 그러지 못했고, 자연에 진 빚을 이제 갚아야 할 것입니다. 우리의 자비로운 창조주께서 제게 보이신 은총이 너무 커서 저는 기쁨을 안고 삶의 끝으로 다가갑니다. 이제 단 몇 시간 만에, 마지막으로 교회의 모든 신성한 성사를 받은 후에 저는 해방될 것입니다. 이 시점에 다다라, 비록 제가 죄인이긴 하나 신자로서 성하께 간구합니다. 자비를 베풀어 제게 가능한 모든 정신적 평안을 주시고 제 영혼에 성하의 축복을 내려주소서. 그리하여 겸허히 저를 성하께 바치며, 성하의 종인 제 남편과 아이들을 어여삐 여겨주시기를 간청합니다.

성하의 충성스러운 종,
루크레치아 데스테

138년 7월 10일

하드리아누스가
안토니누스 피우스, 그리고 그의 영혼에게

죽어가는 남자가 친구에게 쓴 어떤 작별 편지도 이보다 우아할 수는 없을 것이다. 하드리아누스는 바이아에 있는 빌라에서 죽음을 앞두고, 떠나가는 영혼을 위해 이 비가를 썼다.

로마 황제로서 천부적 재능을 타고난 그는 작가이자 시인, 건축가였고 쉼 없이 떠도는 여행자였다. 사실 모든 로마제국 원수 중 가장 여행을 많이 했다. 그는 판테온과 로마에 있는 그의 영묘인 산탄젤로성, 그의 빌라 같은 정교한 건축물의 디자인을 도왔다. 결혼도 했지만 그가 가장 사랑한 사람은 동성 친구 안티노오스Antinous였다. 안티노오스가 젊은 나이에 죽자 하드리아누스는 그를 신격화했다. 하지만 동시에 무자비한 통치자였는데, 반역이 의심되는 원로원 귀족들과 친척들을 처형하거나 자살로 내몰았다. 시몬 바르 코크바가 일으킨 유대인 반란을 진압할 때도 무자비하기 이를 데 없었다.

이제 죽음을 앞두고, 하드리아누스는 자신이 선택한 후계자이자 양아들인 안토니누스 피우스Antoninus Pius에게 편지를 쓴다. "카이사르 하드리아누스 아우구스투스가 안토니누스에게 인사를 보낸다. 먼저, 내가 삶에서 떠나가고 있다는 사실을 말해주고 싶구나. 내 죽음은 때 이르거나 비합리적이거나 가엾거나 예상치 못한 것이 아니며, 비록 내 곁에 있는 너를 내가 다치게 한 것처럼 보이겠지만 신체적·정신적 손상을 입었기 때문도 아니다…. 나의 아버지는 40세에 병환을 얻으셨으니 나는 그분보다 두 배 이상 오래 살았고 어머니와 같은 나이에 다다랐다." 그리고 자기 자신의 영혼에게 보내는 듯한 이 엉뚱한 작별 인사를 편지에 써넣었다. 이것은 죽음을 향해 쓴 최고의 인사로 꼽힌다.

ANIMULA, VAGULA, BLANDULA,

HOSPES COMESQUE CORPORIS,

QUAE NUNC ABIBIS IN LOCA

PALLIDULA, RIGIDA, NUDULA,

NEC, UT SOLES, DABIS IOCOS

작은 영혼, 작은 방랑자, 작은 유혹자,

신체의 손님이자 동반자,

이제 어디로 향할 것인가

색이 없고 야만적이고 헐벗은 곳으로

그리고 너는 평소처럼 농담하지 않겠지

438

감사의 말

이 책을 위해 멋진 아이디어를 내준 동료들과 친구들에게 감사를 표하고 싶다. 톰 홀랜드Tom Holland, 앤드루 로버츠Andrew Roberts, 조너선 포먼Jonathan Foreman, 케이트 자비스Kate Jarvis, 로렌자 스미스Lorenza Smith 박사, F. M. 엘로이샤리F. M. Eloischari 그리고 모르는 것이 없는 나의 어머니 에이프릴 시백 몬티피오리April Sebag Montefiore.

레너드 코언이 메리앤에게 보낸 편지에 대한 진짜 이야기를 들려주고 사신의 말을 인용하도록 허락해준 얀 크리스티안 몰레스타드Jan Christian Mollestad에게 특별한 감사 인사를 전한다.

이 책을 출판해준 데이비드 셸리David Shelley와 홀리 할리Holly Harley, 그리고 나의 에이전트 조지나 케이플Georgina Capel, 레이철 콘웨이Rachel Conway, 아이린 밸도니Irene Baldoni, 그리고 영화와 텔레비전 에이전트 사이먼 섀프스Simon Shaps에게 감사한다.

서재에서 펼친 재미있는 항해에 합류해 편지 추리는 것을 도와준 내 딸 릴리Lily에게도 특별히 감사의 마음을 전한다. 추가 조사를 해준 앨릭스 라먼Alex Larman에게도 감사한다. 또한 언제나처럼 사랑하는 아내 샌타Santa, 딸 릴리와 아들 사샤Sasha에게도 고맙다.

저자와 출판사는 감사하는 마음을 담아 이 책에 수록된 저작권 보호 자료의 재수록 권한을 알립니다. 저작권자를 추적하고 저작권 보호 자료 사용에 대한 그들의 허가를 얻기 위해 최선의 노력을 다했습니다. 만약 아래의 목록에 잘못 표기되거나 빠진 정보가 있다면 출판사에서 깊은 사과를 드리며, 오류를 알려주신다면 이 책의 2쇄나 개정판 인쇄 시 정정하도록 하겠습니다.

34쪽 프리다 칼로가 디에고 리베라에게, 날짜 미상: *The Diary of Frida Kahlo: An Intimate Self-Portrait*, Frida Kahlo, edited by Phyllis Freeman. ⓒ Banco de Mexico Diego Rivera Frida Kahlo Museums Trust, Mexicco, D.F./DACS 2018.

38쪽 토머스 제퍼슨이 마리아 코스웨이에게, 1786년 10월 12일: Founders Online, National Archives, 최종 수정 June 13, 2018. http://founders.archives.gov/documents/Jefferson/01-10-02-0309.

44쪽 예카테리나 대제가 포툠킨 왕자에게, 1774년 3월 19일경: *Great Catherine*, Carolly Erickson, Simon & Schuster, 1994.

48쪽 제임스 1세가 버킹엄 공작에게, 1620년 5월 17일: *Letters of King James*, VI & I, ed. G. P. V. Akrigg, University of California Press, 1984.

51쪽 비타 색빌웨스트가 버지니아 울프에게, 1926년 1월 21일: 다음에서 발췌. *The Letters of Virginia Woolf*, Volume 3, edited by Nigel Nicolson and assistant editor. published by Chatto & Windus. ⓒ 1977 Joanne Trautmann ⓒ by Quentin Bell and Angelica Garnett, 1977, 1978, 1980. 다음의 허가를 받아 수록. The Random House Group Ltd..

54쪽 술레이만 대제와 휘렘 술탄이 주고받은 편지, 1530년대: *The Imperial Harem: Women and Sovereignty in the Ottoman Empire*, Leslie Peirce, Oxford University Press, 1991, p.64.

57쪽 아나이스 닌이 헨리 밀러에게, 1932년 8월경: *Henry and June from A Journal of Love: The Unexpurgated Diary of Anaïs Nin, 1931-1932*, Harcourt Brace Jovanovich, 1986. Copyright ⓒ 1986 by Rupert Pole as the trustee under The Last Will and Testament of Anaïs Nin. 다음의 허가를 받아 수록. Houghton Mifflin Harcourt Publishing Company. All rights reserved.

64쪽 알렉산드라 황후가 라스푸틴에게, 1909년: *Rasputin: The Biography*, Douglas

Smith, MacMillan, 2016. p.246. 다음의 허가를 받아 수록. MacMillan through PLSclear.

76쪽 알렉산드르 2세가 카탸 돌고루코바에게, 1868년 1월: *The Romanovs: 1613-1918*, Simon Sebag Montefiore, Weidenfeld & Nicolson, 2016.

80쪽 이오시프 스탈린이 펠라게야 아누프리예바에게, 1912년 2월 29일: *Young Stalin*, Simon Sebag Montefiore, Weidenfeld & Nicolson, 2007.

92쪽 카다슈만엔릴이 아멘호테프 3세에게, 기원전 1370년경: *The Amarna Letters*, edited by William Moran, The Johns Hopkins University Press, 2000. ©Editions Du Cerf.

99쪽 투생 루베르튀르가 나폴레옹에게, 1802년 7월 12일: *Toussaint L'Ouverture: A Biography and Autobiography*, J. R. Beard, 1863. Chapel Hill, NC: Academic Affairs Library, UNC-CH. Online Publication, p.235.

109쪽 스베틀라나 스탈리나가 아버지 스탈린에게, 1930년대 중반: *Stalin: The Court of the Red Tsar*, Simon Sebag Montefiore, Weidenfeld & Nicolson, 2010, p.186.

111쪽 아우구스투스가 가이우스 카이사르에게, 2년 9월 23일: *Augustus: From Revolutionary to Emperor*, Adrian Goldsworthy, Weidenfeld & Nicolson, 2014.

113쪽 요제프 2세가 형제 레오폴트 2세에게, 1777년 10월 4일: *Joseph II*, Volume 1, "In the Shadow of Maria Theresa", 1741-1780, Derek Beales, Cambridge University Press, 30 Apr. 1987, p.374. 다음의 허가를 받아 수록. Cambridge University Press.

115쪽 람세스 2세가 히타이트 왕 하투실리에게, 기원전 1243년: *The Kingdom of the Hittites*, Trevor Bryce, Oxford University Press, 2005, p.284. 다음의 허가를 받아 수록. Oxford University Press.

119쪽 미켈란젤로가 조반니 다 피스토이아에게, 1509년: "Michaelangelo: To Giovanni Day Pistoia When the Author Was Painting the Vault of the Sistine Chapel (by Michaelangelo Buonarroti)" from Zeppo's First Wife, Gail Mazur. Copyright © 2005 by Gail Mazur. 다음의 허가를 받아 수록. G.Mazur.

122쪽 볼프강 아마데우스 모차르트가 사촌 마리아네에게, 1777년 11월 13일: *Mozart's Letters Mozart's Life*, edited and translated by Robert Spaethling, W. W. Norton & Co., 2000. 다음의 허가를 받아 수록. W.W. Norton & Co. and Faber & Faber Ltd..

127쪽 오노레 드 발자크가 에벨리네 한스카에게, 1836년 6월 19일: *The Letters of Honore de Balzac to Madame Hanska*, translated by Katherine P. Wormeley,

Hardy, Pratt and Company, 1900.

130쪽 파블로 피카소가 마리테레즈 월터에게, 1939년 7월 19일: *Picasso: Creator and Destroyer*, Arianna Stassinopoulos Huffington, Weidenfeld & Nicolson, 1988, p.247.

136쪽 T. S. 엘리엇이 조지 오웰에게, 1944년 7월 13일: T. S. Eliot, on behalf of Faber & Faber. © Estate of T. S. Eliot and reprinted by permission of Faber & Faber Ltd.. Courtesy of Orwell Archive, UCL Library Services, Special Collecions.

141쪽 사라 베르나르가 패트릭 캠벨 부인에게, 1915년: *My life and Some Letters*, Mrs. Patrick Campbell (Beatrice Stella Cornwallis-West), Dodd, Mead and Company, 1922.

143쪽 패니 버니가 여동생 에스더에게, 1812년 3월 22일: Berg Coll MSS Arblay, © Henry W. and Albert A. Berg Collection of English and American Literature, The New York Public Library, Astor, Lenox and Tilden Foundations.

151쪽 데이비드 휴스가 부모님에게, 1940년 8월 21일: Estate of David Hughes; Churchill speech to The House of Commons 20 August 1940: *The Few*. Reproduced with permission of Curtis Brown Group Ltd. on behalf of The Estate of Sir Winston S. Churchill © The Estate of Winston S. Churchill.

166쪽 페르난도와 이사벨이 크리스토퍼 콜럼버스와 주고받은 편지, 1493년 3월 30일과 1493년 4월 29일: 다음의 허가를 받아 수록. UCLA Center for Medieval and Renaissance Studies; Columbus's report on his first voyage, 29 April 1493: Columbus, Christopher (1451-1506), Epistola Christofor: Colom… de insulis Indie supra Gangem… [exploration]. 1493. The Gilder Lehrman Institute of American History, GLC 01427. 다음의 허가를 받아 수록. The Gilder Lehrman Institute of American History.

182쪽 귀스타브 플로베르가 쿠이 부이예에게, 1850년 1월 15일: *The Letters of Gustave Flaubert*, Volume I, 1830-1857, selected, edited and translated by Francis Steegmuller, Cambridge, Mass.: The Belknap Press of Harvard University Press, Copyright © 1979, 1980 by Francis Steegmuller. 허가를 받아 수록.

187쪽 표트르 대제가 에카테리나 1세에게, 1709년 6월 27일: *The Romanovs: 1613-1918*, Simon Sebag Montefiore, Weidenfeld & Nicolson, 2016.

190쪽 나폴레옹이 조제핀에게, 1805년 12월 3일: *Chronological Table of the Principal*

Events in the Life of Napoleon, Ben Weider. 다음의 허가를 받아 수록. The International Napoleonic Society.

191쪽 드와이트 아이젠하워가 모든 연합군에게, 1944년 6월 5일(미발송): *In Case of Failure*, Message Drafted by General Dwight Eisenhower in Case the D-Day Invasion Failed, 6/5/1944 Dwight D. Eisenhower Library. Pre-Presidential Papers. Principal File: Butcher Diary 1942-1945. National Archives Identifier: 186470.

193쪽 올덴부르크 공작 부인 예카테리나가 알렉산드르 1세에게, 1812년 9월 3일: *The Romanovs: 1613-1918*, Simon Sebag Montefiore, Weidenfeld & Nicolson, 2016.

195쪽 펠리페 2세가 메디나시도니아 공작에게, 1588년 7월 1일: *The Spanish Armada*, Colin Martin, Geoffrey Parker, Manchester University Press, Manchester University Press, 1999, p.143, p.163. 다음의 허가를 받아 수록. Manchester University Press through PLSclear.

197쪽 하룬 알라시드가 니키포로스 1세에게, 802년: Isfahani, Aghani, ed. Bulaq, XVII, 44=ed. Cairo, XVIII, 239; Mas'udi, Muruj, II, 337=ed. Pallat, * 757; K. al-'Uyun, 309-10; Ibn al-Athir, VI, 184-5; Palmer, 75-6; trans. Brooks, EHR, XV (1900), 742-3. 다음에 인용. *The History of al-Tabari*, Volume XXX "The 'Abbasid Caliphate in Equilibrium", al-Tabari, translated by C. E. Bosworth, SUNY, Albany, 1989, p.240, tract [696].

198쪽 라스푸틴이 니콜라이 2세에게, 1914년 7월 17일: *Rasputin: The Biography*, Douglas Smith, MacMillan, 2016, p.363. 다음의 허가를 받아 수록. MacMillan.

204쪽 블라디미르 레닌이 펜자의 볼셰비키에게, 1918년 8월 11일: *Lenin: A Biography*, Robert Service, MacMillan, 2000, p.365. 다음의 허가를 받아 수록. MacMillan.

208쪽 마오쩌둥이 칭화 대학교 부속중학교 홍위병에게, 1966년 8월 1일: Long Live Mao Tse-tung Thought, a Red Guard Publication. Transcription by the Maoist Documentation Project.

211쪽 요시프 브로즈 티토가 이오시프 스탈린에게, 1948년: *Stalin: A Biography*, Robert Service, MacMillan, 2004, p.592. 다음의 허가를 받아 수록. MacMillan.

215쪽 테오발트 폰 베트만홀베크가 하인리히 폰 치르슈키에게, 1914년 7월 6일: The 'Blank Check', World War Document Archive. http://www.gwpda.

org/1914/blankche.htmlGWDPA.orgH.

219쪽 해리 트루먼이 어브 컵치넷에게, 1963년 8월 5일: Truman Papers, Post-Presidential File. Chicago Sun-Times. Harry S. Truman Library.

237쪽 A. D. 채터 대위가 어머니에게, 1914년 크리스마스: The Family of Captain A. D. Chater.

267쪽 게오르크 폰 휠젠이 에밀 폰 괴르츠에게, 1892년: The Kaiser and his Court, John C. G. Röhl. Cambridge University Press, 2008, p.16. Translated from Eulenbergs Korrespondenz, II, p.953. 다음의 허가를 받아 수록. Cambridge University Press.

270쪽 사드 후작이 "나를 괴롭히는 멍청한 악당들"에게, 1783년: Selected Letters of Marquis de Sade, edited by Margaret Crosland, Peter Owen, 1965. 다음의 허가를 받아 수록. Peter Owen Publishers UK.

273쪽 알렉산드라 황후와 니콜라이 2세가 주고받은 편지, 1916년: The Romanovs: 1613-1918, Simon Sebag Montefiore, Weidenfeld & Nicolson, 2016.

281쪽 마리아 테레지아가 마리 앙투아네트에게, 1775년 7월 30일: Secrets of Marie-Antionette: A Collection of Letters, edited by Oliver Bernier, Fromm, 1986, p.172. 다음의 허가를 받아 수록. Olivier Bernier.

284쪽 마하트마 간디가 히틀러에게, 1940년 12월 24일: Letter to Adolf Hitler, As at Wardha, December 24, 1940.

288쪽 에이브러햄 링컨이 율리시스 그랜트에게, 1863년 7월 13일: Collected Works of Abraham Lincoln, edited by Roy P. Basler et al., Abraham Lincoln Association, 1953.

293쪽 재클린 케네디가 니키타 흐루쇼프에게, 1963년 12월 1일: The Death of a President, November 20-November 25, 1963, William Manchester, 1963, pp.653-654. John F. Kennedy Presidential Library.

296쪽 바부르가 아들 후마윤에게, 1529년 1월 11일: An Unpublished Testament of Babur, N. C. Mehta, The Twentieth Century, 1936, p.340.

298쪽 에밀 졸라가 펠릭스 포르에게, 1898년 1월 13일: L'Aurore, Jan. 13, 1898, translated by Chameleon Translations.

311쪽 에멀라인 팽크허스트가 여성사회정치연맹에, 1913년 1월 10일: National Archives.

314쪽 로자 파크스가 제시카 밋퍼드에게, 1956년 2월 26일: Rosa Parks Papers: General Correspondence, 2006; Alphabetical file; Mitford, Jessica "Decca" Treuhaft, letter from Parks, 1956 Rosa Parks™. 다음의 허가를 받아 수록.

The Rosa and Raymond Parks Institute for Self-Development. All rights reserved.

317쪽 넬슨 만델라가 위니 만델라에게, 1969년 4월 2일: *The Prison Letters of Nelson Mandela*, Liveright Publishing Corp., 2018. 다음의 협조를 받아 수록. The Estate of Nelson Mandela and the Nelson Mandela Foundation in South Africa. 다음의 허가를 받아 수록. The Estate of Nelson Mandela.

321쪽 아브람 간니발이 표트르 대제에게, 1722년 3월 5일: *Hannibal: The Moor of Petersburg*, Hugh Barnes, Profile Books, 2006. Courtesy of Profile Books.

323쪽 시몬 볼리바르와 마누엘라 사엔스, 제임스 손이 주고받은 편지, 1822~1823년: *Bolivar: The Epic Life of the Man Who Liberated South America*, Marie Arana, Weidenfeld & Nicolson, 2014.

355쪽 알렉산드르 푸시킨이 야코프 판헤이케런에게, 1837년 1월 25일: *Pushkin*, Ernest J. Simmons, Cambridge, Mass.: Harvard University Press, Copyright © 1937 by the President and Fellows of Harvard College.

361쪽 이오시프 스탈린이 발레리 메즐라우크에게, 1930년 4월: *Stalin: The Court of the Red Tsar*, Simon Sebag Montefiore, Weidenfeld & Nicolson 2010.

363쪽 처칠이 루스벨트에게, 1940년 5월 20일: 다음의 허가를 받아 수록. Curtis Brown Group Ltd. on behalf of The Estate of Sir Winston S. Churchill. © The Estate of Winston S. Churchill.

365쪽 리처드 1세와 살라딘이 주고받은 편지, 1191년 10~11월: *Saladin and the Fall of the Kingdom of Jerusalem*, Stanley Lane-Poole, Greenhill Books, 2002. 허가를 받아 수록.

373쪽 니콜로 마키아벨리가 프란체스코 베토리에게, 1514년 8월 3일: Reprinted from *Machiavelli and His Friend*, edited and translated by James Atkinson & David Sices. 다음의 허가를 받아 수록. Northern Illinois University Press. Copyright © 2004.

383쪽 도널드 트럼프가 김정은에게, 2018년 5월 24일: Letter to Chairman Kim Jong Un', The White House Statements & Releases, Foreign Policy. Issued on: May 24, 2018 https://www.whitehouse.gov/briefings-statements/letter-chairman-kim-jong-un/.

391쪽 시몬 바르 코크바가 예슈아에게, 135년경: *Bar Kockba Letter*, translated by Dr William Bean.

393쪽 암무라피가 알라시야 왕에게, 기원전 1190년경: *A New evidence on the last days of Ugarit*, Astour, M. C., Archaeological Institute of America, 1965, p255. 다

음의 허가를 받아 수록. The Archaeological Institute of America.

398쪽 시몬 볼리바르가 호세 플로레스에게, 1830년 11월 9일: *Bolivar*, Marie Arana, Weidenfeld & Nicolson, 2014.

403쪽 레너드 코언이 메리앤 일렌에게, 2016년 7월: 다음의 허가를 받아 수록. The Estate of Leonard Cohen.

406쪽 앙리에트가 자코모 카사노바에게, 1749년 가을: *The Memoirs of Jacques Casanova de Seingalt*, Volume. 2 "To Paris and Prison", Giacomo Casanova, Start Publishing LLC, 2013.

409쪽 윈스턴 처칠이 아내 클레먼타인에게, 1915년 7월 17일: 다음의 허가를 받아 수록. Curtis Brown Group Ltd. on behalf of The Estate of Sir Winston S. Churchill © The Estate of Winston S. Churchill.

418쪽 프란츠 카프카가 막스 브로트에게, 1924년 6월: *The Trial*, Franz Kafka, translated by Willa and Edwin Muir, Secker, © 1986. All Kafka Material is copyrighted by Schocken Books Inc. New York. Translation and Notes © Schocken Books Inc. 1958, 1977 Reproduced with permission from The Random House Group Ltd..

425쪽 앨런 튜링이 노먼 루틀리지에게, 1952년 2월: Unpublished writings of A. M. Turing © copyright The Provost and Scholars of King's College Cambridge 2018. 허가를 받아 수록.

427쪽 체 게바라가 피델 카스트로에게, 1965년 4월 1일: *The Bolivian Diary of Ernesto Che Guevara*, Ernesto Che Guevara, translated by Michael J. Taber, Pathfinder, 1994, p.81. El Diario del Che en Bolivia copyright © 1987, 1988 by Editoria Politica. Copyright © 1994 by Pathfinder Press. 허가를 받아 수록.

437쪽 하드리아누스가 안토니누스 피우스, 그리고 그의 영혼에게, 138년 7월 10일: *Hadrian: The Restless Emperor*, Anthony Richard Birley, Psychology Press, 1997, p.301. Copyright © 1997 Psychology Press. 다음의 허가를 받아 수록. Taylor & Francis Group.

우편함 속 세계사

초판 1쇄 발행일 2022년 6월 22일
초판 2쇄 발행일 2022년 8월 5일

지은이 사이먼 시백 몬티피오리
옮긴이 최안나

발행인 윤호권
사업총괄 정유한

편집 기획1팀 **디자인** 서은주 **마케팅** 윤아림
발행처 ㈜시공사 **주소** 서울시 성동구 상원1길 22, 6-8층(우편번호 04779)
대표전화 02-3486-6877 **팩스(주문)** 02-585-1755
홈페이지 www.sigongsa.com / www.sigongjunior.com

글 ⓒ 사이먼 시백 몬티피오리, 2022

ISBN 979-11-6925-052-8 03900

*시공사는 시공간을 넘는 무한한 콘텐츠 세상을 만듭니다.
*시공사는 더 나은 내일을 함께 만들 여러분의 소중한 의견을 기다립니다.
*잘못 만들어진 책은 구입하신 곳에서 바꾸어 드립니다.